Uni-Taschenbücher 1170

UTB
FÜR WISSEN
SCHAFT

Eine Arbeitsgemeinschaft der Verlage

Wilhelm Fink Verlag München
Gustav Fischer Verlag Jena und Stuttgart
Francke Verlag Tübingen und Basel
Paul Haupt Verlag Bern · Stuttgart · Wien
Hüthig Verlagsgemeinschaft
Decker & Müller GmbH Heidelberg
Leske Verlag + Budrich GmbH Opladen
J. C. B. Mohr (Paul Siebeck) Tübingen
Quelle & Meyer Heidelberg · Wiesbaden
Ernst Reinhardt Verlag München und Basel
F. K. Schattauer Verlag Stuttgart · New York
Ferdinand Schöningh Verlag Paderborn · München · Wien · Zürich
Eugen Ulmer Verlag Stuttgart
Vandenhoeck & Ruprecht in Göttingen und Zürich

Erwin Faber · Imanuel Geiss

Arbeitsbuch zum Geschichtsstudium

Einführung in die Praxis wissenschaftlicher Arbeit

2. Auflage, neu bearbeitet von Erwin Faber

Quelle & Meyer Heidelberg · Wiesbaden

Die Deutsche Bibliothek – CIP-Einheitsaufnahme

Faber, Erwin:
Arbeitsbuch zum Geschichtsstudium : Einf. in die Praxis wissenschaftlicher Arbeit / Erwin Faber ; Imanuel Geiss. – 2. Aufl. / neu bearb. von Erwin Faber. – Heidelberg : Quelle und Meyer, 1992
(Uni Taschenbücher ; 1170)
ISBN 3–8252–1170–3 (UTB)
ISBN 3–494–02197–X (Quelle und Meyer)
NE: Geiss, Imanuel:; GT

Einbandgestaltung: Alfred Krugmann, Stuttgart
Gesamtherstellung: Allgäuer Zeitungsverlag, Kempten
Printed in Germany/Imprimé en Allemagne

ISBN 3–8252–1170–3 (UTB-Bestellnummer)

Inhaltsverzeichnis

Vorwort

Das Arbeitsbuch Geschichte ist als praktische Orientierungshilfe für Geschichtsstudenten zur Anfertigung wissenschaftlicher Arbeiten gedacht. Es richtet sich aber auch an Schüler und Lehrer der gymnasialen Oberstufe. Anregung und Ausgangspunkt waren einige Arbeitspapiere, die die beiden Verfasser jeweils in ihren Veranstaltungen an der Universität Hamburg (I. Geiss) sowie an der Universität Münster (E.Faber), sodann in modifizierter Form gemeinsam an der Universität Bremen benutzten. Hinzu kamen in den erweiterten Fassungen vor allem Bemerkungen über Bibliographieren, Literatur- und Quellenstudium, Strukturierung und Bearbeitung von Themen, Kategorien und Verfahren der historischen Analyse. Schließlich erschienen zur inhaltlichen Abrundung, gleichsam als akademisch-intellektuelle Orientierungshilfe, noch ergänzende Hinweise zu Lesen, Lernen und Examensvorbereitung erforderlich.

Die verschiedenen Fassungen des allmählich erweiterten Manuskripts wurden den Teilnehmern des mehrsemestrigen Lehrprojekts "Kaiserreich und Erster Weltkrieg" als Arbeitsgrundlage an die Hand gegeben. Für kritische Durchsicht des Manuskripts und der Druckfahnen danken wir Herrn Hans-Dieter Hoffmann sowie Herrn Stephan Fuchs, der auch mit einem Beitrag vertreten ist. Einzelne bibliographisch-bibliothekarische Teile überprüften freundlichst Frau Yoko Nagahara und Herr Kurt Weingärtner, beide Bremen. Besonderer Dank gilt auch Herrn Herbert Peiler für kritische Kommentierung und praktische Erprobung im Kurssystem der Sekundarstufe II (am Städtischen Gymnasium Gütersloh). Die Reinschrift des Manuskripts besorgten Frau Renate Brock und Frau Greta Faber, beide Bremen, denen wir an dieser Stelle auch für kritisches Mitlesen herzlich danken. Dem Verlag, vor allem Herrn Dr. Walter Kißling, schulden wir großen Dank für die Geduld und Hilfe, einige im Arbeitsprozeß aufgetretene Schwierigkeiten zu überwinden. Schließlich ist uns noch ein besonderes Anliegen, Herrn Professor Fritz Fischer auf diesem Wege für seine Gastvorträge im Rahmen unseres Lehrprojekts herzlich zu danken.

Bremen, im Mai 1983   *Erwin Faber, Imanuel Geiss*

9

Vorwort zur 2. Auflage

Die Erstauflage des Arbeitsbuches (E. Faber/I. Geiss) entstand aus praktischen Bedürfnissen des akademischen Unterrichts und trug noch überwiegend formal-propädeutischen Charakter (s. Vorw. 1983). Um so mehr danke ich Herrn Prof. Geiss, daß er mir bei der Zweitauflage die Möglichkeit einräumte, die Neubearbeitung des Arbeitsbuches entsprechend den fachlichen, theoretischen und didaktischen Erfordernissen, wie ich sie − aufgrund neuerer Entwicklungen − verstehe, nunmehr in alleiniger Verantwortung vorzunehmen. Am Grundcharakter des Arbeitsbuches habe ich mich weiterhin orientiert; sonst aber sollten die zahlreichen Überarbeitungen und Erweiterungen die Umgestaltung zu einem modernen (historisch-sozialwissenschaftlichen) Arbeits- und Methodenbuch deutlich machen. Daraus möge der Leser jedoch nicht einen überhöhten Erwartungshorizont ableiten; vielmehr will das Arbeitsbuch − entgegen mancher Studien- und Prüfungsordnungen − nicht einseitig einem tradierten Methodenverständnis folgen, sondern auch neueren sozialhistorischen Fachentwicklungen Rechnung tragen, indem es für eine Vermittlung von historisch-hermeneutischen und systematisch-analytischen Denk- und Verfahrensweisen plädiert.

Für wertvolle didaktische Anregungen und Kritik danke ich Herrn Professor Paul Leidinger sehr herzlich. Einige praktische Hinweise von Herrn Dr. Thomas Kleinknecht habe ich bei der Neubearbeitung gern berücksichtigt. Die Ausführungen zur Bibliotheksbenutzung überprüfte freundlicherweise Herr Reinhard Feldmann (Universitätsbibliothek Münster). Bei den abschließenden Bemerkungen zur Textverarbeitung haben mir die Kollegen Hans E. Bock, Klaus Brandenburger und Hans-Dieter Hoffmann mit fachlich-kritischen Ratschlägen sehr geholfen. Für freundliche Auskünfte danke ich Frau Doris Albers von der Geschäftsstelle für die Studienreformkommissionen (Bonn). Mein besonderer Dank gilt Frau Ruth Treudt vom Verlag Quelle & Meyer für die geduldvolle Betreuung.

Bremen, im November 1992 *Erwin Faber*

10

Einleitung

Geschichtswissenschaftliche Arbeiten sind als methodische Übungen zur eigenständigen Erarbeitung historischer Themen und ihrer systematischen Darstellung, zudem als Vorbereitung für spätere Abschlußarbeiten (Staatsexamens-, Magister-, Diplom- und Doktorarbeiten) zu verstehen. Grundsätzlich sind die Probleme bei Seminararbeiten und akademischen Abschlußarbeiten dieselben, doch je komplexer die Struktur einer Arbeit, um so komplizierter auch der Umgang mit der Materie. Schon deshalb wird die schrittweise Einübung von wissenschaftlichen Arbeitstechniken auf dem Niveau einer Seminar- bzw. Hausarbeit ("Referat") unentbehrlich. Dazu will das vorliegende Arbeitsbuch aus didaktischer Sicht an die Methoden des Fragens und Findens sowie der Untersuchung und Darstellung wissenschaftlicher Ergebnisse heranführen. Ihre Beherrschung soll die Kreativität des Studenten nicht hemmen, sondern umgekehrt ihm Unsicherheiten und Schwellenängste beim Übergang vom schulischen Kursunterricht zum universitären Studienbetrieb nehmen. Wenn methodisch-handwerkliche Arbeitstechniken nicht zum Selbstzweck erstarren und die inhaltliche Beschäftigung mit Geschichte nicht verdrängen, sind sie als Instrumente im Dienste wissenschaftlicher Lernprozesse und Aufklärung unentbehrlich. In diesem Sinne möchte das Arbeitsbuch den Studienanfänger in die Lage versetzen, geschichtswissenschaftliche Lern- und Arbeitsprozesse selbständig zu organisieren und kritisch zu reflektieren.

Das Arbeitsbuch ist in vier Teilen konzipiert, die bis auf Teil I eng aufeinander bezogen sind und daher möglichst auch in dieser Reihenfolge benutzt werden sollten. Entsprechend vermitteln die Teile II−IV einen Überblick über die wichtigsten Arbeitstechniken, wie sie bei der Anfertigung wissenschaftlicher Arbeiten auftreten: Themenanalyse, Bibliographieren, Literatur- und Quellenstudium, Archivbenutzung, Auswertung und Anordnung des Materials, Verfahrensweisen historischer Forschung und Darstellung, ergänzt um Hinweise zur Zitiertechnik und Manuskriptgestaltung. Beispiele und Übungen für Bibliographieren und Recherchieren, Definieren und Strukturieren von

Themen kommen durchweg aus der Neueren Geschichte (speziell aus dem Bereich "Kaiserreich – Erster Weltkrieg – Weimarer Republik – Nationalsozialismus"). Die Empfehlungen lassen sich jedoch, mutatis mutandis, auch für alle anderen historischen Teildisziplinen generalisieren. Insgesamt bemüht sich der Text, in sich schon ein mögliches Modell für geschichtswissenschaftliche Übungs- und Abschlußarbeiten abzugeben. Der Leser mag sich daher die Arbeitshilfe auch formal daraufhin ansehen – Gliederung in Hauptteile mit Kapiteln und Unterkapiteln, Argumentationsgang, Behandlung von Zitaten und Anmerkungen sowie Sprache und Diktion sind bewußt so gehalten, daß sie auch formal widerspiegeln sollen, was sie inhaltlich erklären, gleichsam als "praktizierte Theorie". Die Empfehlungen verstehen sich theoriegeleitet; als Bezugsrahmen dient das überarbeitete Kapitel über "Kategorien und Verfahren der historischen Analyse".

Selbstverständlich will das Arbeitsbuch nur eine erste Ausgangsbasis bieten, von der aus sich aber jeder historisch interessierte Leser methodisches Grundwissen weitererarbeiten kann. Dazu wird ausdrücklich auf besonders informative und gelungene Einführungen der verschiedensten Art im Textteil und in Anmerkungen verwiesen. In diesem Punkt will sich das Arbeitsbuch auch deutlich von einigen propädeutischen Anleitungen aus dem Bereich der Sozial- und anderer Nachbarwissenschaften unterscheiden, als daß jene weitestgehend auf Literaturverarbeitung verzichten und damit den postulierten Regeln des wissenschaftlichen Diskurses selbst widersprechen. Eine weiterführende Orientierungshilfe bietet die Studienbibliographie: Sie war von vornherein als praktisches Arbeitsinstrument für Geschichtsstudenten wie für Geschichtslehrer angelegt, doch ursprünglich nur als Versuch gedacht, die Literaturauswahl übersichtlich zu gestalten. Die positive Resonanz erlaubt es jedoch, die didaktische Konzeption beizubehalten.

I. Zur Studien- und Lernpraxis

Dieser einführende Teil dient der Orientierung über grundlegende Anforderungen und Voraussetzungen der geschichtswissenschaftlichen Studien- und Lernpraxis: vom Erwerb des Grundlagenwissens (1) und der Einübung in ein kritisches Literaturstudium (2) bis zu den gängigen Formen der Mitarbeit in Seminaren und Übungen, in denen sich schriftliches wissenschaftliches Arbeiten vollzieht (3). Ein abschließendes Kapitel zur Prüfungsvorbereitung − auch wenn es dem Studienanfänger vielleicht als verfrüht erscheinen mag − soll dazu anregen, die Studienpraxis zielgerichtet zu gestalten (4).

1. Grundlagenwissen

In diesem Sinne will das folgende Kapitel − nach einleitenden Bemerkungen zur Studienmotivation − einen knappen Überblick über praktische Anforderungen und Voraussetzungen des Studienfachs Geschichte vermitteln, damit sich Studienanfänger und Schüler der Sekundarstufe bei der (Ab-)Wahl von Fremdsprachen oder der Fächerkombination rechtzeitig darauf einstellen können.[1]

a) Studienmotivation

Wer sich zum Studium der Geschichte entschließen will, möchte sich auch inhaltlich des Sinns seines Tuns vergewissern. Immerhin stellt unsere Gegenwart mit ihren komplexen Problemen vielleicht drängender denn je, dazu noch existentiell verknüpft mit der weiteren Zukunft der Menschheit, die Frage nach dem Sinn von Geschichte als Wissenschaft, mithin auch als Studienfach an der Universität. Statt allgemeiner Standort-

---

[1] Vgl. dazu auch die "Grundsätze für Studium und Prüfungen", verabschiedet in der Ständigen Kommission für die Studienreform am 4.6.1982, gebilligt durch die Kultusministerkonferenz am 24.6.1983, Bonn o.J. [1983]

bestimmung[2] sollen daher einige "provozierende" Thesen zur kritischen Reflexion über die Funktion gegenwärtiger Geschichtswissenschaft motivieren: Eine moderne Geschichtswissenschaft muß sich der existentiellen Herausforderung durch die friedensbedrohende Globalkrise stellen, muß einen Beitrag zu ihrer rationalen Bewältigung leisten, wenn sie noch einen Sinn haben soll. Die Beschäftigung mit Geschichte – als bekannte Vergangenheit des Menschen – gewänne eine neue Dimension erkenntnisleitenden Interesses, wenn es der Geschichtswissenschaft als rationaler Erklärungswissenschaft gelänge, die Entstehung unserer globalen Existenzkrise zu erläutern, eben aus einer makro- wie mikrohistorischen Analyse der Vergangenheit.[3]

Der besondere Erkenntniswert der Geschichte für eine rationale Erklärung von Konflikten liegt in der einsehbaren Tatsache begründet, daß die historischen Mechanismen, die Konflikte herbeiführen und auslösen, im Prinzip dieselben in der Vergangenheit wie in der Gegenwart und Zukunft sind. Die Geschichte kann daher nicht nur eine beträchtliche Fülle von empirischem Material über die Entstehung von Konflikten in der Vergangenheit bereitstellen, sondern könnte auch einiges Material für Prognosen über die unmittelbare Zukunft liefern – als Basis für eine rationale Politik der Gegenwart. Eine moderne Geschichtswissenschaft, die ihre wissenschaftspolitische Verantwortung ernst nimmt, müßte also in Verbindung mit den Nachbarwissenschaften das leisten, was traditionelle Historie für ihre Zeit nie zu leisten vermochte und jüngere Sozialwissenschaft allein nicht

---

[2] Einen Überblick über Positionen und Tendenzen bundesdeutscher Geschichtswissenschaft vermittelt der Sammelband von: Bernd Mütter/Siegfried Quandt (Hrsg.): Historie-Didaktik-Kommunikation. Wissenschaftsgeschichte und aktuelle Herausforderungen (Geschichte – Grundlagen und Hintergründe, Bd. 1), Marburg 1988

[3] Vgl. einführend Imanuel Geiss: Historische Voraussetzungen zeitgenössischer Konflikte, in: Fischer-Weltgeschichte, Bd. 36: Weltprobleme zwischen den Machtblöcken. Das 20. Jahrhundert III, Hrsg. Wolfgang Benz/Hermann Graml, Frankfurt/M. 1981, S. 29–100; sowie Ekkehart Krippendorff: Staat und Krieg. Die historische Logik politischer Unvernunft, Frankfurt/M. 1985

leisten kann – eine umfassende Erklärung unserer spannungs- und konfliktreichen Krisensituation der Gegenwart durch eine rationale Analyse des komplexen historischen Prozesses, der zur gegenwärtigen – und sich vermutlich weiter verschärfenden – Krise führte.

Niemand braucht zu befürchten, daß sich deshalb die historische Dimension unzulässig verengen müßte. Da die globale Krise überall, geographisch wie in allen Lebensbereichen, durchschlägt, ergibt sich schon von selbst eine Universalität des historischen Horizonts. Auch zeitlich ist keine Verkürzung der historischen Dimension auf eine "kurzatmige" Aktualität der Zeitgeschichte zu befürchten: Jeder Historiker, der zeitgeschichtliche Vorgänge wirklich umfassend zu erklären versucht, wird rasch merken, wieviel an Kenntnis älterer Geschichte, im Extremfall bis zur Geschichte des Alten Orients, erforderlich wird, eben weil die historischen Wurzeln selbst zeitgenössischer Konflikte oft überraschend weit in die Vergangenheit zurückreichen, wie z. B. der Nahostkonflikt oder der Bürgerkrieg in Nordirland zeigen.

Selbstverständlich könnte und sollte ein solcher Ansatz nicht allein den Inhalt einer modernen Geschichtswissenschaft ausmachen; aber als Motivation und Schwerpunkt des Geschichtsstudiums könnte eine historisch-sozialwissenschaftlich fundierte Friedens- und Konfliktforschung im umfassenden Sinne einen zentralen Antrieb zur intensiven Beschäftigung mit der Geschichte abgeben. Denn jeder Historiker wie Geschichtslehrer müßte ein dringendes Interesse daran haben, einen spezifischen Beitrag zur rationalen Bewältigung der friedens- und umweltbedrohenden Globalkrise zu leisten.[4] Das Studium der Geschichte wäre nicht mehr Beschäftigung mit der Vergangenheit um ihrer selbst willen, sondern praktisch angewandte Sozialwissenschaft in friedens- und lebenserhaltender Absicht.

---

[4] Vgl. dazu Dieter Senghaas: Konfliktformationen im internationalen System, Frankfurt/M. 1988; vgl. noch für den Weltsystem-Ansatz: Samir Amin/Giovanni Arrighi/Andre Gunder Frank/Immanuel Wallerstein: Dynamik der globalen Krise, a.d.Amerik., Opladen 1986

b) Allgemein- und Fachwissen

Ein gegenwartsbezogenes Interesse an der Vergangenheit kann als Leitmotiv des Geschichtsstudiums wie der geschichtswissenschaftlichen Forschung dienen. Die Geschichtswissenschaft richtet sich aber vielleicht stärker als andere Disziplinen auf alle Aspekte der menschlichen Entwicklung und Existenz. Daraus ist kein irgendwie gearteter Prioritätsanspruch für das Fach Geschichte abzuleiten (er wäre überhaupt nicht zu formulieren, geschweige denn einzulösen), sondern eine ganz pragmatische Konsequenz für das Studium der Geschichte: Historiker müssen über ein umfangreiches Allgemein- und Fachwissen verfügen. Selbstverständlich kann der Historiker nicht über alle gesellschaftlichen Entwicklungen hinreichend Bescheid wissen, aber er muß sich für interdisziplinäre Fragestellungen offen zeigen und sich insbesondere Erkenntnisse der Sozialwissenschaften nutzbar machen. Sonst bliebe auch der eingangs skizzierte Ansatz eines gegenwartsbezogenen Geschichtsstudiums nur unverbindliche Deklamation.

Wie jedes andere Fachstudium verlangt auch das Geschichtsstudium ein spezifisches Fachwissen: Es besteht nach herkömmlicher Einteilung aus Überblickswissen und vertieftem Spezialwissen. Beide sollen sich im Geschichtsstudium sinnvoll ergänzen – relativ "oberflächliches" Überblickswissen, das einem makrohistorischen Zeit-Raum-Verständnis dient; in sich wieder abgestuftes, intensiv erarbeitetes Spezialwissen, das sich aus epochen- bzw. fachspezifischen Studienschwerpunkten ergibt. Die Bestimmung von Studieninhalten nach problemorientierten Arbeitsfeldern statt nach Geschichtsepochen und -räumen – wie in den einstigen Reformstudiengängen[5] praktiziert – wäre indes eine Alternative hierzu. Beim Erwerb des Überblickswis-

---

[5] Vgl. dazu Erwin Faber/Wilfried Wagner: Reformstudium ohne Perspektive? Zur Situation der Bremer Geschichtslehrerausbildung, in: GPD, 15. Jg. (1987), S. 86–95; sowie Jürgen Kocka u.a.: Rückzug in den Traditionalismus. Zur Kritik an einer Erklärung des Historikerverbandes zum Geschichtsstudium, in: GG, 2. Jg. (1976), S. 537–544

sens gehen Sie jedoch am besten vom Allgemeinen zum Besonderen vor, indem Sie nach Möglichkeit an schon Bekanntes anknüpfen. Dazu bieten die oft gescholtenen Schulbücher meist noch eine brauchbare Grundlage. Erst danach erscheint die vertiefende Lektüre weltgeschichtlicher Übersichten und größerer Epochendarstellungen sinnvoll. Allerdings eignen sich Werke vom Typ des "Ploetz" nicht zum intensiven Durcharbeiten, denn sie präsentieren mehr oder weniger "totes Wissen" und dienen daher nur zum gezielten Nachschlagen. Die Lektüre der großen Handbücher (Gebhardt: Deutsche Geschichte; Schieder: Europäische Geschichte; Cipolla/Borchardt: Europäische Wirtschaftsgeschichte) erfolgt am besten nur situativ – als Einstieg in ein Arbeitsthema, begleitend zu einer Vorlesung, oder zur Vorbereitung auf Seminare und Prüfungen. Das Studium monographischer Spezialliteratur dient meist der Erarbeitung mikrohistorischer Themen und ergibt sich aus der Anfertigung schriftlicher Arbeiten zu einzelnen Lehrveranstaltungen: Übungsarbeiten verschiedenster Art, schriftliche Seminar- bzw. Hausarbeiten, die Magister- oder Staatsexamensarbeit – sie alle tragen vertieftes Spezialwissen zusammen, das sich jedoch stets in größere thematische Zusammenhänge und Studienschwerpunkte einordnen lassen muß.

c) Methodenkenntnisse

Forschendes Lernen – Inhalt des Geschichtsstudiums – verlangt die Bereitschaft zur selbständigen, problembewußten Erarbeitung historischer Themenkomplexe. Dazu bedarf es jedoch profunder Methodenkenntnisse, denn jede geschichtswissenschaftliche Forschungspraxis unterliegt verbindlichen Regeln, die unter dem Begriff der "historischen Methode" systematisch zusammengefaßt sind und mit deren Hilfe das Auffinden, die (äußere wie innere) Kritik und die Interpretation von Quellen reguliert wird: "Dies ist der klassische Begriff der historischen Methode, den die Geschichtswissenschaft im Zuge ihrer Verfachlichung ausgebildet und zum Inhalt einer geradezu kanonischen Lehre gemacht hat. Kenntnis dieser Regeln und Fähigkeit, sie praktisch anzuwenden, definierten und definieren den Historiker als Fachmann."[6] Eine methodenkritisch ausgerichtete Einführung in die Geschichtswissenschaft sollte somit jeder Student gleich mit Beginn des Studiums durcharbeiten.[7] Erst später kommen noch methodische Einführungen in die historischen Hilfs- und Zweigwissenschaften hinzu (z. B. das Standardwerk "Werkzeug des Historikers"[8]). Die praktische Einübung in Quellenarbeit und historische Methode ergibt sich schrittweise durch einzelne Seminarübungen und die Anfertigung von geschichtswissenschaftlichen Arbeiten — wozu das vorliegende Arbeitsbuch eine entsprechende Anleitung bieten möchte.[9]

Ein besonderes Methodenproblem, das sich für den Studenten als Ausbildungsproblem darstellt, sei hier deutlich angesprochen: So wichtig die traditionelle historisch-verstehende Methode für die Analyse und Interpretation von Quellen und damit für die Erkenntnisbildung des Historikers ist, so wenig kann sie heute noch für sich allein bestehen. Wann immer der Historiker vom Einmaligen, Besonderen, Individuellen abstrahieren will, muß er sich meist auch sozialwissenschaftlich-systematischer Methoden und Kategorien bedienen, um zu größerer Verallgemeinerung historischer Begriffs- und Modellbildung zu gelangen. Insgesamt zeigt sich in der neueren Forschungsliteratur eine deutliche Tendenz zu strukturierenden und generalisierenden Methoden und Verfahren. Daher empfiehlt es sich besonders für Studenten, die sich vermehrt sozial- und strukturge-

---

[6] Jörn Rüsen: Rekonstruktion der Vergangenheit. Grundzüge einer Historik II: Die Prinzipien der historischen Forschung, Göttingen 1986, S. 87

[7] Zur methodischen Einführung empfohlen: Peter Borowsky/Barbara Vogel/ Heide Wunder: Einführung in die Geschichtswissenschaft, 2 Bde., Bd. 1: Grundprobleme, Arbeitsorganisation, Hilfsmittel, 5. Aufl., Opladen 1989; Bd. 2: Materialien zu Theorie und Methode, 2. Aufl., Opladen 1980

[8] Vgl. Ahasver von Brandt: Werkzeug des Historikers. Eine Einführung in die Historischen Hilfswissenschaften, 12. Aufl., Stuttgart/ Berlin/Köln 1989

[9] Vgl. speziell die Abschnitte "Literatur- und Quellenauswertung", unten S. 95−99; sowie "Verstehensprinzip und Erklärungsverfahren", unten S. 143−148

schichtlichen Themenbereichen zuwenden wollen, rechtzeitig sozialwissenschaftlich-statistische Methodenkurse an benachbarten Fachbereichen zu belegen – auch wenn hergebrachte Studienordnungen wie jüngere Reformempfehlungen[10] den Besuch solcher Veranstaltungen noch nicht in das Geschichtsstudium integrieren. Jedenfalls sollten Sie wegen überkommener Vorstellungen vom (geisteswissenschaftlichen) "Bildungsstudium"[11] nicht das Risiko eingehen, daß Sie sich für ein sozial- oder wirtschaftsgeschichtliches Examensthema entscheiden und erst bei Anfertigung der Abschlußarbeit feststellen, daß Sie nicht in ausreichendem Maße über die nötigen Methodenkenntnisse verfügen.[12] Solche Risiken lassen sich aber bei einer entsprechenden geschichts- und sozialwissenschaftlichen Fächerkombination vermeiden.

d) Fremdsprachen

Mit zunehmender Globalisierung von Politik, Wirtschaft, Kultur und Kommunikation werden ausreichende Fremdsprachenkenntnisse für den Historiker wichtiger denn je zuvor: "Sprachkenntnisse in Latein und mindestens zwei modernen Fremdsprachen, in der Regel Englisch und Französisch, sind für ein erfolgreiches und schnelles Absolvieren des Studiums Voraussetzung."[13] Auch wenn Latein im Rahmen eines gegenwartsbezogenen Geschichtsstudiums an Bedeutung verliert, bleibt es eine nützliche Ausgangsbasis zum Erlernen aller roma-

---

[10] Vgl. Empfehlungen der Studienreformkommission Geschichte [Entwurf], verabschiedet am 10./11.9.1984 (Veröffentlichungen zur Studienreform, Bd. 21), Bonn o.J. [1984]

[11] Vgl. Reinhard Rürup: Sondervotum zum Entwurf der Empfehlungen der überregionalen Studienreformkommission Geschichte, in: Empfehlungen, S. 135–137; zit. S. 135

[12] Vgl. einführend Thomas Schuler: Clio lernt zählen. Eine kritische Übersicht über die "Einführungen in quantitative Methoden", in: GG, 16. Jg. (1990), S. 502–511

[13] Fachspezifische Bestimmungen für die Magisterprüfung im Fach Geschichte, verabschiedet von der Studienreformkommission Geschichte im September 1986, Masch.-Schr., Bonn 1987, S. 27 (Erläuterungen zu § 3 G)

nischen Sprachen (Französisch, Italienisch, Spanisch usw.) und hilft beim Studium anderer Sprachen, die einen erheblichen Wortschatz lateinischen Ursprungs aufweisen, wie Englisch oder auch Niederländisch. Es ist jedoch mit dem Historiker Reinhard Rürup zu fragen, warum nicht lebende Sprachen im Hinblick auf die veränderte Berufspraxis wichtiger als Latein sein sollten, wenn die Reformkommission jetzt für das Magisterstudium fordert: "Nur in Ausnahmefällen, z. B. bei der Wahl von Geschichte als Nebenfach mit Schwerpunkt Neuere und Neueste Geschichte sind Lateinkenntnisse nicht zwingend erforderlich."[14]

Zwei lebende Fremdsprachen sollte jeder Geschichtsstudent möglichst soweit beherrschen, daß er historische Fachliteratur lesen und verstehen kann, denn längst nicht alle wichtigen fremdsprachigen Werke sind ins Deutsche übersetzt. Daher bildet denn auch der Umgang mit fremdsprachlichen Texten bereits ein wichtiges Lernziel des Grundstudiums. Notfalls können Sie aber die erforderlichen Sprachkenntnisse noch durch Aufbaukurse innerhalb wie außerhalb der Universität erwerben, am günstigsten durch Ferienkurse im Ausland. In Einzelfällen denkbar sind auch Studienaufenthalte an ausländischen Universitäten. Die bestehenden Möglichkeiten des Deutschen Akademischen Austauschdienstes (DAAD) werden seit geraumer Zeit von deutschen Studenten nicht mehr genügend ausgenützt.[15]

Zur beherrschenden Weltsprache ("lingua franca") ist seit dem Zweiten Weltkrieg eindeutig das Englische aufgerückt. Auch in weiten Bereichen der Geschichtswissenschaft ist die englischsprachige Literatur, vor allem aus England selbst, führend geworden, z. B. auf dem Gebiet der außereuropäischen Geschichte. Die Bedeutung des Französischen ist dagegen relativ zurückgegangen, aber für die Geschichtswissenschaft immer noch erheblich: Traditionelle Diplomatie- und Politikgeschichte

---

[14] Ebd.
[15] Nähere Auskunft gibt der DAAD-Stipendienführer "Auslandsstipendien für Deutsche", neueste Ausgabe (einzusehen bei allen Akademischen Auslandsstellen der Universitäten).

einerseits, moderne Sozial- und Strukturgeschichte andererseits erfordern die Kenntnis wichtiger französischsprachiger Literatur. Doch andere Fremdsprachen sind – neben der "lingua franca" Englisch – für das Geschichtsstudium gleich wertvoll und können als Motivation und Medium für berufliche Spezialisierung dienen, z. B. nordische Sprachen für die Geschichte Skandinaviens, slawische Sprachen für die Geschichte Osteuropas.[16] Eine nicht (west-)europäische zweite Fremdsprache könnte vielleicht auch dazu beitragen, die oft beklagte eurozentrische Perspektive der Weltgeschichte überwinden zu helfen.

2. Kritisches Lesen

Notwendige Voraussetzung für die kritische Erarbeitung von Fachliteratur ist ein gründliches Bücherstudium, in den Geistes- und Sozialwissenschaften noch immer das wichtigste Medium für kognitive Lernprozesse, sowie eine sichere Beherrschung systematischer Lese- und Arbeitstechniken.

a) Studierendes Lesen

Studierendes Lernen und Lesen ist nur mit Hilfe systematischer Lesemethoden möglich. Besonders lernintensiv sind die sog. "Dreischritt- bzw. Fünfschritt-Methoden", die auf den Amerikaner Francis Robinson[17] zurückgehen und seither in vielen propädeutischen Anleitungen[18] anzutreffen sind. Hier seien

---

[16] Nützlich wären hier vor allem funktional aufbereitete Sprachen-Arbeitsbücher und Kompendien fremdsprachiger Texte, die aus universitären Fremdsprachen-Kursen für Historiker hervorgehen sollten; vgl. z. B. Albrecht Martiny u.M.v. Christa Hiller: Russisch für Historiker und Sozialwissenschaftler. Kurs zum Erwerb der Lesefähigkeit zeitgeschichtlicher und sozialwissenschaftlicher Texte, 2 Bde., Heidelberg 1977

[17] Vgl. Francis Robinson: Effective Study, New York 1961

[18] Vgl. dazu Friedhelm Hülshoff/Rüdiger Kaldewey: Mit Erfolg studieren. Studienorganisation und Arbeitstechniken, 2. Aufl., München 1984, S. 162–165; sowie Erich Lamp u.a.: Informationen suchen und finden. Leitfaden zum Studium der Publizistik und der angrenzenden Fachgebiete, 2. Aufl., Freiburg/München 1990, S. 335–337

die wichtigsten Schritte knapp skizziert und durch eigene Hinweise ergänzt: In einem ersten Schritt soll sich der Leser einen Überblick verschaffen. Dazu bieten sich als Orientierungshilfen an: Titelei, Vorwort, Inhaltsverzeichnis, Einleitung, (Unter-) Kapitelüberschriften, Schlußkapitel, Personen- und Sachregister. Schon die Titelei − also Autor, Titel, Untertitel, ggf. Reihentitel, Erscheinungsdaten usw. − sagt einiges über Buch und Autor aus. So enthält der Haupttitel in höchster Konzentration die Gesamtthese, auf die ein Untertitel dann näher eingeht. Das Vorwort erklärt meist Motivation oder Intention eines Buches, enthält jedoch manchmal schon eine erste Erläuterung der Hauptthese. Nützlich ist vor allem ein Hinweis auf den Leserkreis, für den das Buch gedacht ist. Das Inhaltsverzeichnis gibt einen ersten detaillierten Überblick über Anlage und Aufbau einer Untersuchung. Bei größeren Studien sind jedoch bisweilen die Unterkapitel nicht ausgewiesen, so daß sich ein Durchblättern der besonders interessierenden Kapitel lohnt. Die Einleitung entfaltet die Gesamtthese und erläutert Ziele und Inhalte des Buches. Dazu kommt meist eine Erörterung des Forschungsstands sowie eine Skizze der Literatur- und Quellenbasis. Der Schluß bietet häufig eine thesenförmige Zusammenfassung des Gesamtergebnisses, gibt also einen weiteren Hinweis auf mögliche Verwendbarkeit.

Nach dieser ersten Orientierung soll der Leser in einem zweiten Schritt gezielte Fragen an den Text richten, die er dann bei der Lektüre selbst zu beantworten suchen muß. Beim geübten Leser stellt sich die kritische Fragehaltung auf Dauer von selbst ein. Für Studienanfänger bietet sich zunächst an, die jeweiligen Kapitelüberschriften in Fragen umzuformen. Darüber hinaus sind folgende Leitfragen als generelle Arbeitshilfe zu empfehlen:

− "Was will der Verfasser mit seiner Aussage beweisen, gegen wen richtet sie sich?
− Steht die Aussage im Widerspruch zu anderen Aussagen desselben Werks?
− Schließt der Verfasser seine Aussage an logische und kausale Voraussetzungen an, die er an anderer Stelle stillschweigend fallen läßt?

- Hat er das zu dieser Aussage angeführte Material (Quellen und Fachliteratur) korrekt zitiert oder paraphrasiert?
- Belegt das von ihm angeführte Material seine Aussage oder werden darin ganz andere Fragen beantwortet als die des Verfassers?
- Setzt sich der Verfasser mit den abweichenden Thesen der Fachliteratur auseinander oder ist seine Aussage womöglich eine Folge seiner Unkenntnis anderslautender Meinungen?"[19]

Selbstverständlich soll das Frageschema nicht die eigene Anstrengung ersetzen. Doch systematisches Fragenstellen hat einen doppelten Nutzen: Es erzwingt aktives Leseverhalten und bewirkt kritisches Textverständnis – also zwei wichtige Ausbildungsziele des Geschichtsstudiums.

Mit dem dritten Arbeitsschritt beginnt die eigentliche Lektüre. Ist dem Leser ein Werk nicht schon als besonders wichtig bekannt oder genannt, braucht er jetzt erst zu entscheiden, ob er das Buch ganz oder nur teilweise lesen soll. In jedem Fall kommt es beim studierenden Lesen darauf an, den jeweiligen Text aufgrund der eigenen Arbeitsfragen zu erschließen. Dabei gilt es: die Problemstellung zu erfassen, unbewiesene Vermutungen (Hypothesen) von gesicherten Aussagen und Erkenntnissen zu unterscheiden, wichtige Arbeitsbegriffe und Textaussagen zu markieren und ggf. zu exzerpieren. Bei schwierigen Texten empfiehlt es sich, abschnittsweise zu lesen, den Sinnzusammenhang kurz zu rekapitulieren und erst dann zu unterstreichen. Dadurch läßt sich überflüssiges und allzu häufiges Unterstreichen vermeiden. So sind auch Exzerpte am besten erst zum Schluß eines Abschnitts/Kapitels anzufertigen.

Zur Vorbereitung einer schriftlichen Hausarbeit erweist sich die skizzierte "Dreischritt-Methode" als ausreichend. Sie entspricht den ersten drei Schritten der von F. Robinson entwickelten "Fünfschritt-Methode" (gängiger: "SQ3R-Methode"). Das

---

[19] P. Borowsky u. a.: Geschichtswissenschaft I, S. 113 (weitere Leitfragen finden sich bei Rolf Prim/Heribert Tilmann: Grundlagen einer kritisch-rationalen Sozialwissenschaft. Studienbuch zur Wissenschaftstheorie, 6. Aufl., Heidelberg/Wiesbaden 1989, S. 152ff.)

Kürzel steht für die fünf Arbeitsschritte: 'Survey' (Überblick verschaffen), 'Question' (Fragen stellen), 'Read' (Lesen), 'Recite' (Rekapitulieren), 'Review' (Gesamtrückblick bzw. zusammenfassende Wiederholung). Die beiden letzten Arbeitsschritte eignen sich besonders zur Vorbereitung auf Prüfungen und Klausuren. Der Leser wird so veranlaßt, sich selbst zu kontrollieren, ob er einen Wissensstoff ausreichend verstanden hat, präzis wiedergeben und in größere Zusammenhänge einordnen kann. Erst dadurch läßt sich ein aktives, präsentes Fachwissen erwerben (vgl. dazu auch den themenbezogenen Fragenkatalog, S. 26 ff.).

b) Kursorisches Lesen

Kursorisches bzw. diagonales Lesen ist ein "überfliegendes" Lesen, das der ersten Orientierung über einzelne Kapitel oder Abschnitte dienen soll. Insofern ist, schon aus arbeitsökonomischen Gründen, gegen kursorisches Lesen nichts einzuwenden. Doch erst mit der Zeit, auf der Basis eines schon erheblichen Fachwissens allgemeiner wie spezieller Art, kann es sich der Leser ohne weiteres zutrauen, einzelne Hauptteile oder gar ganze Bücher diagonal zu lesen, sie nur zu überfliegen, um schnell zu überprüfen, ob dort Material für sein spezielles Arbeitsgebiet enthalten sein könnte. Dazu müßten Sie vor allen Dingen gründlich das Inhaltsverzeichnis lesen und, soweit vorhanden, Personen- und Sachregister benutzen, um jene Passagen herauszufinden, die für Ihr Thema von Belang sein könnten. Das kursorische Lesen selbst konzentriert sich auf Schlüsselbegriffe, Kerngedanken, Aufzählungen und Übersichten. Damit lassen sich zwar die Hauptgedanken in Umrissen erfassen, doch bleibt der Argumentationszusammenhang meist noch verschlossen. Kursorisches bzw. Diagonallesen erfordert daher ein so hohes Maß an Fachwissen und handwerklichem Geschick, daß es zu Beginn des Studiums eher desorientierend wirkt – so auch das häufig propagierte "Schneller Lesen". Nicht die Lesegeschwindigkeit ist für den Studienerfolg entscheidend, sondern die (behaltenswirksame) Leseintensität und ein kritisches Textverständnis.

c) Exzerpieren

Beim Lesen als Vorbereitung einer schriftlichen Arbeit kommt es darauf an, die wichtigsten Gedanken so festzuhalten, daß sie sich später in eigenständiger Weise wieder verwenden lassen.[20] Seit mehreren Jahren ersetzen Photokopien die früheren handschriftlichen Exzerpte (Textauszüge), Resümees und teilweise Abschriften von wichtigen Belegstellen aus Literatur, Quellenstücken und Archivalien. Solche Kopien sind bequemer und sicherer als handschriftliche Exzerpte. Andererseits intensiviert der handschriftliche Umgang mit Materialien die gedankliche Verarbeitung von Literatur- und Quellenaussagen. Daher sind am besten beide Möglichkeiten des Sammelns miteinander zu kombinieren. Eine gute Übung dazu bildet die Anlage von Regesten, d. h. die stichwortartige und schematische Zusammenfassung der wichtigsten Punkte in einem Quellenstück.[21] Besondere Sorgfalt ist auf den genauen Nachweis von Quellenstücken und Literaturexzerpten zu verwenden, ferner auf die exakte Zitierweise im Wechsel von wörtlichem Zitat und resümierender indirekter Rede.

Bei Büchern oder Zeitschriften im Eigenbesitz reicht das Markieren, mit einem stichwortartigen Vermerk in der übrigen Materialsammlung. Neuerdings ist das Anstreichen mit breiten farbigen Filzstiften üblich, indem ganze Textpassagen mehr übermalt als angestrichen werden. Das Verfahren hat jedoch den Nachteil, daß eine Abstufung im Hervorheben von einzelnen Wörtern, Sätzen oder Passagen nicht mehr in dem Maße möglich ist, wie es Unterstreichen im Text und/oder Anstreichen am Rande erlauben. Besonders wichtige Punkte sollten mit Marginalien, d. h. kritischen Randbemerkungen, sowie mit ein-

---

[20] Beispiele für Exzerpte, Konspekte und Sachkarteien finden sich in allen propädeutischen Anleitungen; vgl. z. B. Georg Rückriem/Joachim Stary/Norbert Franck: Die Technik wissenschaftlichen Arbeitens. Eine praktische Anleitung, 6. Aufl., Paderborn u. a. 1990, S. 145–167

[21] Hinweise zur Regestentechnik enthalten alle Einführungen in die Geschichtswissenschaft; vgl. z. B. P. Borowsky u. a.: Geschichtswissenschaft I, S. 167–176

fachen Symbolen und Zeichen versehen und – neben dem Vermerk in der Materialkartei – zusätzlich auf den letzten Leerseiten eines Buches mit entsprechender Seitenangabe notiert werden. Dieses Verfahren erleichtert das schnelle Auffinden zu einem späteren Zeitpunkt.

d) Fragenkatalog

Zur Konkretion der kurzgefaßten Bemerkungen über verschiedene Lesetechniken sei abschließend ein themenbezogener Fragenkatalog vorgestellt – der als Anregung und Muster zur eigenen resümierenden Lese- und Lernkontrolle gedacht ist und bei umfangreichem Literatur- und Quellenstudium im Rahmen von Unterrichtseinheiten, Seminararbeiten und im Prinzip auch zur Prüfungsvorbereitung verwendet werden kann. Auswahl und Anordnung des Fragenkatalogs sind so gehalten, daß sich der angesprochene Themenkomplex ("Deutscher Vorkriegsimperialismus") exemplarisch erarbeiten läßt und dabei auch ein fundiertes, kritisches Urteil über die Ursachen, Strukturen und Tendenzen des deutschen Imperialismus ermöglicht wird. Bei aufmerksamer Lektüre des Arbeitsbuches lassen sich die dort genannten Erklärungen und Beispiele zur Beantwortung der einzelnen Arbeitsfragen heranziehen; weitere Orientierungshilfen bieten die anhängenden Literaturhinweise.

Fragenkatalog zum Themenkomplex: Der deutsche Vorkriegsimperialismus

1. In dem Jahrzehnt zwischen 1895 und 1905 wandelte sich die ökonomische Struktur der "jungen" Weltmacht Deutschland vom Agrarstaat der 70er und auch noch der 80er Jahre zum expandierenden Industriestaat (nach Fischer, S. 32).

   Nennen Sie kurz die wichtigsten Ursachen dieses Strukturwandels:

2. Besonders in der Struktur des Außenhandels zeigt sich die "ungestüme Expansion" des deutschen Industriekapitalismus (nach Stolper u. a., S. 34):

	Einfuhr		Ausfuhr
	Nahrungsmittel	Rohstoffe	Fertigwaren
1890	1,4 Mrd. M	1,8 Mrd. M	2,1 Mrd. M
1913	3,0 Mrd. M	5,0 Mrd. M	7,5 Mrd. M

Interpretieren Sie die obige Statistik unter diesem Aspekt:

3. Die Umstrukturierung brachte erhebliche ökonomische Schwierigkeiten mit sich, und die hektischen Versuche, neue Rohstoffbasen und Absatzmärkte zu schaffen, führten zu politischen und wirtschaftlichen Rivalitäten mit den übrigen Industrie- und Kolonialmächten (nach Fischer, S. 34).

Skizzieren Sie kurz die "Brennpunkte" deutscher Vorkriegsexpansion:

4. Verdeutlichen und unterscheiden Sie die beiden Begriffe "Sozialimperialismus" und "Kolonialimperialismus":

a) Sozialimperialismus:

b) Kolonialimperialismus:

5. Die realen Ergebnisse deutscher Kolonialexpansion haben die vornehmlich ökonomischen Erwartungen der "Kolonialenthusiasten" bestätigt/widerlegt. Wirtschaftlich gesehen waren die Kolonien Überschuß-/Zuschußgebiete; als Anlagegebiet für Kapital sind sie im allgemeinen gemieden/bevorzugt worden; die Ausweitung des Handelsvolumens war bescheiden/beträchtlich; auch als "Aufnahmebecken" für Auswanderer haben sie eine bedeutende/unbedeutende Rolle gespielt (nach Baumgart, S. 79 ff.).

a) Vergleichen Sie kurz die (korrigierte) Textaussage zum Realwert deutscher Kolonialexpansion mit der ökonomischen Funktion von Kolonien nach den bekannteren Imperialismustheorien:

b) Erörtern Sie kurz die (Wehlersche) These vom "instrumentellen" Charakter der deutschen Kolonialpolitik für die Bismarcksche bzw. Wilhelminische Innenpolitik:

6. Wilhelminische "Weltpolitik" − als deutsche Ausprägung des Imperialismus − stand nach neuerer Geschichtsauffassung unter dem "Primat der Innenpolitik" (Kehr/Wehler). Verdeutlichen Sie dazu kurz die beiden Schlüsselbegriffe "Sammlungspolitik" und "Flottenpolitik":

a) Sammlungspolitik:

b) Flottenpolitik:

7. "Das Jahrzehnt vor dem Ausbruch des Ersten Weltkrieges war eine Zeit stets neuer Krisen. Seit dem Jahre 1904 standen sich in Europa zwei Mächtelager gegenüber: Dreibund und Entente. Deutschland und England waren dabei die Gegenspieler ... Die deutsche Politik wurde beherrscht von der Furcht vor der 'Einkreisung'" (Grundriß der Geschichte II, S. 155).

a) Rekapitulieren Sie kurz die weltpolitischen Krisen vor dem Ersten Weltkrieg:

b) Erklären Sie kurz die wichtigsten Ursachen der Bündnis-Rivalitäten:

c) Konfrontieren Sie in diesem Zusammenhang den Begriff der "Einkreisung" mit dem Gegenbegriff der "Auskreisung":

8. Die Bedeutung des informellen "Kriegsrates" (8. Dez. 1912) ist in der deutschen Geschichtsschreibung umstritten. Betrachtet man aber den "Kriegsrat" nicht als isoliertes Ereignis, sondern in seinem historischen Zusammenhang, so läßt sich der Entschluß zur "präventiven" Kriegsauslösung nicht mehr als impulsive, doch folgenlose Reaktion des Kaisers auf den ersten Balkankrieg Ende 1912 abtun (nach Röhl, S. 358).

a) Nennen Sie kurz die vorgesehenen Maßnahmen zur "präventiven" Kriegsauslösung:

b) Erörtern Sie kurz die Bedeutung des "Kriegsrates" vor dem Hintergrund Wilhelminischer "Weltpolitik":

9. Das "Septemberprogramm" (9. Sept. 1914) enthält als Kriegszielprogramm der deutschen Reichsleitung die beiden Hauptziele: Errichtung eines mitteleuropäischen Wirtschaftsverbands unter deutscher Hegemonie sowie Schaffung eines "deutschen" mittelafrikanischen Kolonialreichs.

a) Erläutern Sie kurz die beiden Hauptziele "Mitteleuropa" und "Mittelafrika" im Rahmen der Kontinuitätsproblematik deutscher Vorkriegsexpansion und Kriegszielpolitik:

b) Charakterisieren Sie kurz die in der jüngeren Kriegsschulddebatte (sog. "Fischer-Kontroverse") vertretenen divergierenden Beurteilungen zum "Septemberprogramm":

10. Diskutieren Sie das nachstehende Schulgeschichtsbuch-Zitat: "Die imperialistische Wirtschaft hat die politischen Konfliktstoffe im Grunde nicht vermehrt. Gewiß hat es Eifersüchteleien und wirtschaftlich bedingte feindselige Rivalitäten zwischen den Mächten gegeben. Letztlich aber war der liberalen Weltwirtschaft die Trennung zwischen Politik und Wirtschaft eigen" (Grundriß der Geschichte II, S. 142).

Anhang: Zitierte und weiterführende Literatur

Winfried Baumgart: Deutschland im Zeitalter des Imperialismus 1890–1914. Grundkräfte, Thesen und Strukturen, 4.Aufl., Stuttgart u.a. 1982

Eberhard Büssem/Michael Neher (Hrsg.): Arbeitsbuch Geschichte, Neuzeit 3 (Repetitorium), 2 Tle., Bearb. Gerd Höhler u.a., 2.Aufl., München u.a. 1982 (darin: Imperialismustheorien, S. 40ff.)

Richard J.W. Evans/Hartmut Pogge von Strandmann (Hrsg.): The Coming of the First World War, Oxford 1988

Fritz Fischer: Krieg der Illusionen. Die deutsche Politik von 1911 bis 1914, 2. Aufl., Düsseldorf 1970 (darin: Beurteilung des "Septemberprogramms", S. 765ff.)

Prosser Gifford/William Roger Louis: Britain and Germany in Africa. Imperial Rivalry and Colonial Rule, New Haven/London 1967

Grundriß der Geschichte. Für die Oberstufe der Höheren Schulen, Bd. 2: Die moderne Welt. Von den bürgerlichen Revolutionen bis zur Gegenwart, Bearb. J. Dittrich/E. Dittrich-Gallmeister u.M.v. Hans Herzfeld, 3. Aufl., Stuttgart 1973

George W. F. Hallgarten: Imperialismus vor 1914. Die soziologischen Grundlagen der Außenpolitik europäischer Großmächte vor dem Ersten Weltkrieg, 2 Bde., 2. Aufl., München 1963

Eric J. Hobsbawm: Das imperiale Zeitalter 1875–1914, a.d. Engl., Frankfurt/New York 1989

Wolfgang Jäger: Historische Forschung und politische Kultur in Deutschland. Die Debatte 1914–1980 über den Ausbruch des Ersten Weltkrieges (Kritische Studien zur Geschichtswissenschaft, Bd. 61), Göttingen 1984

Eckart Kehr: Der Primat der Innenpolitik. Gesammelte Aufsätze zur preußisch-deutschen Sozialgeschichte im 19. und 20. Jahrhundert (Veröffentlichungen der Historischen Kommission zu Berlin, Bd. 19), Hrsg. Hans-Ulrich Wehler, 2. Aufl., Berlin 1970

Jürgen Kocka: Klassengesellschaft im Krieg. Deutsche Sozialgeschichte 1914–1918 (Kritische Studien zur Geschichtswissenschaft, Bd. 8), 2. Aufl., Göttingen 1978

Wolfgang J. Mommsen: Imperialismus. Seine geistigen, politischen und wirtschaftlichen Grundlagen. Ein Quellen- und Arbeitsbuch, Hamburg 1977 (darin: "Septemberprogramm", S. 233 f.)

Gerhard A. Ritter (Hrsg.): Das Deutsche Kaiserreich 1871–1914. Ein historisches Lesebuch, 4. Aufl., Göttingen 1981

John C.G. Röhl: Die Generalprobe. Zur Geschichte und Bedeutung des "Kriegsrates" vom 8. Dezember 1912, in: Dirk Stegmann/Bernd-Jürgen Wendt/Peter-Christian Witt (Hrsg.): Industrielle Gesellschaft und politisches System. Beiträge zur politischen Sozialgeschichte. Festschrift für Fritz Fischer zum 70. Geburtstag, Bonn 1978, S. 357 ff.

Hans-Christoph Schröder: Sozialismus und Imperialismus. Die Auseinandersetzung der deutschen Sozialdemokratie mit dem Imperialismusproblem und der "Weltpolitik" vor 1914, 2. Aufl., Bonn 1975

Gustav Stolper/Karl Häuser/Knut Borchardt: Deutsche Wirtschaft seit 1870, 2. Aufl., Tübingen 1966 (darin: Außenhandelsstatistiken, S. 34f.)

Hans-Ulrich Wehler (Hrsg.): Imperialismus (NWB, Bd. 37), 3. Aufl., Köln 1976; Nachdruck: Königstein/Düsseldorf 1979

3. Schriftliches Arbeiten

Gleichsam als Vorübung zu schriftlichen geschichtswissenschaftlichen Arbeiten (Hausarbeiten, Examensarbeiten), von denen in nachfolgenden Hauptkapiteln die Rede ist, seien an dieser Stelle einige praktische Empfehlungen und Beispiele zur Anfertigung kleinerer schriftlicher Seminararbeiten (Kurzreferate, Thesenpapiere, Sitzungsprotokolle) vorangestellt, erweitert durch Hinweise zur Technik der Mitschrift bei Vorlesungen.[22]

a) Arbeitsformen

Über angemessene Arbeitsformen, vor allem über das Verhältnis von Einzel- und Gruppenarbeit im Geschichtsstudium, lassen sich lerntheoretisch fundierte Empfehlungen nur schwer treffen. Doch ergibt sich die Notwendigkeit kooperativer und sozialintegrativer Arbeitsformen schon aus praktischen Erfordernissen. Den Ausschlag mögen daher praktische Erwägungen geben, bezogen auf pragmatische Probleme wissenschaftlichen Arbeitens wie auf spätere Berufspraxis: Danach erweist sich Einzelarbeit bei der Erarbeitung und Aneignung neuer Wissensstoffe effektiver als Gruppenarbeit. Umgekehrt ist Gruppenarbeit bei der Analyse komplexer Sachverhalte oftmals der Einzelarbeit überlegen. Darauf gründet sich insbesondere für die arbeitsteilige Anfertigung schriftlicher Hausarbeiten die praktische Empfehlung: Themenreflexion und Literaturdurchsicht in Einzel- oder Gruppenarbeit; Themeneingrenzung, Gliederung und Gesamtkonzeption in Gruppenarbeit; Literaturstudium und Arbeitsvorlagen wiederum in Einzelarbeit; und schließlich in Gruppenarbeit: Diskussion der Einzelbeiträge, Zwischenergebnisse und Fixierung des Gesamtergebnisses.[23] Auf jeden Fall sollten Sie darauf achten, daß die allgemeinen Rahmenteile − Einleitung, Rahmenkapitel, Schlußteil − nicht zu kurz kommen. Gerade daran fehlt es oft bei Gruppenarbeiten. Am besten legen auch dafür einzelne Mitglieder rechtzeitig einen Entwurf vor, den die Gruppe dann diskutieren, evtl. überarbeiten und billigen kann. Hierzu sei jedoch erwähnt, daß bei Abschlußarbeiten, die in Form von Gruppenarbeiten durchgeführt werden

---

[22] Vgl. dazu Kapitel "Mitarbeit in Vorlesung, Seminar und Übung", in: F. Hülshoff/R. Kaldewey: Mit Erfolg studieren. S. 132−160

[23] Vgl. auch Kapitel "Einzelarbeit oder Zusammenarbeit", in: F. Hülshoff/R. Kaldewey: Mit Erfolg studieren, S. 232−239; sowie den "Exkurs: Gruppenarbeit", in G. Rückriem/J. Stary/N. Franck: Technik wissenschaftlichen Arbeitens, S. 206−213

sollen, einschränkende Regelungen der Prüfungsordnungen gelten können.[24] Entgegen manchmal geübter Gruppenpraxis ist mit der Schlußredaktion nicht auch die Schlußsitzung der Arbeitsgruppe angezeigt: Zumindest die Vor- und Nachbereitung der Plenumsdiskussion soll noch gemeinsam in der Gruppe erfolgen und – soweit sich die Gruppenarbeit als effektiv erwiesen hat – eine konkrete Verabredung auf weitere Formen der Zusammenarbeit in anderen Lehrveranstaltungen. Im Interesse sozialintegrativer Arbeitsformen können anspruchsvoll angelegte und methodisch diszipliniert durchgeführte Gruppenarbeiten für alle Beteiligten wertvolle Erfahrungen vermitteln, die auf Dauer die Kooperationsbereitschaft und Sozialkompetenz jedes einzelnen Geschichtsstudenten bestärken, ebenso den Wissenschaftsprozeß und die spätere Berufspraxis bereichern können.

b) Kurzreferate, Thesenpapiere

Referate sind dem ursprünglichen Wortsinn nach kurze Vorträge, die über einen wichtigen Aspekt des Seminarthemas informieren und ein wissenschaftliches Gespräch unter den Teilnehmern bewirken sollen. Allerdings erfüllen sie die Gesprächsfunktion in der gegenwärtigen Form von umfangreichen schriftlichen Hausarbeiten nur noch bedingt. Dafür dienen sie mehr der systematischen Einübung in wissenschaftliches Arbeiten und der Vorbereitung auf schriftliche Examensarbeiten. Gleichwohl ist die ursprüngliche Gesprächsfunktion unentbehrlich, schon weil jede Wissenschaft auf sozialintegrative Kommunikation angewiesen ist. Daher sollte auch jeder Student in Lehrveranstaltungen ausreichend Gelegenheit finden, wissenschaftliche Kommunikation praktisch einzuüben. Hier bietet

---

[24] Vgl. Allgemeine Bestimmungen für Magisterprüfungsordnungen (Magister Artium), beschlossen von der Konferenz der Rektoren und Präsidenten der Hochschulen in der Bundesrepublik Deutschland am 5.11.1990 und von der Ständigen Konferenz der Kultusminister der Länder in der Bundesrepublik Deutschland am 15.3.1991, Bonn o.J. [1991], S. 32 (§ 22, Abs. 4)

sich als gangbare Lösung das Kurzreferat an. Es handelt sich dabei im Grunde nur um eine inhaltlich komprimierte, aber didaktisch strukturierte Fassung der schriftlichen Hausarbeit, die insbesondere den Wissensstandard im Plenum berücksichtigt und allen Teilnehmern rechtzeitig als Informations- und Gesprächsgrundlage ausgehändigt wird.[25] An ihre Stelle treten bei fortgeschrittenen Lehrveranstaltungen oft auch Thesenpapiere, d. h. kurzgefaßte Diskussionspapiere, die aber schon einen gewissen Informationsstand über die zu behandelnde Thematik voraussetzen. Entsprechend knapp informieren sie über Fakten und Zusammenhänge, vermitteln jedoch wichtige Denkanstöße und ausdrücklich eine eigene Stellungnahme und Beurteilung.[26] Da Thesenpapiere meist einen "offenen", bisweilen provozierenden Charakter haben, können sie eher zur Diskussion anregen und so vor allem zur Klärung divergierender Standpunkte beitragen. In der Seminarpraxis verführen Thesenpapiere aber allzuleicht zu eklektischen Aneinanderreihungen von − mehr oder minder − interessant erscheinenden Literaturmeinungen. In dieser Form sind sie wertlos, weil ihnen der Argumentationszusammenhang fehlt. Daher lassen sich Thesenpapiere wie Kurzreferate erst nach gründlichem Literaturstudium, d. h. meist auf der Basis von schriftlichen Seminar- bzw. Hausarbeiten anfertigen.

Beispiel eines Thesenpapiers:

Veranstaltung: Kaiserreich und Erster Weltkrieg
Seminarleiter: ....
Arbeitsgruppe: ....

---

[25] Vgl. dazu Kapitel "Leitfragen und Erklärungsrahmen", unten S. 103−105
[26] Ein knapper Anforderungskatalog für Thesenpapiere findet sich bei: P. Borowsky u.a.: Geschichtswissenschaft I, S. 179−181; vgl. zur Vortragstechnik von Kurzreferaten und Thesenpapieren das Kapitel "Rhetorik und Vortragsform", in: Eugen Buß/Martina Schöps: Kompendium für das wissenschaftliche Arbeiten in der Soziologie, 3. Aufl., Heidelberg/Wiesbaden 1990, S. 145−165

Thesenpapier: Deutsche "Weltpolitik" vor dem I. Weltkrieg

1. Die Entstehung der Weltpolitik aus der Innenpolitik

Nach Überwinden der großen Depression 1873/96 drückte sich das wiedererstarkte "Kraftgefühl" in der "Weltpolitik" als deutsche Variante des Imperialismus aus. Die Formulierung der Expansionsziele übernahm fortan der industrielle Flügel der herrschenden Klasse. Spektakuläres Instrument wurde die Schlachtflotte, die allen Verschleierungen zum Trotz offensiv gegen England gerichtet war. Die Weltpolitik diente nach innen der sozialdemagogischen Ablenkung der Massen von sozialen Spannungen ("Sozialimperialismus"), nach außen zur Machtsteigerung des Deutschen Reichs. Schon bei ihrer Konzipierung war es deutlich, daß die deutsche Weltpolitik die Gefahr eines Weltkriegs in sich barg.

2. Deutsche Expansionsziele: "Mitteleuropa" und "Mittelafrika"

Nach den kolonialen Eroberungen, vor allem in den Jahren 1882/85, zielte die deutsche Weltpolitik darauf ab, den zerstreuten Kolonialbesitz durch Ausnützung jeder sich bietenden Gelegenheit mittels erzwungener "Kompensationen" abzurunden und nach Möglichkeit zu geschlossenen Kolonialgebieten zusammenzufügen. Der sich allmählich abzeichnenden Konzeption eines "Mitteleuropa" entsprach in Übersee die Zielsetzung eines deutschen "Mittelafrika", das durch "wirtschaftsfriedliche Durchdringung" des Osmanischen Reichs mit den kontinentaleuropäischen Einflußsphären möglichst zu verbinden war. Hierin lag auch die strategische Bedeutung der "Bagdadbahn". Generell sollte die Weltpolitik eine breitere Machtbasis des Deutschen Reichs erzwingen, um die als unvermeidbar angesehene große Auseinandersetzung mit den europäischen Großmächten siegreich bestehen zu können.

3. Auf dem Wege zur "Eindämmung" Deutschlands: Entente Cordiale und Triple Entente

Die übrigen drei Großmächte reagierten auf die deutsche Weltpolitik mit einer gemeinsamen Politik zur "Eindämmung" Deutschlands. Auf das russisch-französische Bündnis von 1892/94 folgte, nach dem Scheitern eines unrealistischen wie dilettantisch betriebenen Ausgleichsversuchs zwischen Deutschland und England, die Entente Cordiale zwischen England und Frankreich von 1904. Deutschland reagierte mit der Provokation, die zur ersten Marokkokrise von 1905/6 führte. Die hektische deutsche Außenpolitik konsolidierte jedoch die Entente und vollendete mit der britisch-russischen Verständigung von 1907 (Triple Entente) die "Auskreisung" Deutschlands, von deutscher Seite als "Einkreisung" hingestellt – und späterhin von apologetischer Geschichtsschreibung bewußt übernommen.

4. Deutsche Offensive zur Sprengung der "Entente"

Die politische Reaktion des Deutschen Reichs auf die 1907 erreichte weltpolitische Isolierung war eine Offensive nach allen Seiten, um die "Einkreisung" wieder zu sprengen: In der bosnischen Annexionskrise spielte das Reich 1909 den Krisenmechanismus konsequent bis zum Kriegsrisiko durch. Diesmal wich Rußland zurück, weil es vom Krieg gegen Japan und durch die erste russische Revolution noch zu sehr geschwächt war. Geradezu Höhepunkt war dann die zweite Marokkokrise von 1911, in der Deutschland bis an den Rand eines Kontinentalkriegs Frankreich bedrohte, bis sich England energisch hinter Frankreich stellte. Im Spätsommer 1911 verfestigte sich an der Reichsspitze die Einsicht, daß eine Weltmachtstellung für Deutschland nur durch einen baldigen großen Kontinentalkrieg zu erzwingen sei. Die deutsch-russische Zusammenkunft von Potsdam (1910) und die Verhandlungen mit Haldane (1912) bezeichneten gescheiterte diplomatische Vorstöße zur Neutralisierung Rußlands und Englands – für den als unausweichlich angesehenen großen Konflikt.

5. Der Entschluß zum "Präventivkrieg"

Aus dem ersten Balkankrieg von 1912 (wie später dem zweiten von 1913) zeichnete sich bereits die Perspektive einer militärischen Intervention Österreich-Ungarns gegen Serbien ab, mitsamt der sich anschließenden Kettenreaktion: Eingreifen Rußlands, Deutschlands und Frankreichs. In dieser Situation faßte eine Art "Kriegsrat" (Bethmann Hollweg) unter Vorsitz des Kaisers am 8. Dezember 1912 den förmlichen Kriegsentschluß: Mit Rücksicht auf die Marine, die gegen England noch nicht kriegsbereit war, wurde jedoch beschlossen, zunächst den Abschluß strategischer Mindestvorbereitungen abzuwarten – den Ausbau Helgolands zum U-Boot-Hafen und die Vertiefung des Nord-Ostsee-Kanals zur Aufnahme modernster Großkampfschiffe. Die notwendige Wartezeit sollte zur militärischen, diplomatischen und propagandistischen Kriegsvorbereitung genutzt werden. In diesem Zusammenhang wurde daher beschlossen, "durch die Presse die Volkstümlichkeit eines Krieges gegen Rußland im Sinne der kaiserlichen Ausführungen besser vor[zu]bereiten" (v. Moltke).

6. Vorbereitung und Entfesselung des I. Weltkriegs

Bis zum Kriegsausbruch sollte Österreich-Ungarn von einem verfrühten Losschlagen gegen Serbien zurückgehalten, Rußland nur mäßig provoziert, England durch Kolonialabkommen vielleicht doch noch neutralisiert werden. Die große Heeresvorlage von 1913 sorgte gleichzeitig für die materielle und propagandistische Mobilmachung, die Feierlichkeiten zum 25jährigen Regierungsjubiläum Wilhelms II. und zum 100jährigen Jubiläum der Befreiungskriege dienten während des ganzen Jahres 1913 zur psychologischen Mobilisierung der deutschen Volksmassen. Die Verhandlungen mit England zogen sich bis in den Juni 1914 hin – "Bagdadbahn" und Aufteilung der portugiesischen Kolonien sollten nach Möglichkeit England zur Nichtintervention bewegen. Ende Mai/Anfang Juni 1914 drängte Generalstabschef v. Moltke offen auf einen baldigen "Präventivkrieg" gegen Rußland. Das Attentat von Sarajewo diente der deutschen Reichsleitung als "willkommener" Vorwand, um das eher zögernde Österreich-Ungarn in einen Krieg gegen Serbien hineinzutreiben. Das Risiko eines Kontinentalkriegs gegen Rußland und Frankreich nahm Berlin gelassen hin; es war jedoch beunruhigt durch die Aussicht auf einen Kriegseintritt Englands. Sofort nach Kriegsausbruch konkretisierten sich dann die Kriegsziele des Deutschen Reichs, die mit einer Kombination von direkten Annexionen und vielfältigen indirekten Herrschaftsformen, kulminierend in "Mitteleuropa" und "Mittelafrika", eine deutsche Hegemonie über Europa – als Basis einer Weltmachtstellung – begründen sollten.

Anhang: Benutzte Quellen und Literatur

Luigi Albertini: The Origins of the War of 1914, a.d. Ital., 3. Bde., 2. Aufl., London 1966; Nachdruck: Westport/Ct. 1980

Volker R. Berghahn/Wilhelm Deist (Hrsg): Rüstung im Zeichen der Wilhelminischen Weltpolitik. Grundlegende Dokumente 1890–1914, Düsseldorf 1988

Fritz Fischer: Griff nach der Weltmacht. Die Kriegszielpolitik des kaiserlichen Deutschland 1914/18, 4. Aufl., Düsseldorf 1971

Imanuel Geiss: Das Deutsche Reich und die Vorgeschichte des Ersten Weltkriegs, 3. Aufl., München 1981

George W.F. Hallgarten: Imperialismus vor 1914. Die soziologischen Grundlagen der Außenpolitik europäischer Großmächte vor dem Ersten Weltkrieg, 2. Bde., 2. Aufl., München 1963

Eckart Kehr: Der Primat der Innenpolitik. Gesammelte Aufsätze zur preußisch-deutschen Sozialgeschichte im 19. und 20. Jahrhundert (Veröffentlichungen der Historischen Kommission zu Berlin, Bd. 19), Hrsg. Hans-Ulrich Wehler, 2. Aufl., Berlin 1970

Fritz Klein (Hrsg.): Studien zum deutschen Imperialismus vor 1914, Berlin 1976

[Georg Alexander von Müller]: Der Kaiser ... Aufzeichnungen des Chefs des Marinekabinetts Admiral Georg Alexander von Müller über die Ära Wilhelms II., Hrsg. Walter Görlitz, Göttingen 1965 (zur Editionskritik vgl. John C.G. Röhl: Admiral von Müller and the Approach of War 1911–1914, in: Historical Journal, 12/1969, S. 651ff.)

Pierre Renouvin: La crise européenne et la première guerre mondiale (1904–1918), 5. Aufl., Paris 1969

Hans Rosenberg: Große Depression und Bismarckzeit. Wirtschaftsablauf, Gesellschaft und Politik in Mitteleuropa (Veröffentlichungen der Historischen Kommission zu Berlin, Bd. 24), Berlin 1967

Wolfgang Schieder (Hrsg.): Erster Weltkrieg. Ursachen, Entstehung und Kriegsziele (NWB, Bd. 32), Köln 1969

Hans-Ulrich Wehler: Das Deutsche Kaiserreich 1871–1918 (Deutsche Geschichte, Bd. 9), 6. Aufl., Göttingen 1988

c) Sitzungsprotokolle

Die Anfertigung von Protokollen dient der schriftlichen Fixierung von Seminarsitzungen und deren Ergebnissen. Der Studierende sollte sie nicht als lästige Pflichtübung verstehen, vielmehr als nützliche Übungs- und Kontrollmöglichkeit, wissenschaftliche Gespräche und Debatten sinnvoll aufzunehmen, intellektuell zu verarbeiten und schriftlich wiederzugeben. Ebenso nützlich sind Protokolle für Seminare und Übungen selbst, weil sie allen Teilnehmern einen kontinuierlichen Überblick über die erzielten Sitzungsergebnisse ermöglichen. Auch nach der Semesterveranstaltung, für den weiteren Verlauf des Studiums, selbst zur Examensvorbereitung können gute Protokolle über wichtige Themenbereiche unentbehrlich werden.

Was aber ein gutes Protokoll ausmacht, darüber gibt es sehr unterschiedliche Meinungen, und ist überdies von der Funktion abhängig, die es jeweils in der Hochschulpraxis zu erfüllen hat. So lassen sich folgende Protokolltypen unterscheiden: Wortprotokolle, Gedächtnisprotokolle, Verlaufsprotokolle, Ergebnisprotokolle.[27] Für Seminarsitzungen kommt zumeist das Ergebnisprotokoll in Frage. Es stellt zugleich die höchste intellektuelle Anforderung an den Protokollanten, weil nicht mehr der tatsächliche Verlauf, sondern die Ergebnisse einer Sitzung im Vordergrund stehen. Das Sitzungsprotokoll enthält einen klar fixierten Ausgangspunkt, die angesprochenen Bereiche und erzielten Ergebnisse, aber auch offene Fragen und kontroverse Positionen. Der Protokollant kann straffen, systematisieren, zusammenfassen und – in einem begrenzten Maße – auch ergänzen (z.B. Literaturangaben). Liegt der protokollierten Sitzung bereits ein Arbeits- oder Thesenpapier zugrunde, sind daraus stets nur die wichtigsten Aspekte, Tendenzen und Ergebnisse ins Protokoll zu übernehmen. Dafür sind Kritik und Ergänzungen um so deutlicher zu dokumentieren. Stilistisch sollte sich der Protokollant von umständlichen Schilderungen lösen und auf überflüssige Regiebemerkungen verzichten, das Protokoll also in einer sachlichen Sprache abfassen. Um aber als verläßliche Seminargrundlage dienen zu können, sind Protokolle am besten

---

[27] Vgl. dazu P. Borowsky u.a.: Geschichtswissenschaft I, S. 191–193; sowie das Kapitel "Die Anfertigung von Protokollen", in: Gerd Junne: Kritisches Studium der Sozialwissenschaften. Eine Einführung in Arbeitstechniken, 2. Aufl., Stuttgart u.a. 1986, S. 124–131

zu verlesen, ggf. gleich zu berichtigen – und formell zu genehmigen.

Beispiel eines Sitzungsprotokolls:

Veranstaltung: Kaiserreich und Erster Weltkrieg
Seminarleiter:.....
Protokollant:......

Ergebnisprotokoll der Seminarsitzung vom 11. Mai 1992
Thema: Deutsche Außenwirtschaft vor dem Ersten Weltkrieg

1. Verlesung eines Thesenpapiers zum Vorkriegsimperialismus
Das Thesenpapier befaßt sich mit außenpolitischen und außenwirtschaftlichen Entwicklungstendenzen im Rahmen des deutschen Vorkriegsimperialismus und hebt als besonderes Merkmal die Diskrepanz zwischen Machtanspruch und tatsächlicher Wirtschaftsexpansion hervor.

a) Ausgangssituation: Der "Neue Kurs" war in seinen außenpolitischen Konsequenzen ambivalent: Einerseits bedeutete er die Abkehr von Bismarcks kompliziertem und undurchsichtigem Spiel mit Bündnissen und Gegenbündnissen, andererseits löste die Beschränkung auf den mitteleuropäischen Rahmen ("Helgoland-Sansibar-Abkommen") mit der Gründung der Alldeutschen eine chauvinistische Reaktion im Innern aus, die auf eine expansive Außenpolitik und Außenwirtschaft drängte. Fortan attackierten Agrarier und Schwerindustrie die Caprivischen Meistbegünstigungsverträge (1891/94) und setzten gegen die Interessen der exportabhängigen Fertigwarenindustrie einen verschärften Zolltarif (1902/6) durch. Damit geriet die deutsche Handelspolitik in einen unauflösbaren Widerspruch: Zwang zum Export einerseits – Schutzmauern gegen Importe andererseits.

b) Entwicklungstendenzen: Die "ungestüme Expansion der deutschen Wirtschaft" (Stolper, 1966, S. 34) hatte steigende Rohstoff- und Exportabhängigkeit zur Folge, auf die Deutschland nicht genügend vorbereitet war; und die hektischen Versuche, neue Rohstoffbasen und Absatzmärkte zu schaffen, "brachten Deutschland dabei in Gegensatz zu den übrigen Industrie- und Kolonialnationen" (Fischer, 1970, S. 34). Insbesondere auf dem Balkan und in Kleinasien nahmen die Rivalitäten mit den Ententemächten ständig zu und schwächten dort vor allem Deutschlands wirtschaftliche Stellung in Rumänien, Griechenland und in der Türkei. Dazu verweisen die Referenten auf den Umstand, daß Deutschland in den Jahren 1913/14 nicht mehr in der Lage war, die geforderten "Balkan-Anleihen" – die wiederum mit Industrieaufträgen für den anleihegebenden Staat verbunden waren – vollständig aufzubringen. Die bulgarische und rumänische Anleihe konnten deutsche Banken noch placieren, nicht aber jeweils die serbische, griechische und türkische Staatsanleihe. Diese mußten alle in Frankreich emittiert werden. Griechenland und die Türkei sicherten daraufhin Frankreich ein Monopol für alle Waffenlieferungen zu, ferner Baukonzessionen für Bahn- und Hafenanlagen. Vergebens intervenierten deutsche Politiker und Industrielle gegen die Ausschließungen vom griechischen und türkischen Markt. Damit offenbarte sich jedoch ein selbstverursachtes Grundproblem deutscher Wirtschaftsexpansion: "War das Rüstungsgeschäft nicht mehr zu finanzieren, so verlor die deutsche Industrie – die auf Export angewiesene überdimensionierte Schwerindustrie – Absatzmärkte; waren aber die Investitionsmittel für das lange Jahre laufende Bauunternehmen der Bagdadbahn nicht aufzubringen, so litt nicht nur das deutsche Prestige, sondern auch die deutsche Stellung im Orient" (Fischer, 1970, S. 442).

2. Kritik und Ergänzung der Thesen

Die Thesen werden allgemein akzeptiert, jedoch in einem wichtigen Punkt kritisiert: Die imperialistische Expansion Deutschlands beschränkte sich keineswegs auf wirtschaftlich schwache Gebiete (Balkan, Kleinasien, Afrika). Dies zeigt das Beispiel der sog. "pénétration pacifique" ostfranzösischer Eisenerzgebiete. Ausgelöst wurde die "wirtschaftsfriedliche Durchdringung" durch die forcierte deutsche Roheisen- und Stahlproduktion. Den zusätzlichen Erzbedarf deckten zunächst vor allem Importe aus Schweden. Nachdem aber die großen schwedischen Erzfeldgesellschaften in ein halbstaatliches Monopol (1907) umgewandelt und die Fördermengen kontingentiert wurden, sah die deutsche Stahlindustrie einen Ausweg nur noch "in den gewaltigen Erzreichtümern Frankreichs" (Denkschrift der rheinisch-westfälischen Industrie, 1910).

Tatsächlich nahmen seit 1908 die Erzimporte aus Frankreich sprunghaft zu. Dies zeigt eine vom Seminarleiter vorgelegte Zahlenreihe (Mengen in 1000 to): 1905: 280; 1908: 920; 1910: 1774; 1913: 3811 (Stat. Jahrbuch für das Deutsche Reich, Jg. 1909, S. 158; Jg. 1912, S. 201; Jg. 1914, S. 201). Damit einher ging die "wirtschaftsfriedliche Durchdringung", d.h. die Bestrebung der deutschen Eisen- und Stahlindustrie, den steigenden Erzbedarf nicht nur durch verstärkte Erzimporte zu sichern, sondern vor allem die französischen Minettefelder durch Kapitalbeteiligungen unter Kontrolle zu bringen. Dagegen richteten sich seit 1912 die französischen Abwehrmaßnahmen. Es kam zunächst zu zollpolitischen Schikanen; später wurden die deutschen Gesellschaften zu französischen Mehrheitsbeteiligungen gezwungen oder gar Baugenehmigungen verweigert. So war es seit 1912/13 für die deutsche Industrie nicht mehr möglich, in Frankreich Erzkonzessionen zu erwerben. Die "pénétration pacifique" war gescheitert. Doch damit abfinden wollten sich deutsche Politiker und Industrielle offenbar nicht: Ein Vergleich der wichtigsten Kriegszielprogramme von 1914 zeigt, daß sich dort übereinstimmend die Forderung nach Annexion des französischen Erzbeckens von Longwy-Briey findet – so auch im "Septemberprogramm".

3. Zusammenfassung

Die vorgetragenen Beispiele deutscher Expansionspolitik zeigen, daß die antagonistischen Widersprüche zwischen Weltmachtstreben und Finanzschwäche führende deutsche Politiker und Wirtschaftskreise zu immer riskanteren, friedensgefährdenden Manövern veranlaßten, um Weltmarktanteile und Einflußsphären um jeden Preis zu sichern. Daneben zeigt das gemeinsam erarbeitete Beispiel der gescheiterten "pénétration pacifique", daß Untersuchungen zur Kapital- und Handelspolitik die Ursachen des deutschen Expansionsdrangs allein noch nicht hinreichend erklären können. Die primären Ursachen sind in der industriekapitalistischen Wachstumsproblematik zu suchen. Dieses "Versäumnis" trifft die Referenten allerdings nicht allein. Auch die historische Forschung ist davon betroffen.

4. Zitierte und weiterführende Literatur

Karl Erich Born: Wirtschafts- und Sozialgeschichte des Deutschen Kaiserreichs (1867/71−1914), Stuttgart 1985

Fritz Fischer: Krieg der Illusionen. Die deutsche Politik von 1911 bis 1914, 2. Aufl., Düsseldorf 1970 (darin: Denkschrift der rheinisch-westfälischen Industrie an den Reichskanzler vom 30. März 1910, S. 461)

Gerd Hohorst/Jürgen Kocka/Gerhard A. Ritter: Sozialgeschichtliches Arbeitsbuch II. Materialien zur Statistik des Kaiserreichs 1870−1914, 2. Aufl., München 1978

Kaiserliches Statistisches Amt (Hrsg.): Statistisches Jahrbuch für das Deutsche Reich, Jg. 1909/14, Berlin 1909 ff.

Raymond Poidevin: Les relations économiques et financières entre la France et l'Allemagne de 1898 à 1914, Paris 1969

Bernd F. Schulte: Vor dem Kriegsausbruch 1914. Deutschland, die Türkei und der Balkan, Düsseldorf 1980

Gustav Stolper/Karl Häuser/Knut Borchardt: Deutsche Wirtschaft seit 1870, 2. Aufl., Tübingen 1966

Hans-Ulrich Wehler: Krisenherde des Kaiserreichs, 1871−1918. Studien zur deutschen Sozial- und Verfassungsgeschichte, 2. Aufl., Göttingen 1979

d) Vorlesungsnotizen

Produktives Mitschreiben bei Vorlesungen und Vorträgen verlangt: konzentriertes Zuhören, kritisches Mitdenken und selektives Mitschreiben. Bloßes Zuhören ist ebenso unproduktiv wie wörtliches Mitschreiben. Beim ausführlichen oder wörtlichen Mitschreiben von Vorträgen und Vorlesungen konzentriert sich der Hörer erfahrungsgemäß eben nur auf das Mitschreiben, nimmt den einzelnen Wortfetzen wichtiger als den Sinnzusammenhang, denkt nicht mit, sondern schreibt nur mit. Gänzlich unproduktiv wäre es, wollte der Hörer die ausführliche Mitschrift später auch noch in Reinschrift übertragen und erst dabei wesentliche Gedanken in ihren Beziehungen und Zusammenhängen herausstellen. Dagegen macht das Mitschreiben wichtiger Gedanken die Teilnahme an Vorlesungen überhaupt erst sinnvoll. Dies verlangt aber vom Hörer, daß er sich bewußt auf die Ausführungen des Vortragenden konzentriert, kritisch mitdenkt, wesentliche Gedanken stichwortartig notiert, aber auch "Pausen" (z. B. Behandlung von Spezialfragen) zur eigenen Entspannung nutzt. Es gilt also: das Problem und den Aufbau einer Vorlesung zu verstehen, die Bedeutung von Hypothesen und Tatsachen im Gesamtzusammenhang zu begreifen, Interpretationsansätze von gesicherten Erkenntnissen und Generalisierungen zu unterscheiden, Ergebnisse und noch offene Fragen zu diskutieren und schriftlich zu fixieren.

Für die Technik des Mitschreibens gibt es keine Regeln, so daß hier nur einige Ratschläge möglich sind: Alle wesentlichen Gedanken sind in Stichworten und Kurzsätzen aufzuzeichnen − mit den gebräuchlichen Abkürzungen. Wörtlich mitgeschrieben werden nur Definitionen, Kernsätze, Aufzählungen, Literaturangaben usw. Läßt sich beim Mitschreiben ein Gesichtspunkt als übergeordnet erkennen, wird er sogleich durch Einrücken oder Unterstreichen herausgestellt. Beziehungen und Zusammenhänge zwischen den einzelnen Gesichtspunkten und Kerngedanken lassen sich am besten durch einfache Symbole, Skizzen und Schemata darstellen. Auf den Korrekturrand können Fragen an den Referenten notiert werden, ebenso nachträgliche Ergänzungen und Literaturangaben. Sonst aber erspart die korrekte Mitschrift eine spätere Überarbeitung.

Beispiel einer Mitschrift (Auszug):

Thema: Theorie des Sozialimperialismus
Begriff: Sozialimperialismus: diffus und strittig!
− allg.:   Bezeichnung für Expansionsbewegungen
           (aus z. T. inneren sozialen Konflikten heraus)
− hist.:   "Export der sozialen Frage in die Sümpfe Afrikas"
           (Wilhelm Liebknecht: Kolonialdebatte 1884)
− marx.:   "Sozialimperialismus als letzte Etappe des Imperialismus" (Buchtitel von A. Grabowski, 1939)

Funktion des Sozialimperialismus im Kaiserreich (Wehler)
(Anlehnung an Theorie des "informellen Imperialismus")

1. Innenpolitische Funktion
   = Integrationsmittel → (Arbeiterschaft)
   = Krisenideologie → (Kolonialenthusiasmus)

2. Gesellschaftspolitische Funktion
   = Verteidigung der Macht- und Sozialstruktur → (Agrarier und Schwerindustrie)
   = Ablenkungspolitik → (ungelöste soziale Frage)
   erklärtes Ziel: Emanzipationsprozeß verlangsamen!

3. Wirtschaftspolitische Funktion
   = pragmatische Expansionspolitik
   = staatlich geförderte Außenhandelspolitik
   = antizyklische Konjunkturpolitik ("experimentierend")

Kritik: Wehlers These, wonach die deutsche Kolonialexpansion vor allem wirtschaftspolitisch ein "konjunkturelles Korrektivmittel" gewesen sei, läßt sich nach H. Böhme u.a. nicht schlüssig erweisen. Dazu "Kritik und Antikritik" in: H.-U. Wehler: Krisenherde des Kaiserreichs, 1871−1918 (Göttingen ²1979)

4. Prüfungsvorbereitung

Die Vorbereitung auf die schriftlichen und mündlichen Teile des Examens sollte über die eigentliche Prüfungsleistung hinausreichen und so angelegt sein, daß die gezielte intensive Beschäftigung mit historischen Themen später auch der beruflichen Praxis, z. B. dem Referendariat, zugute kommt. Gerade der Lehrerberuf setzt die Bereitschaft und Fähigkeit voraus, sich rasch und ausreichend vertieft in neue Themenbereiche einzuarbeiten.[28]

---

[28] Vgl. dazu Kapitel "Prüfungsvorbereitung", in: F. Hülshoff/R. Kaldewey: Mit Erfolg studieren, S. 240−256; den Abschnitt "Bekämpfung von Prüfungsangst", in: G. Rückriem/J. Stary/N. Franck: Tech-

Bei der inneren Vergegenwärtigung eines Themengebiets helfen dieselben Empfehlungen wie für den Erwerb des Überblickswissens – vom Allgemeinen zum Besonderen – und für die Einarbeitung in ein Referat – Abschreiten der zeitlichen und thematischen Grenzen, inhaltliche Strukturierung und Begründung der Schwerpunktbildung. Neben einer ausdifferenzierten Gliederung erweisen sich auch Begriffslisten, (synoptische) Datentabellen und Strukturübersichten als nützliche Orientierungshilfen (vgl. Anlagen III/IV). Schon der selbstauferlegte Zwang des Herausschreibens bewirkt, daß sich die wichtigsten Schlüsseldaten in ihrem zeitlichen und sachlichen Zusammenhang besser einprägen. Dieselbe Funktion erfüllen einige systematische Thesen und Kerngedanken, z. B. zur Entwicklung, Strukturierung und Nachwirkung – gleichsam resümierend und kontrollierend zur chronologischen Dimensionierung (vgl. dazu Fragenkatalog, S. 26 ff.). Um ein derartiges Grundgerüst von Begriffen, Daten und Fakten herum läßt sich ein Netz von übergreifenden und Details verbindenden Bezügen herstellen, die intellektuelle Klarheit und psychologische Sicherheit für Prüfungssituationen verschaffen. Wer ein weiteres zur eigenen Sicherheit und Selbstkontrolle tun möchte, sollte zumindest ein Klausurthema unter selbstgestellten Examensbedingungen einüben. Dafür mag die anliegende Übungsklausur eine nützliche Hilfe sein.

Für das Abfassen von Klausuren gelten die Grundsätze schriftlichen Arbeitens sinngemäß: ausreichende inhaltliche Vergewisserung der Themenstellung, um das befürchtete "am Thema Vorbeischreiben" von vornherein auszuschließen, danach eine Grobgliederung und kritische Überprüfung, ob nicht einzelne Teile den Blick fürs Ganze "verstellen", sodann aber aus Zeitgründen gleich die endgültige Niederschrift, bei der auch die Ausdifferenzierung der Gliederungspunkte erfolgt. Daher empfiehlt es sich, die Gliederungsseite freizuhalten und

---

nik wissenschaftlichen Arbeitens, S. 243–248; sowie Kapitel "Prüfungen", in: Hermann Giesecke: Anleitung zum pädagogischen Studium. Wissenschaft und Berufspraxis, 2. Aufl., München 1977, S. 144–158

erst zum Schluß ins reine zu schreiben. Bei der inhaltlichen Ausgestaltung des Themas können Sie sonst ruhig so verfahren, als hätten Sie ein schriftliches Kurzreferat zu bearbeiten – vor allem beim Erklären und logischen Deduzieren, bei der chronologischen und systematischen Dimensionierung. Allerdings soll sich die Einleitung auf eine knappe Skizzierung der Problemstellung und Forschungslage beschränken. Liegt dem Klausurthema eine Quelle zugrunde, und das ist häufig der Fall, so muß am Anfang eine kurze Beschreibung und historische Einordnung der Quelle stehen. Die Deutung des Quellentextes selbst erfolgt erst im Hauptteil – entsprechend den Grundsätzen zur Quelleninterpretation (vgl. S. 95 ff.). Die wichtigsten Ergebnisse der Quellenanalyse sind im Schlußteil kurz zusammenzufassen und nochmals auf die Ausgangsfragen zu beziehen.

Nicht alle historischen Themen eignen sich auch für die mündliche Prüfung, z. B. wenn es zu Spezialthemen noch keine ausreichende wissenschaftliche Literatur gibt, oder wenn sie sich zu weit vom Arbeits- und Kompetenzbereich des Prüfers entfernen. Allgemeinere Themen, wie sie auch für die Unterrichtspraxis relevant werden, sind für die mündliche Prüfung sicherer, denn in der Themenwahl brauchen Sie nicht intellektuelle Risikobereitschaft ausgerechnet an der Stelle zu beweisen, die – psychologisch gesehen – der schwierigste Teil des Examens ist. Daher sollten Sie bei der Themenauswahl im eigenen Interesse darauf achten, daß die einzelnen Themenbereiche nicht zu eng beieinander liegen, auch nicht zu nah am Thema der Examensklausur. Sollte das Prüfungsgespräch für Sie ungünstig verlaufen, so können Sie eher bei einem anderen, völlig verschiedenen Thema unbeschwerter "Tritt fassen". Jedenfalls erweist es sich in der Prüfungspraxis stets als vorteilhaft, wenn sich die drei oder vier Examensthemen auf verschiedene Bereiche oder Epochen verteilen. Ein Themenvorschlag sollte wenigstens aus der außerdeutschen Geschichte kommen. Das ist im Rahmen eines universalhistorischen Geschichtsverständnisses durchaus von jedem Studenten zu leisten.

In der mündlichen Prüfung selbst kommt es vor allem darauf an, den Sinn und Stellenwert einer Frage, sozusagen in der logischen Hierarchie innerhalb des Themas, richtig zu erfassen und sich in der Antwort zunächst auf diese Ebene zu beschränken: Dabei sollten Sie möglichst nur solche Komplexe ansprechen, in denen Sie sich sicher fühlen, so daß der Prüfer gleichsam eingeladen wird, vertiefende Nachfragen zu stellen. Ohnehin erweist sich eine aktive Beantwortung der Fragen günstiger als ein "reaktives" oder gar passives Prüfungsverhalten. Sie sollten daher nach einleitenden Fragen des Prüfers zur Entfaltung des Themas versuchen, den weiteren Gang der mündlichen Prüfung selbst zu gestalten, indem Sie − wie noch einmal betont − von sich aus nur Sachverhalte herausstellen, die Sie sicher beherrschen, so daß sich der Prüfer auf präzisierende und differenzierende Zwischenfragen beschränken kann. Gleichwohl bleibt in der mündlichen Prüfung ein erhebliches Moment der Unsicherheit und Irrationalität bestehen. Im Interesse einer rationalen und transparenten Prüfungsgestaltung wäre es daher nützlich, wenn die eingangs erwähnten Vorbereitungspapiere (im Umfang von 2−3 Seiten pro Thema) auch als Grundlage für mündliche Prüfungsgespräche dienen könnten. Solche Prüfungspapiere haben nach Hermann Giesecke für alle Beteiligten beträchtliche Vorteile:

"a) Der Kandidat ist nun von einer Reihe bloßer Gedächtnisleistungen entlastet und kann sich dafür auf die gedanklichen Zusammenhänge konzentrieren.

b) Die Anfertigung des Papiers während der Vorbereitung verhindert bloß additives Lesen, das keinen rechten Zusammenhang ergibt. Die Herstellung des Papiers zwingt vielmehr zu systematischem Studium während der Vorbereitung.

c) Insofern sich der Prüfer an die im Papier zum Ausdruck kommende Strukturierung hält, kann der Kandidat die Prüfungssituation einigermaßen antizipieren.

d) Der Prüfer kann sich, da er das Papier bereits vor der Prüfung erhält, rechtzeitig auf jeden Kandidaten einstellen.

e) Für den Prüfer ist es eine große Erleichterung, daß er die einzelnen Fragen sowie die logische Sequenz seiner Fragen nicht aus den Fingern saugen muß, sondern dabei von dem ihm vorliegenden Papier ausgehen kann.

f) In einer begrenzten Zeit (z. B. 30 Minuten) läßt sich auf diese Weise mehr prüfen, als das Gespräch unmittelbar zu erfassen vermag; denn der Prüfer kann − ohne daß dies dem Kandidaten gegenüber unfair wäre − zwischen mehreren Themen wechseln, Verbindungen zwischen ihnen herstellen usw. Oder es kann vereinbart werden, daß von mehreren vorgeschriebenen Prüfungsthemen zu Beginn der Prüfung nur einige ausgelost werden."[29]

Zum Abschluß der kurzgefaßten Empfehlungen zur Prüfungsvorbereitung sei eine Übungsklausur mit Bearbeitungshinweisen angefügt: Die Klausuraufgabe fragt nach den "Lehren" deutscher Zeitgeschichte und verlangt eine methodische Einübung in die vergleichende Verfassungsanalyse ("Bonn/Weimar"). Bei der schrittweisen Bearbeitung kommt es vor allem darauf an, daß der historisch-politische Verfassungsvergleich über die Analyse von abstrakten Verfassungsnormen hinausreicht und die konkrete Verfassungswirklichkeit der Weimarer Republik sowie der Bundesrepublik mit einbezieht. Unerläßlich ist eine eigene kritische Stellungnahme und Beurteilung — auch zur Geschichte als politisch(-ideologisches) Argument in Parlamentsdebatten.[30]

Beispiel einer Übungsklausur:

Klausurtext: " 'Bonn ist nicht Weimar', Titel eines 1956 erschienenen Buches des schweizerischen Publizisten Fritz René Allemann, wurde ... rasch zum Schlagwort. Warum aber ist es das nicht? Die Antwort, die Menschen hätten aus der Geschichte gelernt, ist zu simpel und widerspricht zu sehr der allgemeinen historischen Erfahrung, um außer in einzelnen Fällen ernsthaft überzeugen zu können. Die andere oft gegebene Antwort, die Ursache sei im besseren Grundgesetz zu suchen, erweist sich bei näherer Prüfung als ebensowenig stichhaltig. Abgesehen nämlich von der Sperrklausel des neuen Wahlrechts, die sicherlich das Aufkommen von Splitterparteien behinderte, hat sich kaum eine Neuerung des Grundgesetzes ausgewirkt. Das konstruktive Mißtrauensvotum ist im Bundestag noch niemals angewandt worden, der Wunsch zur Auflösung des Bundestages bestand im Ernst nicht, die beiden verbotenen Parteien hatten ohnehin

---

[29] H. Giesecke: Pädagogisches Studium, S. 150
[30] Vgl. dazu auch den Abschnitt "Vergleichende Verfahren", unten S. 140–143; sowie den Abschnitt "Die Klausur", in: P. Borowsky u. a.: Geschichtswissenschaft I, S. 193–195

keine nennenswerten Chancen, die reduzierte Machtfülle des Bundespräsidenten verhinderte keine Krise. Man mag über den einen oder anderen dieser Fälle streiten; fest steht, daß man sich vorstellen kann, die Geschichte der Bundesrepublik sei nach den Regeln der Weimarer Verfassung abgelaufen, und zu dem Ergebnis kommen muß, der Verlauf wäre nicht beträchtlich anders gewesen. Umgekehrt dagegen ist leicht einzusehen, daß auch das Bonner Grundgesetz die Weimarer Republik nicht gerettet hätte."

Quelle: Deutsche Parlamentsdebatten, Bd. 3: 1949–1970, Hrsg. Eberhard Jäckel, Frankfurt/M. 1971, Einleitung des Herausgebers, S. 20

Aufgabenstellung:

1. Überprüfen Sie die Textaussage im zeitgeschichtlichen Kontext und erläutern Sie die Begriffe und Sachverhalte ("Sperrklausel", "Splitterparteien", "konstruktives Mißtrauensvotum", "Auflösung des Bundestages").

2. Bearbeiten Sie wahlweise eine der beiden Teilaufgaben:
   a) Vergleichen Sie die Stellung des Präsidenten und Kanzlers in den Verfassungen von 1919 und 1949.
   b) Vergleichen Sie die Funktion und Kompetenz des Parlaments in den Verfassungen von 1919 und 1949.

3. Diskutieren Sie die Beurteilung des Historikers E. Jäckel zur deutschen Verfassungsentwicklung auf der Grundlage Ihrer Textanalyse.

Bearbeitungshinweise zur Übungsklausur:

(a) Verfassungsvergleich

Der "Vergleichsschlüssel" enthält die zur Bearbeitung der Übungsfragen nötigen Artikel der Weimarer Reichsverfassung (WV) und des Bonner Grundgesetzes (GG). Davon sind nachstehend die wichtigsten Verfassungsartikel auszugsweise abgedruckt.

WV	GG	WV	GG
1	20	48	–
–	21	52	62
21, 22	38	53	63 (1/2)
25	63 (4), 68 (1)	54	67, 68
34	44	56	65
41	54	68, 69	76
43	54 (2)	73	–
45	59	76	79
47	65 a	–	81

(b) Stichpunkte zur Interpretation

Weimarer Verfassung – Rivalität zwischen präsidentiellem und parlamentarischem System: Diktaturgewalt des Reichspräsidenten (Art. 25, 47, 48), Abhängigkeit des Reichskanzlers vom Reichspräsidenten (Art. 53), Reichsregierung als asymmetrische Verfassungskonstruktion zwischen Reichspräsidenten (Art. 53) und Reichstag (Art. 54), eingeschränkte Gesetzgebungs- und Kontrollfunktion des Parlaments (Art. 25, 48), verfassungsmäßige Verankerung des (extremen) Verhältniswahlrechts: Zersplitterung der Parteienstruktur; Grundgesetz – "Lehren": parlamentarisches und föderalistisches Verfassungssystem, plebiszitäres Element zurückgedrängt (bis auf Art. 29), politische Verantwortung der Parteien (Art. 21), reduzierte Macht des Präsidenten (Art. 59), "Kanzlerdemokratie": konstruktives Mißtrauensvotum (Art. 67), erschwerte Parlamentsauflösung (Art. 63, 68); uneingeschränkte Gesetzgebungs- und Kontrollfunktion des Parlaments, Regelung des Gesetzgebungsnotstands (Art. 81) statt Notverordnungsartikel.

Verfassungsanspruch versus Verfassungswirklichkeit: Weimarer Republik – Konstruktion eines formaldemokratischen Obrigkeitsstaats, Kontinuität vormoderner und antidemokratischer Macht- und Sozialstrukturen (Wirtschaft, Verwaltung, Militär), Defizit an "bürgerlichem" Parlamentarismus und gewachsener politischer Kultur ("Sonderweg-These"), polarisierende Wirkung von Kriegsfolgen und Wirtschaftskrisen, krisenverschärfende Deflationspolitik und politische Radikalisierung, Präsidialkabinette und Notverordnungen: Volkswille als plebiszitäre Entscheidungsinstanz ausgespielt; Bundesrepublik – Konstruktion eines demokratischen Sozial- und Rechtsstaats von breiten Bevölkerungsschichten akzeptiert, begünstigt durch frühen wirtschaftlichen Aufschwung und (partei-)politische Stabilität, Anpassung an das westliche Muster politischer Kultur; jetzt aber restaurative Tendenzen: Ausweitung der Staatsmacht und Wirtschaftskonzentration auf Kosten demokratischer Teilhabe und Kontrollen, verdrängtes Plebiszit und 5%-Sperrklausel: Volkswille zu Formen außerparlamentarischer Opposition abgedrängt (z.B. Bürgerinitiativen, Friedensbewegung).

Angesichts des in der Öffentlichkeit berufenen Menetekels der "Weimarer Republik" – infolge politisch-sozialer Krisenerscheinungen, irrationaler Nationalstaat-Deutungen und zunehmender Gewaltbereitschaft in der erweiterten Bundesrepublik – wird der Verweis auf eine kritisch-rationale Studie (H.-U. Wehlers) um so nötiger: "Kritische Wachsamkeit muß ... auch heute unentwegt von der Öffentlichkeit und allen auf Geschichte und Gegenwart bezogenen Wissenschaften unentwegt erwartet werden. Selbstgefällige Zufriedenheit ist gegenüber den anstehenden Problemen die am allerwenigsten angebrachte Einstellung. Die wissenschaftlich zuverlässig überprüfte Erinnerung an die Vergangenheit, auch an die Bedingungen des Aufstiegs und an die Regimezeit des Nationalsozialismus, kann das Problembewußtsein wachhalten und schärfen. Aber sie sollte nicht dazu führen, daß man sich auf die Wiederkehr des Gleichen einstellt, sondern muß dazu beitragen, daß auf nur teilweise vergleichbare Krisenbedingungen, die neue Probleme heraufbeschwören, angemessen reagiert werden kann, ohne daß die Substanz der Bundesrepublik irreparablen Schaden erleidet."[31]

[31] Hans-Ulrich Wehler: 1933 – ein halbes Jahrhundert danach, in: Ders.: Aus der Geschichte lernen? Essays, München 1988, S. 44–60; zit. S. 60

(c) Aus der Reichsverfassung von 1919

Art. 25 [Auflösung und Neuwahl]
Der Reichspräsident kann den Reichstag auflösen, jedoch nur einmal aus dem gleichen Anlaß.
Die Neuwahl findet spätestens am sechzigsten Tage nach der Auflösung statt.

Art. 41 [Wahl des Reichspräsidenten]
Der Reichspräsident wird vom ganzen deutschen Volke gewählt. Wählbar ist jeder Deutsche, der das 35. Lebensjahr vollendet hat.
Das Nähere bestimmt ein Reichsgesetz.

Art. 47 [Oberbefehl]
Der Reichspräsident hat den Oberbefehl über die gesamte Wehrmacht des Reichs.

Art. 48 [Maßnahmen bei Störung von Sicherheit und Ordnung]
Wenn ein Land die ihm nach der Reichsverfassung oder den Reichsgesetzen obliegenden Pflichten nicht erfüllt, kann der Reichspräsident es dazu mit Hilfe der bewaffneten Macht anhalten.
Der Reichspräsident kann, wenn im Deutschen Reich die öffentliche Sicherheit und Ordnung erheblich gestört oder gefährdet wird, die zur Wiederherstellung der öffentlichen Sicherheit und Ordnung nötigen Maßnahmen treffen, erforderlichenfalls mit Hilfe der bewaffneten Macht einschreiten. Zu diesem Zweck darf er vorübergehend die in Art. 114, 115, 117, 118, 123, 124 und 153 festgesetzten Grundrechte ganz oder zum Teil außer Kraft setzen.
Von allen gemäß Abs. 1 oder Abs. 2 dieses Artikels getroffenen Maßnahmen hat der Reichspräsident unverzüglich dem Reichstag Kenntnis zu geben. Die Maßnahmen sind auf Verlangen des Reichstags außer Kraft zu setzen.
Bei Gefahr im Verzuge kann die Landesregierung für ihr Gebiet einstweilige Maßnahmen der in Abs. 2 bezeichneten Art treffen. Die Maßnahmen sind auf Verlangen des Reichspräsidenten oder des Reichstags außer Kraft zu setzen.
Das Nähere bestimmt ein Reichsgesetz.

Art. 53 [Ernennung und Entlassung]
Der Reichskanzler und auf seinen Vorschlag die Reichsminister werden vom Reichspräsidenten ernannt und entlassen.

Art. 54 [Entzug des Vertrauens]
Der Reichskanzler und die Reichsminister bedürfen zu ihrer Amtsführung des Vertrauens des Reichstags. Jeder von ihnen muß zurücktreten, wenn ihm der Reichstag durch ausdrücklichen Beschluß sein Vertrauen entzieht.

Art. 56 [Richtlinienkompetenz]
Der Reichskanzler bestimmt die Richtlinien der Politik und trägt dafür gegenüber dem Reichstag die Verantwortung. Innerhalb dieser Richtlinien leitet jeder Reichsminister den ihm anvertrauten Geschäftszweig selbständig und unter eigener Verantwortung gegenüber dem Reichstag.

(d) Aus dem Grundgesetz von 1949

Art. 54 [Wahl des Bundespräsidenten]
(1) Der Bundespräsident wird ohne Aussprache von der Bundesversammlung gewählt. [...]
(2) Das Amt des Bundespräsidenten dauert fünf Jahre. Anschließende Wiederwahl ist nur einmal zulässig.
(3) Die Bundesversammlung besteht aus den Mitgliedern des Bundestages und einer gleichen Anzahl von Mitgliedern, die von den Volksvertretungen der Länder nach den Grundsätzen der Verhältniswahl gewählt werden. [...]

Art. 63 [Wahl des Bundeskanzlers]
(1) Der Bundeskanzler wird auf Vorschlag des Bundespräsidenten vom Bundestag ohne Aussprache gewählt.
(2) Gewählt ist, wer die Stimmen der Mehrheit der Mitglieder des Bundestages auf sich vereinigt. Der Gewählte ist vom Bundespräsidenten zu ernennen.
(3) Wird der Vorgeschlagene nicht gewählt, so kann der Bundestag binnen vierzehn Tagen nach dem Wahlgang mit mehr als der Hälfte seiner Mitglieder einen Bundeskanzler wählen.
(4) Kommt eine Wahl innerhalb dieser Frist nicht zustande, so findet unverzüglich ein neuer Wahlgang statt, in dem gewählt ist, wer die meisten Stimmen erhält. Vereinigt der Gewählte die Stimmen der Mehrheit der Mitglieder des Bundestages auf sich, so muß der Bundespräsident ihn binnen sieben Tagen nach der Wahl ernennen. [...]

Art. 64 [Ernennung und Entlassung der Bundesminister]
(1) Die Bundesminister werden auf Vorschlag des Bundeskanzlers vom Bundespräsidenten ernannt und entlassen. [...]

Art. 65 [Richtlinienkompetenz]
Der Bundeskanzler bestimmt die Richtlinien der Politik und trägt dafür die Verantwortung. Innerhalb dieser Richtlinien leitet jeder Bundesminister seinen Geschäftsbereich selbständig und unter eigener Verantwortung. [...]

Art. 67 [Mißtrauensvotum]
(1) Der Bundestag kann dem Bundeskanzler das Mißtrauen nur dadurch aussprechen, daß er mit der Mehrheit seiner Mitglieder einen Nachfolger wählt und den Bundespräsidenten ersucht, den Bundeskanzler zu entlassen. Der Bundespräsident muß dem Ersuchen entsprechen und den Gewählten ernennen. [...]

Art. 68 [Vertrauensantrag, Auflösung des Bundestages]
(1) Findet ein Antrag des Bundeskanzlers, ihm das Vertrauen auszusprechen, nicht die Zustimmung der Mehrheit der Mitglieder des Bundestages, so kann der Bundespräsident auf Vorschlag des Bundeskanzlers binnen einundzwanzig Tagen den Bundestag auflösen. Das Recht zur Auflösung erlischt, sobald der Bundestag mit der Mehrheit seiner Mitglieder einen anderen Bundeskanzler wählt. [...]

(e) Quellen- und Literaturhinweise

Wolfgang Abendroth: Das Grundgesetz. Eine Einführung in seine politischen Probleme, Pfullingen 1966

Wilhelm Alff (Hrsg.): Deutschlands Sonderung von Europa 1862–1945, Frankfurt/Bern/New York 1984

Willibalt Apelt: Geschichte der Weimarer Verfassung, 2. Aufl., München/Berlin 1964

Wolfgang Bach: Geschichte als politisches Argument. Eine Untersuchung an ausgewählten Debatten des deutschen Bundestages, Stuttgart 1977

Karl Dietrich Bracher: Die Auflösung der Weimarer Republik. Eine Studie zum Problem des Machtverfalls in der Demokratie, 5. Aufl., Villingen 1971; Nachdruck: Düsseldorf 1984

Werner Conze/Rainer M. Lepsius (Hrsg.): Sozialgeschichte der Bundesrepublik Deutschland. Beiträge zum Kontinuitätsproblem (Industrielle Welt, Bd. 34), 2. Aufl., Stuttgart 1985

Ralf Dahrendorf: Gesellschaft und Demokratie in Deutschland, 2. Aufl., München 1972

Fritz Fischer: Bündnis der Eliten. Zur Kontinuität der Machtstrukturen in Deutschland 1871–1945, Düsseldorf 1979

Jens Flemming u. a. (Hrsg.): Die Republik von Weimar, 2 Bde., Königstein/Düsseldorf 1979 (als Studien- und Quellenbuch konzipiert)

Ernst Fraenkel: Deutschland und die westlichen Demokratien, 2. Aufl., Stuttgart 1964

Günther Franz (Hrsg.): Staatsverfassungen. Eine Sammlung wichtiger Verfassungen der Vergangenheit und Gegenwart in Urtext und Übersetzung, 3. Aufl., München 1975

Ernst Rudolf Huber: Dokumente zur deutschen Verfassungsgeschichte, Bd. 3: Dokumente der Novemberrevolution und der Weimarer Republik 1918–1933, 2. Aufl., Stuttgart u. a. 1966

Eberhard Kolb (Hrsg.): Vom Kaiserreich zur Weimarer Republik (NWB, Bd. 49), Köln 1972

Hans Mommsen/Dietmar Petzina/Bernd Weisbrod (Hrsg.): Industrielles System und politische Entwicklung in der Weimarer Republik (Verhandlungen des Internationalen Symposiums in Bochum von 12.–17. Juni 1973), Düsseldorf 1974

Arthur Rosenberg: Entstehung und Geschichte der Weimarer Republik, Hrsg. Kurt Kersten, 2. Aufl., Frankfurt/M. 1984

Bernhard Schäfers: Gesellschaftlicher Wandel in Deutschland. Ein Studienbuch zur Sozialstruktur und Sozialgeschichte der Bundesrepublik, 5. Aufl., Stuttgart 1990

Kurt Sontheimer: Antidemokratisches Denken in der Weimarer Republik. Die politischen Ideen des deutschen Nationalismus zwischen 1918–1933, München 1964

Hans-Ulrich Wehler: Aus der Geschichte lernen? Essays, München 1988 (darin: "1933 – ein halbes Jahrhundert danach")

Ergänzungen:

II. Arbeitsorganisation und Materialsammlung

Nach einigen grundlegenden Hinweisen zur Studien- und Lernpraxis werden nunmehr die wichtigsten Arbeitstechniken in ihrer zeitlich-sachlichen Abfolge dargestellt, wie sie bei der Anfertigung geschichtswissenschaftlicher Arbeiten auftreten. Die Arbeitsanleitungen konzentrieren sich vornehmlich auf die schriftliche Seminar- bzw. Hausarbeit ("Referat"). Selbstverständlich gelten die Empfehlungen auch für Abschlußarbeiten (Staatsexamens-, Magister-, Diplom- und Doktorarbeiten), nur sind in Einzelfällen noch spezielle methoden- und quellenkundliche Anleitungen heranzuziehen.

1. Themenwahl und Arbeitsphasen

Mit der Themenwahl beginnt der Prozeß wissenschaftlichen Arbeitens, der bis zur Niederschrift mehrere Arbeitsphasen durchläuft: Vorarbeiten, Materialsammlung und -auswertung, inhaltliche Erarbeitung und Darstellung. In der Praxis wissenschaftlichen Arbeitens hat es sich bewährt, die einzelnen Arbeitsphasen in relativ einfache und überschaubare Arbeitsschritte zu unterteilen.[1] Dadurch lassen sich Hemmnisse und Mißerfolge − gerade in den Anfangsphasen − leichter überwinden und unnötige Themenänderungen vermeiden. Um so wichtiger wird die wohlbegründete Themenwahl: Dazu müssen Sie sich zunächst in Handbüchern und Nachschlagewerken informieren, um ausreichende Klarheit über die Relevanz und Stellung des Themas im Ausbildungs- und Wissenschaftsprozeß, aber auch über die Beziehung zu gegenwärtigen gesellschaftlichen Problemen zu erlangen. Damit aber die Relevanzfrage nicht subjektiver Beliebigkeit unterliegt, ist eine kritische Reflexion des eigenen Erkenntnis- und Bearbeitungsinteresses unerläßlich, um sich Rechenschaft über die Interdependenz von Pro-

---

[1] Vgl. ergänzend dazu Kapitel "Leitfragen und Erklärungsrahmen", unten S. 103−105; sowie Kapitel "Von der Themenwahl bis zur Niederschrift", in: G. Rückriem/J. Stary/N. Franck: Technik wissenschaftlichen Arbeitens, S. 197−249

blemstellung, Forschungsgegenstand und Untersuchungsergebnis abzulegen. Ein gegenwartsbezogenes Interesse an der Vergangenheit kann dabei als Selektionskriterium historischer Arbeits- und Forschungsthemen dienen. Von dorther erübrigt sich die Bearbeitung antiquarischer Themen allemal (z. B. "Die Begründung des Erzbistums Salzburg aus der Sicht Papst Leos III.").

Nützliche Orientierungshilfe bei der Themenreflexion leisten Seminarprogramme mit einführenden Literaturhinweisen. Wie auch aus dem anliegenden Programm hervorgeht, sind die Arbeitsthemen meist noch so weit gesteckt, daß Sie alternative Abgrenzungs- und Bearbeitungsvorschläge einbringen können. Sie sollten sich daher nach der ersten Grobinformation durch Handbuch- und Lexikaartikel einen raschen Überblick über die Literatur- und Quellenlage verschaffen. Dafür bietet sich vor allem die Arbeit mit dem Schlagwortkatalog an, zumal die Materialsuche in dieser Phase noch auf leicht verfügbare Titel beschränkt bleibt. Immerhin sollen die Vorarbeiten nach ein paar Wochen so weit gediehen sein, daß Sie einen Arbeitsplan, zumindest eine vorläufige Gliederung aufstellen können. Schon im eigenen Interesse sind Themeneingrenzung, Vordisposition und Literaturliste mit dem Seminarleiter durchzusprechen. Erst danach sollte die systematische Erarbeitung des Themas beginnen.

Die weiteren Arbeitsphasen sind in den nachfolgenden Kapiteln ausführlich behandelt, so daß hier ein knapper Überblick genügt: Die Materialsammlung beginnt mit der systematischen Durchsicht der Bibliothekskataloge, (Fach-)Bibliographien und Quellenkunden. Sobald die wichtigste Literatur bibliographisch erschlossen und beschafft ist, kann das Literaturstudium beginnen – von allgemeinen Darstellungen bis hin zu speziellen Einzeluntersuchungen. Nur auf der Basis des bis dahin erreichten Fachwissens ist das Quellenstudium sinnvoll. Auszugehen ist am besten von Quelleneditionen, weil sie dem Leser die Orientierung bei der Auswahl und Bewertung einzelner Quellenstücke erleichtern. Archivalien stehen in der Regel am Ende des Literatur- und Quellenstudiums. Schließlich ist noch das gesamte Material (Exzerpte, Resümees, Kopien, Regesten) in die Gliederungsstruktur einzuordnen. Die wissenschaftliche Auswertung und Verarbeitung des erschlossenen Materials erfolgt bei der Sacherarbeitung bzw. Anfertigung des Rohmanuskripts. Danach empfiehlt sich eine weitere Beratung. Bis zur endgültigen Niederschrift ist der Weg nicht mehr gar so weit.

Beispiel eines Seminarprogramms:

Programmvorschlag: Kaiserreich und Erster Weltkrieg

I. Der Ausbruch des Ersten Weltkriegs in der Historiographie

1. Kriegsausbruch und Kriegsziele in der deutschen Historiographie
2. Kriegsausbruch und Kriegsziele in der internationalen Historiographie

II. Das Deutsche Reich und die Vorgeschichte des Ersten Weltkriegs

1. Sozialstruktur und imperialistische Dispositionen im Zweiten Deutschen Kaiserreich
2. Tendenzen deutscher "Weltpolitik" 1897/1914
3. Zur Geschichte und Bedeutung des "Kriegsrates" vom 8. Dezember 1912
4. Die europäische Krise im Juli 1914 und der Ausbruch des Ersten Weltkriegs

III. Das Deutsche Reich und der Erste Weltkrieg

1. Deutsche Kriegszielpolitik 1914 und 1915
2. Die politische Krise ab 1916: vom Entschluß zum U-Boot-Krieg bis zum Sturz Bethmann Hollwegs
3. Deutschland in der vorrevolutionären Agonie: Brest-Litowsk und Januarstreik 1918
4. Die Endkrise des Deutschen Kaiserreichs: vom "schwarzen Freitag" zum Waffenstillstandsgesuch und zur Parlamentarisierung
5. Zusammenbruch und Revolution: Oktober/November 1918

IV. Schlußdiskussion: Die Kriegsschuldfrage – das Ende eines nationalen Tabus?

Literaturhinweise: Zur vorbereitenden Lektüre finden sich entsprechende Kapitel in den Taschenbuch-Ausgaben: I. Geiss: Das Deutsche Reich und die Vorgeschichte des Ersten Weltkrieges/Das Deutsche Reich und der Erste Weltkrieg, jeweils München 1981; zur weiteren bibliographischen und quellenkundlichen Erschließung der Arbeitsthemen: W. Baumgart: Das Zeitalter des Imperialismus und des Ersten Weltkrieges (1871–1918), Teil 1: Akten und Urkunden (Quellenkunde zur deutschen Geschichte der Neuzeit von 1500 bis zur Gegenwart, Bd. V/1), Darmstadt 1977; A. R. Carlson: German Foreign Policy, 1890–1914 and Colonial Policy to 1914: A Handbook and Annotated Bibliography, Metuchen, N. J. 1970; M. Gunzenhäuser: Die Bibliographien zur Geschichte des Ersten Weltkrieges. Literaturbericht und Bibliographie, Frankfurt/M. 1964; J. P. Halstead/S. Porcari: Modern European Imperialism: A Bibliography of Books and Articles, 1815–1972, 2 Bde., Boston 1974; H.-J. Steinberg: Die deutsche sozialistische Arbeiterbewegung bis 1914. Eine bibliographische Einführung, Frankfurt/New York 1979

2. Bibliographieren

Das Bibliographieren ist eine der schwierigsten Techniken wissenschaftlichen Arbeitens, jedenfalls viel zeitaufwendiger und mühsamer im Verhältnis zu den folgenden Arbeitsphasen, als der Studienanfänger vielleicht vermuten möchte. Immerhin entscheiden auch Ausmaß und Intensität der Literatur- und Materialerschließung darüber, ob eine Arbeit auf dem vorhandenen Wissens- und Erkenntnisniveau ansetzt. Trotzdem ist von "Perfektionismus" abzuraten: Bibliographieren soll im Rahmen wissenschaftlicher Arbeiten immer nur ein Hilfsmittel bleiben, nicht Selbstzweck werden.

a) Allgemeinlexika

Am Anfang vernünftigen Bibliographierens steht die Arbeitsregel: Wer einen allgemeinen Literaturüberblick sucht, orientiert sich am besten in allgemeinen Bibliographien und Nachschlagewerken. Spezielle Themen lassen sich dagegen am schnellsten durch Fachbibliographien erschließen. Sind Spezialbibliographien nicht bekannt oder reichen deren Literaturangaben nicht aus, führt der Weg stets zurück zu den allgemeinen Bibliographien und Nachschlagewerken.[2] Zu diesem "bibliographischen Zirkel" paßt eine Anekdote, die Helmut Seiffert in seiner propädeutischen Anleitung erwähnt: "Ein bekannter Historiker pflegte in seinen Proseminaren – die er gerne abhielt, was ohnehin für ihn spricht! – die Anfänger zu fragen: 'Was, meinen Sie, ist das für den Historiker wichtigste Buch?' – Das Spektrum der Antworten reichte vom 'Dahlmann-Waitz' bis hin zu den 'Monumenta Germaniae Historica'. Er lächelte hintergründig und sagte: 'Nein – der Brockhaus'."[3] Ob nun dieses oder ein anderes Lexikon – das sei dahingestellt. Doch richtig ist daran: Zur ersten Sachinformation und bibliographischen Orientierung kann dem Studienanfänger eines der großen Allgemeinlexika (Konversationslexika, Enzyklopädien) dienen, denn in der Regel enthalten die einschlägigen Artikel auch die wichtigste Literatur zum jeweiligen Thema. Ein entsprechend großangelegtes allgemeines Fachlexikon fehlt jedoch für die neuere deutsche wie internationale Geschichte gleichermaßen. Allerdings bieten die großen Handbücher zur Geschichte mit ausführlichen Literaturangaben und Hinweisen auf Spezialbibliographien einen gewissen Ersatz (vgl. Bibliographie: Handbücher/Nachschlagewerke).

b) Bibliothekskataloge

Alle größeren Bibliotheken führen mindestens zwei Kataloge: den Alphabetischen Katalog (auch Autoren- bzw. Verfasserkatalog genannt) sowie einen Sachkatalog – diesen entweder als Schlagwortkatalog oder als Systematischen Katalog (mit einem alphabetischen Register der im System verwendeten Ordnungsbegriffe). Hier findet sich unter entsprechenden Autorennamen,

---

[2] Allgemeine Bibliographien und Lexika verzeichnet Winfried Baumgart: Bücherverzeichnis zur deutschen Geschichte. Hilfsmittel, Handbücher, Quellen, 8. Aufl., München 1990, S. 15–18, S. 39–40

[3] Helmut Seiffert: Einführung in das wissenschaftliche Arbeiten. Bibliographie-Dokumentation-Manuskript. Mit einem Abschnitt Datenverarbeitung von Benno Bachmair, 2. Aufl., Braunschweig 1976, S. 46 (vgl. dort auch Kapitel "Die Literatursuche bei der quellenbetonten Arbeit")

Schlagworten bzw. Systemstellen die selbständig erschienene Literatur zum Thema verzeichnet, die in der betreffenden Bibliothek vorhanden ist – in der Regel also ohne Nachweis von Zeitschriftenaufsätzen und Beiträgen aus Sammelwerken. Die sinnvolle und effektive Erschließung des Bibliotheksbestandes verlangt daher einige Grundkenntnisse über Aufbau und Funktionsweise der verschiedenen Kataloge.[4]

Der Alphabetische Katalog (AK) verzeichnet den Bibliotheksbestand alphabetisch nach Verfassernamen. Davon ausgenommen sind sog. anonyme Schriften (ohne Verfasserangabe) und Vielverfasserschriften (mehr als drei Verfasser); sie sind unter dem Sachtitel eingeordnet. Für den Benutzer verbinden sich damit jedoch leicht einige Unklarheiten: Sofern die Titel noch nach den "Preußischen Instruktionen" (PI)[5] geordnet sind, und dies ist bei älteren Katalogen vorwiegend der Fall, dann ist nach den PI-Regeln das für die Einordnung maßgebende Wort (erstes Ordnungswort) das erste grammatikalisch unabhängige Substantiv des Sachtitels ("substantivum regens"). Dazu ein fiktives Beispiel: Der Sachtitel der anonymen Schrift "Deutschlands Stellung auf dem Weltmarkt" wäre zu finden unter: "Stellung Deutschland Weltmarkt". Das komplizierte Ordnungsprinzip der grammatikalischen Wortfolge wird jedoch seit einigen Jahren in wissenschaftlichen Bibliotheken durch das anglo-amerikanische Prinzip der mechanischen Wortfolge ersetzt. Die neuen "Regeln für die Alphabetische Katalogisierung" (RAK)[6] bestimmen die Einordnung eines Titels nach der gegebenen (mechanischen) Wortfolge – unter Umgehung des un-/be-

---

[4] Die folgenden Bemerkungen über Bibliothekskataloge schließen sich eng an die von Reinhard Feldmann gegebenen Katalog-Definitionen an: Wie finde ich Literatur zur Geschichte (Orientierungshilfen, Bd. 8), Berlin 1987, S. 43–52

[5] Instruktionen für die alphabetischen Kataloge der preußischen Bibliotheken [PI] vom 10. 5. 1899, 2. Ausgabe vom 10. 8. 1908; unv. Nachdruck: Wiesbaden 1966

[6] Regeln für die alphabetische Katalogisierung [RAK], Hrsg. Verein Deutscher Bibliothekare. Kommission für die alphabetische Katalogisierung, Vorabdruck: München 1973; Arbeitsfassung: Wiesbaden 1983

stimmten Artikels beim Titelanfang. Danach wäre der schon erwähnte Sachtitel "Deutschlands Stellung auf dem Weltmarkt" tatsächlich unter dieser gegebenen Wortfolge zu finden. Entsprechend müßten Sie den Zeitschriftentitel "The English Historical Review" nicht mehr unter "Review English Historical", sondern jetzt unter "English Historical Review" suchen. Sie müssen allerdings davon ausgehen, daß der Umstellungsprozeß länger dauert als Ihr Studium, so daß Sie vermutlich an den weniger benutzerfreundlichen "Preußischen Instruktionen" nicht vorbeikommen.

Der Schlagwortkatalog (SWK) verzeichnet Sachbegriffe – alphabetisch geordnet wie beim Lexikon – und verweist dazu auf entsprechendes Schrifttum. Beim Sucheinstieg zeigt sich die Nützlichkeit vorheriger Lexika-Benutzung: wichtige Arbeitsbegriffe können danach systematisch und sukzessiv im Schlagwortkatalog abgefragt werden, statt sie nur der spontanen Intuition zu überlassen; denn der Schlagwortkatalog selbst läßt den systematischen Zusammenhang unbeachtet und muß daher mit vielen Verweisungen zwischen Ober- und Unterbegriffen arbeiten. Erfahrungsgemäß ist die Literatursuche auch bei sinnverwandten oder scheinbar abseits liegenden Begriffen ergiebig. Meistens bestehen aber bei Synonymen schon entsprechende Verweisungen. Zeitschriftenaufsätze und Beiträge aus Sammelwerken finden sich nicht im Schlagwortkatalog. Dafür liegt ersatzweise eine gedruckte "Schlagwort-Bibliographie" vor, die "Internationale Bibliographie der Zeitschriftenliteratur" ("Dietrich").[7]

---

[7] Internationale Bibliographie der Zeitschriftenliteratur, Begr. Felix Dietrich, fortgef. von Reinhard Dietrich, Hrsg. Otto und Wolfram Zeller, Leipzig 1897 ff., Osnabrück 1948 ff. (Abt. A: Bibliographie der deutschen Zeitschriftenliteratur mit Einschluß von Sammelwerken, Abt. B: Bibliographie der fremdsprachigen Zeitschriftenliteratur, Abt. C: Bibliographie der Rezensionen und Referate; Abt. A und B seit 1965 u. d. T.: Internationale Bibliographie der Zeitschriftenliteratur aus allen Gebieten des Wissens [IBZ]; Abt. C seit 1943 eingestellt, seit 1971 als selbständige Publikation u. d. T.: Internationale Bibliographie der Rezensionen wissenschaftlicher Literatur [IBR], Hrsg. Otto und Wolfram Zeller, Osnabrück 1971 ff.)

Der Systematische Katalog (SyK) untergliedert den Bibliotheksbestand nach Fachgebieten und stellt das vorhandene Schrifttum in seinen wissenschaftlichen Gesamtzusammenhang. Die einzelnen Fachgebiete (z. B. Geschichte, Pädagogik, Soziologie) sind in Haupt- und Untergruppen unterteilt, bis hin zu sog. Systemstellen (bei Zettelkatalogen durch Leitkarten gekennzeichnet). Dahinter sind die Karten chronologisch angeordnet, so daß neueste Veröffentlichungen schnell aufzufinden sind. Die Benutzung des Systematischen Katalogs wird durch ein alphabetisches Systemstellenregister (auch: Schlagwort-Index) erleichtert. Der Schlagwort-Index führt aber im Gegensatz zum Schlagwortkatalog (SWK) den Benutzer nicht direkt an die Literatur heran, sondern verweist auf die entsprechende Systemstelle im Systematischen Katalog. Schlagwort-Index und Systematischer Katalog übernehmen gemeinsam die Funktion des Schlagwortkatalogs.

Über Sonderkataloge, Spezialbestände, Fernleihbestimmungen, Signierordnungen und Umstellungen auf neue technische Systeme, z. B. von Zettel- auf Microfiche-Kataloge (das sind sog. Filmkarten mit mikrokopierten Katalogdaten, die mit Hilfe von Sichtgeräten gelesen werden), informieren die jeweiligen Bibliotheksführer oder Benutzerhinweise. Diese Orientierungshilfen sollten Sie am besten vor Ort konsultieren. Das erscheint sinnvoller als allgemeine Bibliothekskunden zu studieren; jedenfalls wirken sie auf Studienanfänger nicht gerade ermutigend.

c) Bibliographien, Quellenkunden

Bibliographien sind unentbehrliche Hilfsmittel für die systematische Literatursuche, denn sie verzeichnen die erschienenen Schriften unabhängig vom verfügbaren Bestand einzelner Bibliotheken. Je nach Aufgabe und Verwendungszweck kommen in Betracht: Allgemein- oder Fachbibliographien, abgeschlossene (retrospektive) oder laufende (periodische) Bibliographien, schließlich noch sog. Bibliographien der Bibliographien.

Allgemeine Bibliographien verzeichnen das Schrifttum aller Wissensbereiche. Für viele Länder erscheint regelmäßig ein Verzeichnis aller in diesem Lande erschienenen Bücher (National-bibliographien).[8] Abgeschlossene (Fach-)Bibliographien erfassen für ein Sachgebiet und eine bestimmte Periode die bis zum angegebenen Stichjahr erschienene Literatur, z. B. "Dahlmann-Waitz"[9] für die deutsche Geschichte (Stichjahr für die 9. Aufl.: 1929; für die 10. Aufl.: 1960). Laufende Ergänzungen sind periodisch erscheinende Bibliographien, z. B. die "Jahresberichte für deutsche Geschichte"[10] bzw. jetzt auch die "Historische Bibliographie"[11]. Eine Übersicht über die verschiedenen Bibliographien vermitteln die sog. Bibliographien der Bibliographien, z. B. das Standardwerk "Totok-Weitzel"[12].

Für die Erschließung von gedruckten Quellen sind sog. Quellenkunden heranzuziehen. Das erwähnte Standardwerk "Dahlmann-Waitz" führt den Sachtitel "Quellenkunde der deutschen Geschichte" allerdings zu Unrecht, hilft jedenfalls bei der systematischen Quellensuche nicht weiter. Überhaupt steht im Vergleich zum Mittelalter ("Wattenbach"[13]) und zur Reformationszeit ("Wolf"[14] bzw. "Schnabel"[15]) für die Neuzeit noch keine

---

[8] Vgl. Friedrich Domay: Bibliographie der nationalen Bibliographien, Stuttgart 1987

[9] Friedrich Christoph Dahlmann/Georg Waitz [Begr.]: Quellenkunde der deutschen Geschichte. Bibliographie der Quellen und der Literatur zur deutschen Geschichte, Hrsg. Hermann Heimpel/Herbert Geuss, 10. Aufl., Stuttgart 1969 ff.

[10] Jahresberichte für deutsche Geschichte, Hrsg. Albert Brackmann/Fritz Hartung, Leipzig 1927/42; N.F.: Hrsg. Institut für Geschichte an der Akademie der Wissenschaften zu Berlin, Berlin 1952 ff.

[11] Historische Bibliographie, Hrsg. Horst Möller u. a. im Auftrag der Arbeitsgemeinschaft außeruniversitärer historischer Forschungseinrichtungen in der Bundesrepublik Deutschland, München 1987 ff.

[12] Wilhelm Totok/Rolf Weitzel [Begr.]: Handbuch der bibliographischen Nachschlagewerke, 2 Bde., Hrsg. Hans-Jürgen und Dagmar Kernchen, 6. Aufl., Frankfurt/M. 1984/85

[13] Wilhelm Wattenbach/Robert Holtzmann: Deutschlands Geschichtsquellen im Mittelalter. Die Zeit der Sachsen und Salier, Neuausgabe besorgt von Franz-Josef Schmale, 3 Tle., Darmstadt 1967/71; Nachdruck: Darmstadt 1978

[14] Gustav Wolf: Quellenkunde der deutschen Reformationsgeschichte, 3 Bde., Gotha 1915/23; Nachdruck: Nieuwkoop/Hildesheim 1965

[15] Franz Schnabel: Deutschlands geschichtliche Quellen und Darstel-

entsprechende allgemeine Quellenkunde zur Verfügung, so daß hier nur auf die im Aufbau begriffene "Quellenkunde zur deutschen Geschichte der Neuzeit"[16] verwiesen werden kann (vgl. noch Bibliographie: Quellenkunden).

Aus der schwer überschaubaren Vielfalt bibliographischer und quellenkundlicher Nachschlagewerke helfen dem Studienanfänger zwar allgemeine Bibliographienkunden weiter, doch hilfreicher für die Bearbeitung von Seminarthemen sind zunächst einige praxisorientierte Studienbibliographien:

Winfried Baumgart: Bücherverzeichnis zur deutschen Geschichte. Hilfsmittel, Handbücher, Quellen, 8. Aufl., München 1990

Reinhard Feldmann: Wie finde ich Literatur zur Geschichte (Orientierungshilfen, Bd. 8), Berlin 1987 (Neubearbeitung i.E.)

Hans-Ulrich Wehler: Bibliographie zur modernen deutschen Sozialgeschichte (18.−20. Jahrhundert), Göttingen 1976; ders.: Bibliographie zur modernen deutschen Wirtschaftsgeschichte (18.−20. Jahrhundert), Göttingen 1976

Diese Studienbibliographien vermitteln einen fundierten Überblick über geschichtswissenschaftliche Literatur und Quellen. Insbesondere das erstgenannte "Bücherverzeichnis zur deutschen Geschichte" ist als erschwingliche Taschenbuchausgabe erhältlich und daher auch zur Anschaffung für die eigene Studienbibliothek zu empfehlen. Damit verfügen Sie über praxisnahe Orientierungshilfen, die stets als Ausgangspunkt zur bibliographischen Erschließung von Seminarthemen dienen und selbst bei Examensarbeiten den Weg zur Spezialliteratur weisen. Erst danach sollten Sie mit dem eigentlichen Bibliographieren beginnen. Das heißt im einzelnen: Durchsicht der Fachbibliographien und Bibliographien der Zeitschriftenliteratur, Hoch-

---

lungen in der Neuzeit, Erster [einziger] Teil: Das Zeitalter der Reformation 1500−1550, Leipzig/Berlin 1931; Nachdruck: Darmstadt 1972

[16] Quellenkunde zur deutschen Geschichte der Neuzeit von 1500 bis zur Gegenwart, 6 Bde., Hrsg. Winfried Baumgart, Darmstadt 1977 ff. (z. T. in Vorb.)

schulschriftenverzeichnisse, Fachzeitschriften, Rezensionsorgane, Referateblätter und evtl. Dokumentationskarteien. Zusätzliche bibliographische Hilfs- bzw. Kontrollmittel sind Zentral- und Verbundkataloge deutscher Bibliotheken sowie gedruckte Bestandskataloge großer ausländischer (National-)Bibliotheken, vor allem des British Museum in London, der Bibliothèque Nationale in Paris oder der Library of Congress in Washington.

d) Zeitschriften, Referateblätter

Aktueller als Bibliographien und Bibliothekskataloge sind Rezensionsorgane und Referateblätter: Historische Fachzeitschriften enthalten meist einen ausgedehnten Besprechungsteil, zudem eine Rubrik mit Neuerscheinungen oder auch eine bibliographische Beilage (z.B. "Vierteljahrshefte für Zeitgeschichte"[17]). Auf Rezensionen bzw. Literaturberichte spezialisierte Zeitschriften (z.B. "Neue Politische Literatur"[18]), Wochenzeitungen (z.B. "Die Zeit") und überregionale Tageszeitungen (z.B. "Süddeutsche Zeitung") besprechen in Einzelanzeigen und Sammelrezensionen sowie in Literaturberichten neuerschienene Buchveröffentlichungen. Die Durchsicht von Zeitungen und Zeitschriften ist jedoch sehr zeitraubend und kann daher nur aktuellen Neuerscheinungen gelten. Überdies: Zeitschriftenaufsätze selbst sowie Rezensionen lassen sich sinnvoll nur über die bereits zitierten Bibliographien der Zeitschriftenliteratur ("IBZ") bzw. Rezensionen wissenschaftlicher Literatur ("IBR") erschließen. Referateblätter ("Abstracts") berichten regelmäßig in relativ kurzen Zeitabständen über Neuerscheinungen eines Wissenschaftszweiges, z.B. "Historical Abstracts"[19]

---

[17] Bibliographie zur Zeitgeschichte. Beilage der Vierteljahrshefte für Zeitgeschichte, zusammengestellt von Christoph Weisz/Ursula van Laak, Stuttgart 1953 ff.

[18] Neue Politische Literatur [NPL]. Berichte über das internationale Schrifttum, Hrsg. Karl Otmar von Aretin u.a., Frankfurt/M. u.a. 1956 ff.

[19] Historical Abstracts. Bibliography of the World's Periodical Literature (Part A: Modern History Abstracts 1450−1914, Part B: Twentieth Century Abstracts 1914 − present day), Hrsg. Eric H. Boehm,

für Geschichtswissenschaft – diese allerdings nur über Zeitschriftenaufsätze (vgl. auch Bibliographie: Referate- und Rezensionsorgane).

e) Dokumentationsstellen

Wenigstens erwähnt seien noch einige wichtige Informations- und Dokumentationsstellen.[20] So sind in der jüngeren Wissenschaftsgeschichte zu einigen zeitgeschichtlichen und regionalzentrierten Themen Spezial-Institute und Dokumentationszentren entstanden, deren Kataloge und Bestände allgemein benutzbar, teilweise sogar dem Leihverkehr der wissenschaftlichen Bibliotheken angeschlossen sind, z. B. Institute für Zeitgeschichte, Osteuropa, Südeuropa (alle in München); das Institut für Soziale Demokratie und das Informationszentrum Sozialwissenschaften (beide in Bonn); die Bibliothek für Zeitgeschichte und das Institut für Auslandsbeziehungen (beide in Stuttgart); Regionalinstitute für Afrika, Asien, Lateinamerika, Nahen und Mittleren Osten, die Forschungsstelle des Max-Planck-Instituts für Völkerrecht, das Institut für die Erforschung des Nationalsozialismus, das Institut für die Geschichte der deutschen Juden sowie das Weltwirtschafts-Archiv (alle in Hamburg). Wer solche Informations- und Dokumentationsstellen in seiner Universitätsstadt vor Ort hat, sollte ihre Bestände nutzen, sofern spezielle Arbeitsthemen in deren Bereiche fallen. Auf Anfrage erteilen diese Stellen auch schriftliche Auskünfte.

f) Bibliographier-Übungen

Nach mehr systematischen Hinweisen zur Literatur- und Materialsuche seien einige praktische Bibliographier-Übungen angefügt. Doch wollen sie nur einen ersten Eindruck von der

---

Santa Barbara u. a. 1955 ff. (dazu: Five Year Indexes, Santa Barbara 1963 ff.)

[20] Vgl. Verzeichnis deutscher Informations- und Dokumentationsstellen, 5. Aufl., München u. a. 1990; hier angefügt sei noch: Verzeichnis deutscher Datenbanken, Datenbankbetreiber und Informationsvermittlungsstellen, Hrsg. Gesellschaft für Mathematik und Datenverarbeitung, 2. Aufl., München u. a. 1988

bibliographischen "Suchpraxis" vermitteln. Die Aufgaben beschränken sich daher auf einige grundlegende, stets wiederkehrende Probleme, wie sie bei der Anfertigung von Seminararbeiten auftreten. Entsprechend finden sich in den Bearbeitungshinweisen nur Standardwerke; weitere bibliographische Hilfsmittel und Zugriffsmöglichkeiten sind meist gegeben. Zunächst kommt es aber darauf an, daß Sie die wichtigsten Nachschlagewerke tatsächlich kennenlernen. Um so eher werden Sie damit arbeiten:

1. Sie möchten sich auf ein Seminar (z. B. "Erster Weltkrieg") vorbereiten und einen ersten Literaturüberblick gewinnen. Wo finden Sie Auskunft?

2. Sie haben sich bei der Einführungslektüre wichtige Begriffe notiert (z. B. den Imperialismusbegriff) und wollen sich darüber näher informieren. Wo können Sie nachschlagen?

3. Sie übernehmen ein Arbeitsthema zum deutschen Vorkriegsimperialismus und wollen feststellen, ob spezielle Fachbibliographien und Quellenkunden existieren. Mit welchen Hilfsmitteln können Sie beginnen?

4. Sie wollen die Literaturliste um die jüngsten monographischen Neuerscheinungen erweitern. Wo finden Sie Monographien laufend nachgewiesen?

5. Sie möchten herausfinden, ob in der internationalen Historiographie neuere Publikationen zum Rahmenthema vorliegen. Wo können Sie sich unterrichten?

6. Sie sollen die wichtigste zeitgenössische Literatur zum deutschen Vorkriegsimperialismus erschließen. Welche Bibliographien können Sie heranziehen?

7. Sie haben gelesen, daß sich Lothar Rathmann Anfang der sechziger Jahre mit einer Arbeit über "Nahostexpansion und Bagdadbahnpolitik" in Leipzig habilitiert hat. Wo finden Sie die Habilitationsschrift nachgewiesen?

8. Sie vermuten, daß Hans-Ulrich Wehlers Buch "Das Deutsche Kaiserreich 1871−1918" (Göttingen 1973, [6]1988) die Kontroverse über den "Primat der Innen- oder der Außen-

politik" ausgelöst hat. Wo können Sie die Rezensionen und Repliken herausfinden?

9. Sie haben in der Seminarsitzung gehört, daß Volker Berghahn unlängst einen retrospektiven Aufsatz zur "Fischer-Kontroverse" veröffentlicht hat. Wo erfahren Sie die Erscheinungsdaten?

10. Sie möchten sich vergewissern, ob die in der Literatur genannten biographischen Daten zur Person des Reichskanzlers Theobald von Bethmann Hollweg zutreffen. Wo können Sie sich umsehen?

11. Sie wollen einige Zahlenangaben zur deutschen Handelsentwicklung vor dem Ersten Weltkrieg überprüfen. Wo können Sie die Angaben kontrollieren?

12. Sie bemerken kurz vor Abgabe der Arbeit, daß Sie einen wichtigen Aufsatztitel übersehen haben. Die Fachzeitschrift steht Ihnen jedoch kurzfristig nicht zur Verfügung. Wo können Sie den Inhalt dennoch knapp erfahren?

Bearbeitungshinweise:
1. Handbücher (z. B. "Gebhardt"), 2. Sachlexika (z. B. "Geschichtliche Grundbegriffe"), 3. Bibliographien der Bibliographien (z. B. "Totok-Weitzel"), 4. Periodische Fachbibliographien (z. B. "Jahresberichte für deutsche Geschichte"), 5. "International Bibliography of Historical Sciences", 6. Retrospektive Fachbibliographien (z. B. "Dahlmann-Waitz"), 7. Hochschulschriften-Verzeichnisse (z. B. "Jahresverzeichnis der deutschen Hochschulschriften"), 8. Internationale Bibliographie der Rezensionen ("IBR"), 9. Internationale Bibliographie der Zeitschriftenliteratur ("IBZ"), 10. Biographische Lexika (z. B. "Neue Deutsche Biographie"), 11. Statistische Nachschlagewerke (z. B. "Statistisches Jahrbuch für das Deutsche Reich", Jg. 1914), 12. Referateblätter (z. B. "Historical Abstracts"). Vollständige Titelaufnahmen finden sich in der Auswahlbibliographie; weitere Bibliographier-Übungen bei E. Lamp u. a.: Informationen, S. 357−360.

3. Das Literaturstudium

Nach provisorischem Abschluß der Bibliographie beginnt das Studium der Literatur, bei dem die Bibliographie immer noch ergänzt werden kann, einerseits um Titel, auf die Sie erst bei der Lektüre stoßen, andererseits um jüngste Neuerscheinungen.

Eine optimale Reihenfolge in der effektiven Nutzung verschiedener Literaturgattungen wird zwar durch die Praxis der Buchausleihe erschwert, doch gilt als Arbeitsregel dieselbe Empfehlung wie für den Erwerb des allgemeinen Fachwissens – vom Allgemeinen zum Besonderen, von der ersten groben Orientierung durch Nachschlagewerke bis zur Lektüre monographischer Spezialliteratur.[21]

a) Nachschlagewerke

Eine erste Orientierung bieten, jetzt nicht mehr nur bibliographisch, sondern darüber hinaus auch inhaltlich, oft einschlägige Artikel in den allgemeinen Enzyklopädien und großen Konversationslexika (z. B. "Brockhaus", "Herder", "Meyer"), ergänzt um diverse historische Sachlexika (z. B. "Geschichtliche Grundbegriffe") einschl. Sachwörterbücher der benachbarten Sozialwissenschaften (z. B. "Handwörterbuch der Sozialwissenschaften"). Gerade das letztgenannte Werk zeigt aber, daß nicht immer die neuesten Auflagen dem Historiker die ausführlichste Information bieten. So sind die ersten Ausgaben des Ursprungswerks "Handwörterbuch der Staatswissenschaften" unter dem Einfluß der sog. "Historischen Schule der Nationalökonomie" noch stark historisch ausgerichtet, weniger dagegen die (wirtschafts-)theoretisch orientierten Nachfolgewerke "Handwörterbuch der Sozialwissenschaften" bzw. jetzt "Handwörterbuch der Wirtschaftswissenschaft".[22] Selbst bei allgemeinen Enzyklopädien empfiehlt sich für weiter zurückliegende Bereiche

---

[21] Vgl. dazu Kapitel "Die Arbeit mit der Fachliteratur", in: P. Borowsky u. a.: Geschichtswissenschaft I, S. 77–119; sowie Kapitel "Hilfsmittel des Studiums", in: Ernst Opgenoorth: Einführung in das Studium der neueren Geschichte, 3. Aufl., Paderborn u. a. 1989, S. 258–273

[22] Handwörterbuch der Staatswissenschaften, Hrsg. Ludwig Elster u. a., 8 Bde. und 1 Erg.-Bd., 4. Aufl., Jena 1923/29; Nachfolgewerk: Handwörterbuch der Sozialwissenschaften, Hrsg. Erwin von Beckerath u. a., 12 Bde. und 1 Reg.-Bd., Stuttgart/Tübingen/Göttingen 1956/68; Nachfolgewerk: Handwörterbuch der Wirtschaftswissenschaft, Hrsg. Willi Albers u. a., 9 Bde. und 1 Reg.-Bd., Stuttgart u. a. 1977/83

oft der Rückgriff auf ältere Auflagen, denn manche historischen Gegenstände und Sachverhalte sind dort eingehender behandelt. Entsprechendes gilt für Themen zur außerdeutschen Geschichte, die in den jeweiligen ausländischen National-Enzyklopädien ausführlicher dargestellt sind als in deutschsprachigen Nachschlagewerken. Gleichwohl muß jede noch so umfangreiche Enzyklopädie eine Auswahl treffen. Auswahlkriterien und Schwerpunktbildungen unterliegen jedoch zeit-, personen- und sachgebundenen Schwankungen. Die Ausweitung eines Bereiches geht daher meistens zu Lasten eines anderen Themenbereiches, ohne daß dies dem Leser jeweils explizit begründet würde. Um aber nicht unbewußt solchen Veränderungen zu erliegen, empfiehlt sich stets die kritisch-vergleichende Lexikabenutzung (vgl. Bibliographie: Nachschlagewerke).

Hier angefügt seien drei annalistische Spezialwerke, die sich darauf verlegt haben, das politische Geschehen möglichst umfassend zu dokumentieren – "Schultheß' Europäischer Geschichtskalender"[23], "Deutscher Geschichtskalender" ("Wippermann")[24] und "Keesings Archiv der Gegenwart"[25]. Diese Kalenderwerke sind jahrweise und nach Ländern geordnet, halten wichtige politische Ereignisse und Vorgänge in chronologischer Reihenfolge fest und dokumentieren sie mit Auszügen aus Reden, Leitartikeln, Kommuniqués, Gesetzen und Verträgen. Solche Werke eignen sich allerdings nur zum gezielten Nachschlagen. Damit sei noch ein grundsätzlicher Hinweis verbunden: Die Aneignung von Überblicks- und Hintergrundwissen darf bei Benutzung von Nachschlagewerken und Hilfsmitteln

---

[23] Europäischer Geschichtskalender [1860–1884], Hrsg. Heinrich Schultheß; Nördlingen 1861/85; N.F. u. d. T.: Schultheß' europäischer Geschichtskalender, Hrsg. Ernst Delbrück u. a. [zuletzt Ulrich Thürauf], Nördlingen [später München] 1886/1965; Nachdruck: Nendeln/Lie. 1971/77

[24] Deutscher Geschichtskalender [1885–1933], Begr. Karl Wippermann, Hrsg. Friedrich Purlitz/Siegfried H. Steinberg, Leipzig 1886/1934

[25] Keesings Archiv der Gegenwart [ab Bd. 26 ff. fortges. u. d. T.: Archiv der Gegenwart], Hrsg. Heinrich von Siegler, Bonn u. a. [zuletzt Sankt Augustin] 1931/33 ff.

jedweder Art nicht Selbstzweck sein, muß stets dem eigentlichen Arbeitsthema zugute kommen.

b) Handbücher, Gesamtdarstellungen

Wie Lexika, jedoch umfassender, führen Handbücher in einen größeren thematischen Rahmen ein und erleichtern dadurch die Einordnung des Arbeitsthemas in übergreifende Zusammenhänge. So enthalten Handbücher zur deutschen Geschichte oft mehr Informationen über die mit der deutschen Geschichte verknüpfte außerdeutsche, vor allem europäische Geschichte, als die Handbuchtitel auf Anhieb erkennen lassen. Ebenso empfiehlt es sich, das eigene Thema in zusammenhängenden Darstellungen handbuchartigen Charakters zu suchen, also in den großen Epochendarstellungen zur deutschen, europäischen und Weltgeschichte. Selbst wenn hier über das eigentliche Arbeitsthema nur wenig gesagt ist, so ermöglichen Gesamtdarstellungen die Einordnung des Spezialthemas in größere historische Entwicklungslinien (vgl. auch Bibliographie: Handbücher/Gesamtdarstellungen).[26]

Gemeinhin vermitteln Handbücher und Gesamtdarstellungen – aufgrund der in sich geschlosseneren Darstellungsweise – den Eindruck objektiver, unumstößlicher Wahrheiten. Tatsächlich basieren sie zwar auf gesichertem Fachwissen und konsensfähigen Generalisierungen, doch enthalten sie auch Fehler – sachliche Irrtümer wie Datierungsfehler. Außerdem sind sie nie frei von subjektiv-verzerrenden Fehlinterpretationen. So schrieb Walther Hubatsch noch 1955 im Handbuch der deutschen Geschichte: "Die Geschichte der Jahre 1914 bis 1918 ist so gut durchforscht wie kaum eine andere Epoche. Der Historiker bewegt sich überall auf sicherem Boden."[27] Die später folgende Kriegsschulddebatte ("Fischer-Kontroverse") bewies genau das

---

[26] Für wirtschaftshistorische Gesamtdarstellungen liegt eine kritische Übersicht vor: Jürgen von Kruedener: Die moderne deutsche Wirtschaftsgeschichte in den Gesamtdarstellungen seit 1945, in: GG, 10. Jg. (1984), S. 257–282

[27] Walther Hubatsch: Der Weltkrieg 1914–1918, in: Handbuch der deutschen Geschichte, Hrsg. Leo Just, Bd. IV/2, Konstanz 1955, S. 2

Gegenteil. Das zugegeben eklatante Beispiel kann aber als Aufforderung dienen, selbst bewährte Handbücher und Gesamtdarstellungen nur kritisch-vergleichend heranzuziehen. Dazu empfiehlt es sich, um einen Überblick über verschiedene methodische Ansätze und Sachaussagen zu gewinnen, einige markante Stichworte als Vergleichspunkte für divergierende Literaturmeinungen und Wissenschaftspositionen zu nehmen (z. B. "Julikrise", "Septemberprogramm", "Ein- bzw. Auskreisung", "Präventivkrieg", "Kriegsschuldfrage" für den Themenkomplex "Erster Weltkrieg").

c) Monographien

So wichtig Gesamtdarstellungen für das Literaturstudium, aber auch für den inneren Zusammenhalt der historischen Teildisziplinen sind, so sehr zeigt sich geschichtswissenschaftlicher Fortschritt in den thematisch begrenzten Einzeluntersuchungen (Monographien). Meistens gehen solche Spezialstudien aus Forschungsprojekten[28] hervor, teilweise auch aus Habilitationen und Dissertationen. Doch allen gemein ist der Untersuchungsgang: Analyse eines eingegrenzten Themenbereiches, Aufarbeitung der Forschungsliteratur, Verarbeitung neuer Quellenfunde oder bislang ungenutzter Quellen (z. B. Kirchenbücher für Historische Demographie), Überprüfbarkeit der Argumentation im Detail und im Gesamtzusammenhang sowie Zusammenfassung der Untersuchungsergebnisse (auch in Form von Abschlußthesen). Häufig führen Monographien die Hauptthese schon im Titel/Untertitel, z. B. "Bismarck und der Imperialismus", "Griff nach der Weltmacht. Die Kriegszielpolitik des kaiserlichen Deutschland", "Klassengesellschaft im Krieg. Deutsche Sozialgeschichte 1914–1918" (vgl. dazu Bibliographie: Monographien).

---

[28] Vgl. Jahrbuch der historischen Forschung in der Bundesrepublik Deutschland, Hrsg. Arbeitsgemeinschaft außeruniversitärer historischer Forschungseinrichtungen in der Bundesrepublik Deutschland, Stuttgart 1974 ff., München 1982 ff.; sowie: Forschungsarbeiten in den Sozialwissenschaften, Hrsg. Informationszentrum Sozialwissenschaften, Bonn 1969 ff.

Auszugehen ist am besten von den jeweils jüngsten Veröffentlichungen zum Thema, schon weil sie in der Regel den neuesten Forschungsstand erläutern. Wie beim Bibliographieren können Sie sich anschließend von den Neuerscheinungen her "rückschreitend" in die ältere Forschungsliteratur einarbeiten. Allerdings sind die Bezeichnungen "neuester Forschungsstand" und "ältere Forschungsliteratur" nicht so zu verstehen, als befände sich geschichtswissenschaftliche Forschung in einem kontinuierlich fortschreitenden Erkenntnisprozeß. Wissenschaftlicher Fortschritt ist von zahlreichen internen ("erkenntnisleitendes Interesse") wie externen Faktoren (Forschungsfinanzierung) abhängig und somit erheblichen Schwankungen unterworfen. Nicht alle Bereiche sind daher stets angemessen in monographischer Literatur repräsentiert. Darauf ist schon bei der Themenwahl zu achten.

In der englischen Historiographie gilt die Faustregel, daß nach ungefähr 30 Jahren ein Buch überholt ist. Dieses Schicksal ereilt, zumindest im zeithistorischen Bereich, vermutlich die meisten Monographien. Dennoch gibt es einige Geschichtswerke aus dem 19./20. Jahrhundert, die als herausragende Forschungsleistungen oder glänzende Darstellungen heute noch immer unerreicht sind – z. B. Bücher von Marc Bloch, Otto Hintze, Theodor Mommsen, Henri Pirenne, Alexis de Tocqueville u. a. (vgl. auch Bibliographie: Lektüreempfehlungen). Entsprechend sind auch weniger bekannte ältere Monographien für das jeweilige Arbeitsthema heranzuziehen, wenn die Forschungsarbeiten noch immer grundlegend sind, z. B. die materialreichen Untersuchungen aus der sog. "Historischen Schule der Nationalökonomie"[29].

Nützliche Hilfestellung bei der Auswahl und Auswertung monographischer Literatur leisten Rezensionen und Forschungsberichte; doch ersparen sie nicht das eigene Literaturstudium, denn auch hier gilt der Grundsatz: Erst die verglei-

---

[29] Vgl. dazu Kapitel "Bedeutende wirtschaftsgeschichtliche Arbeiten des 19. und 20. Jahrhunderts", in: Ludwig Beutin/Hermann Kellenbenz: Grundlagen des Studiums der Wirtschaftsgeschichte, Köln/ Wien 1973, S. 171–195

chende Lektüre verschafft einen Einblick in den Forschungsstand und schützt gegen vorschnelle wie unkritische Übernahme fremder Literaturmeinungen. Dafür wird die sichere Beherrschung kursorischer und studierender Lesetechniken wichtig (vgl. auch Kriterienkatalog in Anlage V).

d) Aufsätze, Miszellen

Aufsätze behandeln meistens Spezialfragen und Detailprobleme, skizzieren oft versuchsweise eine neue These oder referieren ein wichtiges Forschungsergebnis, das später eine Monographie umfassender, detaillierter und eingehender behandelt. Bisweilen führen Aufsatzthesen zu wissenschaftlichen Debatten oder gar Kontroversen, die wiederum Anlaß für thematische Spezialuntersuchungen sind, eben für Monographien. Ein auffälliges Beispiel bietet Fritz Fischers Aufsatz "Deutsche Kriegsziele, Revolutionierung und Separatfrieden im Osten 1914–1918"[30], weil damit eine wissenschaftliche Kontroverse über einen historischen Gegenstand ausgelöst wurde, der weithin schon als ausdiskutiert galt – die Kriegsschuldfrage des Ersten Weltkriegs. Die sog. "Fischer-Kontroverse" provozierte zahlreiche Arbeiten zum Komplex des deutschen Imperialismus und des Ersten Weltkriegs. Solch spektakuläre Folgen sind den meisten Aufsätzen allerdings nicht beschieden. Gleichwohl stellen sie sich dem wissenschaftlichen Anspruch, den jeweiligen Forschungsstand zu problematisieren und in Teilbereichen unmittelbar weiterzuführen.

Gleichsam eine Sonderform des Zeitschriftenaufsatzes sind sog. Miszellen (a.d.Lat.: "Vermischtes"). Damit sind kleinere Beiträge verschiedenen Inhalts gemeint, die abseits vom jeweiligen Zeitschriftenthema stehen, manchmal auch vom gesamten

---

[30] Vgl. Fritz Fischer: Deutsche Kriegsziele, Revolutionierung und Separatfrieden im Osten 1914–1918, in: HZ, Bd. 188 (1959), S. 249–310; wiederabgedruckt in der Aufsatzsammlung: Ders.: Der Erste Weltkrieg und das deutsche Geschichtsbild. Beiträge zur Bewältigung eines historischen Tabus. Aufsätze und Vorträge aus drei Jahrzehnten, Düsseldorf 1977, S. 151–206

Zeitschriftenprofil abweichen. Die Miszellen dienen der knappen Unterrichtung über spezielle Methodenfragen, wichtige Quellenfunde oder besondere Forschungsprobleme. So findet sich unter Rubrik "Miszellen" in der "Vierteljahrschrift für Sozial- und Wirtschaftsgeschichte" ein kleiner Beitrag zur deutschen Kolonialgeschichte[31], der aber aus dem thematischen Rahmen fällt, den sich die Fachzeitschrift sonst setzt: Der Beitrag informiert über moderne Ansätze zur Erforschung der deutschen Kolonialherrschaft und hebt dabei die Diskrepanz zwischen kolonialpolitischen Postulaten und deutscher Kolonialpraxis in Afrika hervor – erscheint jedoch in der Beurteilung des Kolonialismus problematisch und fordert zum Widerspruch heraus. Zum kritischen Verständnis setzen Aufsätze und Miszellen schon einiges Fachwissen voraus, so daß ihre Lektüre in der Regel erst am Ende des Literaturstudiums stehen sollte (vgl. noch Bibliographie: Aufsatzsammlungen/Sammelwerke).

e) Rezensionen, Literaturberichte

Rezensionen sind eine spezifische Form der Literaturkritik: Sie unterrichten den Leser über Arbeitshypothesen, Methoden und Ergebnisse, aber auch Vorzüge und Schwächen der historiographischen Neuerscheinungen. Zugleich lenken sie den Blick auf unterschiedliche Forschungsansätze, divergierende Auffassungen oder kontroverse Positionen. Soweit sich diese Kritik auf mehrere Untersuchungen vergleichbaren Inhalts ausdehnt, sind (Sammel-)Rezensionen kaum mehr von Literaturberichten zu unterscheiden: Literatur- bzw. Forschungsberichte informieren über mehrere Neuerscheinungen zu einzelnen Themenbereichen (z. B. Erster Weltkrieg), untersuchen und gruppieren sie nach sachsystematischen Gesichtspunkten, vergleichen die Forschungsergebnisse, stellen vorherrschende Tendenzen heraus, markieren aber auch noch vorhandene Forschungsdesiderate. Damit erweisen sich Rezensionen und Literaturberichte als

---

[31] Vgl. Winfried Baumgart: Die deutsche Kolonialherrschaft in Afrika. Neue Wege der Forschung, in: VSWG, Bd. 58 (1971), S. 468–481

unentbehrliche Orientierungshilfen bei der Sichtung und Auswertung älterer wie neuerer Literatur. Nur sollten Sie die Bewertungen nicht unreflektiert übernehmen, sondern mit eigenen Arbeitshypothesen und Teilergebnissen konfrontieren, sodann anhand der rezensierten Literatur selbst überprüfen.

Rezensionen und Literaturberichte finden sich in nahezu allen historischen Fachorganen. Darüber hinaus werden sie auch als Beihefte zu Fachzeitschriften oder im Rahmen von bibliothekarischen Schriftenreihen publiziert.[32] Ferner sind in der Bundesrepublik drei wichtige Besprechungsorgane für geschichtswissenschaftliche Literatur zuständig:

Das Historisch-Politische Buch [HPB]. Ein Wegweiser durch das Schrifttum, Hrsg. Günther Franz im Auftrag der Ranke-Gesellschaft, Göttingen 1952 ff.

Neue Politische Literatur [NPL]. Berichte über das internationale Schrifttum, Hrsg. Karl Otmar von Aretin u. a., Frankfurt/M. u. a. 1956 ff.

Sozialwissenschaftliche Informationen für Unterricht und Studium [SOWI], Hrsg. Gerhard Hufnagel u. a., Stuttgart 1972 ff.

Es empfiehlt sich, die genannten Besprechungsorgane nicht nur zur Vorbereitung einer wissenschaftlichen Arbeit heranzuziehen, sondern auch zur fächerübergreifenden Orientierung in regelmäßigen Abständen auf wichtige Neuerscheinungen durchzusehen. Dadurch gewinnen Sie einen fundierten Literaturüberblick zu aktuellen Themenbereichen und Studienschwerpunkten. Abschließend zum Literaturstudium − zugleich thematisch überleitend zum Quellenstudium − findet sich nachstehend ein Rezensionsbeispiel:

---

[32] Als Beispiel für den Themenkomplex "Erster Weltkrieg" sei genannt: Jürgen Rohwer (Hrsg): Neue Forschungen zum Ersten Weltkrieg. Literaturberichte und Bibliographien von 30 Mitgliedstaaten der "Commission Internationale d'Histoire Militaire Comparée" (Schriften der Bibliothek für Zeitgeschichte. Weltkriegsbücherei, N.F.: Bd. 25), Koblenz 1985

Beispiel einer (Kurz-)Rezension:

Wilhelm Bauer: Einführung in das Studium der Geschichte, unveränd. Nachdruck der Ausgabe [Tübingen ²1928]: Frankfurt/M. 1991, Minerva Verlag, geb., 419 S.

Die Anerkennung über die Wiederveröffentlichung eines fast schon vergessenen, doch grundlegenden Einführungswerks wird zunächst getrübt durch eine fehlerhafte Titeleiangabe des Verlags: Es handelt sich natürlich nicht um den "unveränderten Nachdruck der Ausgabe 1801"*[sic!]*, wie es das Titelblatt zu dieser recht kostspieligen Reproduktion irrtümlich ausweist, sondern – wie sich indirekt aus dem Buch erschließen läßt und durch die Literaturrecherche bestätigt wird – um den Nachdruck der 1928 im Verlag J.C.B. Mohr (Paul Siebeck) in Tübingen erschienenen Zweitauflage (Erstausgabe: Wien 1922).

Die Bedeutung dieses Einführungswerks für ein gegenwärtiges Geschichtsstudium ist naturgemäß nicht so sehr in den einführenden Studienempfehlungen, theoretischen Grundlegungen und historiographischen Einordnungen (Kap. I–VI) zu sehen – hier wird man zudem eher auf die klassischen Werke J.G. Droysens und E. Bernheims zurückgreifen. Der Vorzug des Buches liegt vielmehr in den quellenkundlichen Kernkapiteln: beginnend mit der hilfswissenschaftlichen Quellenkunde (VII) und der vorbereitenden äußeren Quellenkritik (VIII) bis zur typologischen Darstellung der wichtigsten Geschichtsquellen (IX) und der anschließenden inneren Quellenkritik (X). Um diesen Kernbereich sind gleichsam alle anderen Kapitel herumgruppiert, und dazu stellt der Verf. auch freimütig fest: "Wenn dabei den *neuzeitlichen Geschichtsquellen* ein breiterer Raum zugestanden wurde als den anderen, so liegt dies nicht nur darin begründet, daß die ursprünglichen Vorarbeiten einer 'Quellenkunde der Neuzeit' galten, die ich auf Anregung des Verlegers hätte schreiben sollen; es hat dies auch eine sachliche Berechtigung und diese ruht in der Vernachlässigung, die man sich bisher just nach dieser Richtung hin hat zuschulden kommen lassen, und die einem üppig emporsprießenden Dilettantismus die Tore öffnete" (Vorw., S. VIII).

Bei diesen Worten fühlt man sich unwillkürlich an die jüngste

Debatte über die unzureichende Professionalität im Bereich der Alltagsgeschichtsforschung erinnert ("Grabe, wo du stehst"). Da aber an geeigneten Quellenkunden der Neuzeit immer noch ein Mangel besteht und da auch die methodischen Einführungen in die neuere Geschichte dem Quellenstudium nicht annähernd so viel Aufmerksamkeit widmen, kann das wiederveröffentlichte Werk W. Bauers nach wie vor eine wichtige Arbeitshilfe bieten. Insbesondere findet das ausführliche Kapitel (IX) über Geschichtsquellen überhaupt keine Entsprechung in der neueren Studienliteratur: Auf rund 100 Seiten (!) wird darin kenntnisreich und in unprätentiöser Sprache, die gleichsam zum Weiterlesen anregt, eine gelungene Charakterisierung aller wichtigen Quellengattungen geboten (von ethnologischen Quellen bis hin zur öffentlichen Meinung als Geschichtsquelle).

Im Anschluß daran unternimmt der Verf. jedoch nur zögernd den Versuch, aus der Kritik am "Traditionsbegriff" – innerhalb der klassischen Quelleneinteilung in "Tradition" und "Überreste" – einen modifizierten Quellenbegriff zu entwickeln: "Es wäre vielleicht besser zwischen *Überrest* und *Zeugnis* zu unterscheiden, wobei Überrest nur im engeren Sinne des Wortes ('Überbleibsel') zu gebrauchen wäre. Die Zeugnisse aber wären unterzuteilen in a) kontrollierte, b) unkontrollierte" (S. 328 f.). Was aber jeweils als "kontrollierte" bzw. "unkontrollierte" Zeugnisse zu gelten hätte, das wird nur sehr vage ausgeführt: danach wären Urkunden der ersteren, Memoiren großenteils der letzteren Kategorie zuzuordnen. Bei der Publizistik – hier den "unkontrollierten" Zeugnissen zugehörend, tatsächlich aber oft unter Kontrolle und Zensur geratend – zeigt sich bereits die Problematik dieses Quellenbegriffs. Eine solche Voreinteilung erscheint daher aus forschungspraktischer Sicht ebensowenig geeignet wie die Unterscheidung in "Tradition" und "Überreste". Doch die Debatte darüber hält noch an.*

Anmerkung:

* Vgl. Winfried Schulze: Einführung in die Neuere Geschichte, Stuttgart 1987, der sich gegen die Unterscheidung in Tradition und Überreste ausspricht (S. 32 f.); für die Beibehaltung plädiert weiterhin Ernst Opgenoorth: Einführung in das Studium der neueren Geschichte, 3. Aufl., Paderborn u. a. 1989 (S. 42 f.)

4. Das Quellenstudium

Schon bei der Suche nach einschlägiger Fachliteratur, spätestens bei ihrer Lektüre finden sich Hinweise auf Quellensammlungen – stets aber ergänzt durch systematische Quellensuche ("Heuristik"). Doch erst nach vorläufigem Abschluß des Literaturstudiums ist eine intensivere Beschäftigung mit Quellen sinnvoll und effektiv. Sonst läßt sich der Informationsgehalt und Erkenntniswert von Quellenaussagen nur unzureichend bestimmen.[33]

a) Quellenbegriff

Als Quellen werden in der Geschichtswissenschaft alle historischen Materialien (Tradition, Überreste) bezeichnet, die eine Rekonstruktion der Vergangenheit ermöglichen. Aus erkenntnistheoretischer Sicht haben sich – im Gefolge von Johann Gustav Droysen[34] und Ernst Bernheim[35] – zahlreiche Historiker um eine Differenzierung des Quellenbegriffs bemüht. Doch ist es im Grunde bei der klassischen Unterscheidung in "Tradition" und "Überreste" geblieben: Unter Tradition ist all das Material zu verstehen, das bereits mit der Absicht der historischen Unterrichtung hervorgebracht wurde; dagegen bezeichnet der Begriff der Überreste all jenes Material, das unmittelbar von den Begebenheiten übriggeblieben ist und unabsichtlich in die Gegenwart hineinragt. Nur um die nachfolgende Begriffskritik verständlich zu machen, sei noch hinzugefügt, daß Ahasver von Brandt im Anschluß an diese Unterscheidung von "willkürlicher" (absichtlicher) und "unwillkürlicher" (unabsichtlicher)

---

[33] Allgemein zum Quellenstudium: Vgl. Egon Boshoff/Kurt Düwell/Hans Kloft: Grundlagen des Studiums der Geschichte. Eine Einführung, 3. Aufl., Köln/Wien 1983, S. 32–80 (Alte Geschichte), S. 115–142 (Mittelalterliche Geschichte), S. 216–272 (Neuere Geschichte)

[34] Johann Gustav Droysen: Historik. Vorlesungen über Enzyklopädie und Methodologie der Geschichte, Hrsg. Rudolf Hübner, 8. Aufl., München/Wien 1977

[35] Ernst Bernheim: Lehrbuch der historischen Methode und der Geschichtsphilosophie, 6. Aufl., Leipzig 1908; Nachdruck: New York 1960

Überlieferung spricht. Ob aber eine solche Voreinteilung – wie auch die Unterscheidung in Tradition und Überreste – zweckmäßig erscheint, daran gibt es nach Winfried Schulze einigen Zweifel: "Ich halte diese Unterscheidung für ebensowenig sinnvoll wie die Unterscheidung willkürlicher und unwillkürlicher Überlieferung. Sie kann sogar gefährlich sein, weil solche Einteilungen möglicherweise die weitere Nutzung präjudizieren können. Vielmehr muß gelten, daß alle Quellen den gleichen kritischen Verfahren unterzogen werden müssen, um sie zum Sprechen zu bringen. Die innere und äußere Kritik muß unbeeinflußt von a priori-Kategorisierungen angewendet werden."[36]

Insofern erübrigt sich hier auch eine definitorische Unterscheidung von "Primär- und Sekundärquellen", zumal das Unterscheidungskriterium in der Fachliteratur stark variiert: (1) "Ein solcher Maßstab ist die 'Nähe' der Quelle zu dem zu erforschenden historischen Vorgang oder Zustand ... Für manche Ereignisse und Erlebnisse Bismarcks sind seine gleichzeitigen Aufzeichnungen und brieflichen Mitteilungen Primärquelle gegenüber der wesentlich späteren Darstellung desselben Zeugen in seinen 'Gedanken und Erinnerungen'."[37] (2) "Sekundär nennen wir eine Quelle im Hinblick auf eine andere, die ihr zugrunde liegt und damit primär ist ... PUFENDORF hat sein Werk 'De rebus gestis Friderici Guilhelmi Magni Electoris Brandenburgensis' durchweg aus Akten des Berliner Archivs gearbeitet, die uns überwiegend noch erhalten sind. Diese Akten sind also für uns Primärquelle gegenüber der Sekundärquelle PUFENDORF. Wo dieser indessen erkennbare Aktenstücke verwertet hat, die heute nicht mehr vorhanden sind, da müssen wir ihn als Primärquelle gelten lassen."[38] (3) "Primäre Quellen sind solche, die unmittelbar den Wirtschaftsvorgängen entstammen und dazu dienen, solche Vorgänge festzulegen, z. B. ein Wechselbrief, eine Versicherungspolice oder ein Kaufmannsjournal. Als sekundär bezeichnet man diejenigen Quellen, die wirtschaftliche Vorgän-

---

[36] Winfried Schulze: Einführung in die Neuere Geschichte, Stuttgart 1987, S. 32 f.

[37] A. v. Brandt: Werkzeug des Historikers, S. 51

[38] E. Opgenoorth: Neuere Geschichte, S. 42

ge nur mittelbar betreffen, zu ihnen in einem rechtlichen und politischen oder wirtschaftstechnischen Bezug stehen. Sie dienten dazu, ordnende Aussagen über die Wirtschaft zu machen."[39] Als authentische Zeugnisse gelten vorrangig Primärquellen; doch ist die Unterscheidung zwischen Primär- und Sekundärquellen nur relativ, weil stets von der Fragestellung abhängig: Primärquelle ist das sog. "Septemberprogramm" des Reichskanzlers Theobald von Bethmann Hollweg für die Frage nach der deutschen Kriegszielpolitik im Ersten Weltkrieg; Sekundärquelle ist es für die Untersuchung von Entscheidungsprozessen und Binnenstrukturen der Wilhelminischen Herrschaftsapparatur (vgl. Anlage II).

Die Unterscheidung zwischen Sach- und Schriftquellen liegt auf der Hand: In der Neueren Geschichte dominieren Schriftquellen (Akten, Zeitungen, Tagebücher, Briefe usw.); dagegen spielen Sachquellen in der Alten und Mittelalterlichen Geschichte sowie in der Kultur-, Sozial-, Technik- und Wirtschaftsgeschichte eine größere Rolle (z. B. Arbeitsgerät, Maschinen, Fördertürme, Fabrikgebäude). Für eine erste Beschäftigung mit Quellen im Rahmen von Seminararbeiten empfehlen sich alle gedruckten historischen Materialien. Hier erfolgt jedoch eine Beschränkung auf die bekannteren Quellengattungen der Neueren Geschichte (Selbstzeugnisse, publizistische Quellen, Aktenpublikationen).

b) Selbstzeugnisse

Die häufigste, weil populärste Form des Quellenstudiums ist die Beschäftigung mit sog. Selbstzeugnissen (Autobiographien, Memoiren, "Arbeitermemoiren", Tagebücher, Erlebnisberichte bzw. Reisetagebücher, Gesprächsaufzeichnungen, Manuskript- und Briefsammlungen).[40]

---

[39] L. Beutin/H. Kellenbenz: Wirtschaftsgeschichte, S. 9

[40] Eine knappe Klassifizierung dieser Quellengattung bietet Fritz Redlich: Autobiographies as Sources for Social History, in: VSWG, Bd. 62 (1975), S. 380–390; noch immer anregend W. Bauer: Studium der Geschichte, mit ausführlichen Kapiteln über Autobiographien, Tagebücher, Memoiren u. ä., S. 289–302

So beliebt diese "Literatur"- bzw. Quellengattung beim historisch interessierten Leserpublikum sein mag, für den Fachhistoriker ist sie allemal ambivalent: Einerseits gewährt sie einen lebendigen Einblick in Beweggründe, Zeitgeist und Lebensumstände, andererseits ist sie oft durch eine betont subjektive Tendenz der Darstellung geprägt. Gerade die Memoiren führender Politiker und Diplomaten werden meistens erst Jahre nach den behandelten Ereignissen verfaßt, so daß Erinnerungslücken, oft auch Rechtfertigungs- und Verdrängungstendenzen die Folge sind. Wann immer möglich, sollten daher Briefe, Tagebücher und Gesprächsaufzeichnungen hinzugezogen werden. Bei aller Subjektivität des eigenen Standpunkts und Unvollständigkeit der Eintragungen haben sie gegenüber Memoiren den Vorzug der zeitlichen Nähe, denn sie sind meist unter dem Eindruck des Tagesgeschehens entstanden. Spätere Erkenntnisse, Erfahrungen und Einstellungen konnten also nicht in die Betrachtung mit einfließen. Ein instruktives Beispiel dafür ist der Vergleich zwischen den apologetischen Memoiren des ehemaligen Reichskanzlers Theobald von Bethmann Hollweg – der darin selbst nach dem Ersten Weltkrieg noch suggerierte, daß der Krieg gegen Rußland zur Wahrung der Unabhängigkeit Deutschlands und Österreich-Ungarns notwendig gewesen sei[41] – und den ernüchternden Kriegstagebüchern seines Referenten Kurt Riezler, der unmittelbaren Einblick in die politischen Entscheidungen an zentraler Stelle hatte und an ihrer Vorbereitung und propagandistischen Umsetzung beteiligt war. Besonders aufschlußreich sind Riezlers Tagebücher – ungeachtet der Editionskritik – für den Kernpunkt der "Fischer-Thesen": Die deutsche Kriegszielpolitik war in ihrer Gesamtheit auf eine Hegemonie über Europa ausgerichtet, verschleiert und abgesichert durch ein deutsches "Mitteleuropa" – mehr noch: Riezler sprach in diesem Zusammenhang sogar von deutscher "Weltherrschaft".[42]

---

[41] Th[eobald] von Bethmann Hollweg: Betrachtungen zum Weltkriege, 2 Tle., Berlin 1919/21 (vgl. vor allem Tl. I, S. 188 f.; Tl. II, S. 65 f., S. 67 ff.)

[42] Kurt Riezler: Tagebücher, Aufsätze, Dokumente. Eingel. und hrsg. von Karl Dietrich Erdmann (Deutsche Geschichtsquellen des

Das Beispiel deutet zugleich an: Erst die vergleichende Lektüre macht das Memoirenstudium sinnvoll, vor allem, wenn wichtige Entscheidungen unter Ausschluß der Öffentlichkeit fielen und der Historiker die Ereignisse nicht anders rekonstruieren kann – auch wenn der Informationsgehalt oft dürftig genug ausfällt. Für Studienanfänger ergibt sich daraus die praktische Empfehlung, zunächst nur punktuell und mit gezielten Fragen an Memoiren und Autobiographien heranzugehen. Nötige Orientierungshilfe bietet die Fachliteratur, denn sie lenkt den Blick auf wichtige Textpassagen und gibt Aufschluß über deren Aussagewert. Strittige Punkte sollten bei der Lektüre notiert und anhand der Selbstzeugnisse überprüft werden – möglichst in vergleichender Analyse verschiedener Memoiren und Aufzeichnungen der an politischen Entscheidungen und Geschehnissen beteiligten Personen, um den historischen Wahrheitsgehalt einigermaßen verläßlich herauszufiltern. Dagegen besteht bei den sog. Arbeitermemoiren[43] weniger das Problem in der Verschleierung eines historischen Sachverhalts; auch Erinnerungslücken, selbst Irrtümer sind weniger gravierend – geht es doch nicht z. B. um Datierungsfragen politisch bedeutsamer Entscheidungen, sondern vor allem um die Schilderung proletarischer Arbeits- und Lebensbedingungen. Inwieweit aber die vergleichsweise spärlich vorhandenen Arbeiterautobiographien jeweils kollektive Lebenserfahrungen repräsentieren, mehr noch: inwieweit sie klassenbewußte proletarische Selbstdarstellungen sind, das könnte erst eine systematische Sammlung und Auswertung im Rahmen einer historisch-kritischen Editionsreihe zeigen. Dazu ist es aber bisher in der Sozialgeschichte immer

---

19. und 20. Jahrhunderts, Bd. 48), Göttingen 1972 (vgl. vor allem die Eintragungen vom 21. 8., 11. 10., 30. 10., 22. 11., 13. 12. 1914); vgl. noch zur Editionskritik: Bernd Sösemann: Die Tagebücher Kurt Riezlers. Untersuchungen zu ihrer Echtheit und Edition, in: HZ, Bd. 236 (1983), S. 327–369 (mit anschließender "Antikritik" K.D. Erdmanns)

[43] Vgl. Wolfram Fischer: Arbeitermemoiren als Quellen für Geschichte und Volkskunde der industriellen Gesellschaft, in: Ders.: Wirtschaft und Gesellschaft im Zeitalter der Industrialisierung. Aufsätze-Studien-Vorträge (Kritische Studien zur Geschichtswissenschaft, Bd. 1), Göttingen 1972, S. 214–223

noch nicht gekommen. Neuerdings werden jedoch wenigstens die Möglichkeiten der "Oral History"[44] genutzt, um den meist spontan entstandenen Arbeitererinnerungen systematisch vergegenwärtigte "Kollektiverinnerungen" gegenüberzustellen (vgl. auch Bibliographie: Selbstzeugnisse).

c) Publizistische Quellen

Publizistische Dokumente zeitgenössischen politisch-sozialen Lebens − Flugschriften, Zeitungen, Zeitschriften, Flugblätter, "Farbbücher", Plakate und Periodika aller Art − werden als historische Quellen oft unterschätzt, als Reaktion darauf gelegentlich überschätzt.[45]

Die Flugschriften der Reformationszeit dienten noch ganz der religiösen Propaganda, später auch der politischen Agitation. Nicht so sehr die mitgeteilten "Tatsachen", sondern die darin ausgedrückten Meinungen, Stimmungen, Hoffnungen haben Quellenrang. Seit dem Erscheinen der "Straßburger Relationen" und des Wolfenbütteler "Aviso" (beide 1609) spielen Zeitungen und politische Zeitschriften eine wichtige Rolle für Austausch und Dokumentation von Nachrichten und Meinungen. Entsprechend hoch ist ihr Quellenwert einzuschätzen: "Sie ist das Tagebuch ihrer Gegenwart, in dem künftige Geschlechter nur nachzuschlagen brauchen, um selbst die feinsten Regungen vergangenen Lebens aufzudecken."[46] Allerdings kann dies nicht unkritisch geschehen: sorgfältige Analysen (Leserkreis, Auflagenhöhe, Besitzverhältnisse, politische Ausrichtung, Nachrichtentreue) sind unerläßlich, soll nicht publizistisches Quellenstudium zur schlichten Zeitungslektüre geraten.

So weist denn auch Wilhelm Bauer im Anschluß an die zitierte Textstelle deutlich darauf hin, daß die bei Dissertationen einst

---

44 Vgl. dazu Lutz Niethammer (Hrsg.) u. M. v. Werner Trapp: Lebenserfahrung und kollektives Gedächtnis. Die Praxis der "Oral History", Frankfurt/M. 1980

45 Einen knappen Überblick bietet E. Opgenoorth: Neuere Geschichte, S. 103−107; ausführlicher W. Bauer: Studium der Geschichte, mit lesenswerten Kapiteln über Flugschriften, Zeitungen, Bildquellen und öffentliche Meinung, S. 302−328

46 W. Bauer: Studium der Geschichte, S. 319

so beliebte Gleichsetzung von Publizistik mit öffentlicher Meinung ("... im Spiegel der öffentlichen Meinung") methodisch verfehlt sei, wenn bei der Zeitungsauswertung nicht auch die geistesgeschichtlichen Grundlagen der öffentlichen Meinung berücksichtigt würden. Doch erst die jüngere Mentalitäten-Geschichte, d. h. die strukturgeschichtlich gewendete Geistesgeschichte, hat die Voraussetzungen für die Untersuchung und Erklärung kollektiver Bewußtseinsphänomene geschaffen. Für aktuelle Bereiche der Geschichtswissenschaft, z. B. der historisch-politischen Friedens- und Konfliktforschung, sind daher publizistische Quellen von besonderem Erkenntniswert. Sie dienen der historisch-kritischen Erforschung von mentalen Strukturen und publizistisch vermittelten Propaganda- und Mobilmachungsmechanismen. So zeigt – als Beispiel für den Bereich des Ersten Weltkriegs – eine Studie über "Außenpolitik und Öffentlichkeit im Kaiserreich"[47] anhand eines breiten Presse- wie Aktenmaterials, daß die deutschen Kriegsziele vor 1914 schon deutlich artikuliert waren und zudem die deutsche Öffentlichkeit seit der 2. Marokkokrise von 1911 in einem beträchtlichen Ausmaß kriegswillig war, was jedoch in der späteren Kriegsschuldkampagne verdrängt wurde.[48]

Mit der Aufbewahrung und Auswertung von Zeitungen befassen sich in der Bundesrepublik zwei große Institute, die Presseforschungsstelle an der Universitätsbibliothek in Bremen, mit besonderem Schwerpunkt der älteren Pressegeschichte, und das Presseforschungsinstitut in Dortmund.[49] Wer diese Institute vor Ort oder in der Nähe hat, sollte die gebotenen Möglichkeiten zumindest bei größeren Arbeiten nutzen – soweit es vom The-

---

[47] Vgl. Klaus-Dieter Wernecke: Der Wille zur Weltgeltung. Außenpolitik und Öffentlichkeit im Kaiserreich am Vorabend des Ersten Weltkrieges, Düsseldorf 1970 (enthält umfangreiches Verzeichnis deutscher Zeitungen mit spezifizierten Angaben über Erscheinungsweise, Auflagenhöhe und politische Ausrichtung)

[48] Vgl. jetzt auch Jost Dülffer/Karl Holl (Hrsg.): Bereit zum Krieg. Kriegsmentalität im wilhelminischen Deutschland 1890–1914. Beiträge zur historischen Friedensforschung, Göttingen 1986

[49] Vgl. auch Gert Hagelweide (Bearb.): Deutsche Zeitungsbestände in Bibliotheken und Archiven, Hrsg. Verein Deutscher Bibliothekare

ma her sinnvoll erscheint. Beide Institute geben auf gezielte Anfragen schriftliche Auskünfte. Auch Ausschnittsammlungen in Forschungsinstituten, in Pressearchiven großer Zeitungen und Zeitschriften sind hilfreich und durch rechtzeitig hergestellte Kontakte meistens benutzbar.[50] Flugblatt- und Plakatsammlungen finden sich in zahlreichen Archiven und Bibliotheken und sind dort jederzeit einzusehen (vgl. noch Bibliographie: Publizistische Quellen/-kunden).

Mit einem Nachsatz erwähnt seien noch die sog. "Farbbücher". Darunter sind tendenziöse amtliche Publikationen zur auswärtigen Politik eines Staates zu verstehen. Der leicht irreführende Name rührt von der Farbe des Umschlags her, z. B. "Weißbuch" = Deutschland, "Gelbbuch" = Frankreich, "Blaubuch" = England. Die Farbbücher dienten zumeist der propagandistischen Rechtfertigung eigenen politischen (Fehl-)Verhaltens bzw. auch der unverhohlenen Verunglimpfung des jeweiligen "Gegners". Eklatantes Beispiel dafür sind diverse "Weißbücher" der deutschen Regierungen zum Ausbruch des Ersten wie des Zweiten Weltkriegs, jeweils mit tendenziös ausgewählten, zitierten und kommentierten Aktenstücken. Eine sinnvolle Benutzung von Farbbüchern ist daher nur mit Hilfe von Farbbuch-Wegweisern möglich.[51]

d) Quelleneditionen, Aktenpublikationen

Eine intensivere Beschäftigung mit Quellen empfiehlt sich vor allem anhand von Quelleneditionen, zumal die – nach Vorbild der klassischen Philologie – entwickelten Editionsprinzipien

---

und Kommission für Geschichte des Parlamentarismus und der politischen Parteien, Düsseldorf 1974

[50] Vgl. dazu Hans Bohrmann/Marianne Englert (Hrsg.): Handbuch der Pressearchive, München u. a. 1984

[51] Vgl. Johann Sass: Die deutschen Weißbücher zur auswärtigen Politik 1870–1914. Geschichte und Bibliographie, Berlin/Leipzig 1928; weitere Wegweiser und Bibliographien finden sich bei Winfried Baumgart: Das Zeitalter des Imperialismus und des Ersten Weltkrieges (1871–1918), Tl. 1: Akten und Urkunden (Quellenkunde zur deutschen Geschichte der Neuzeit von 1500 bis zur Gegenwart, Bd. V/1), Darmstadt 1977, S. 67–71

der großen Aktenpublikationen und Quellensammlungen zum richtigen Umgang mit Quellen anleiten.[52] Die sog. kritische Quellenedition macht schriftlich überlieferte Quellen, zumeist unveröffentlichte Archivalien, der historischen Forschung wie auch interessierten Öffentlichkeit zugänglich. Von anderen gedruckten historischen Materialien unterscheidet sie sich durch formale Textkritik und Editionstechnik: einleitende Hinweise zur Auswahl, Entstehungs- und Überlieferungsgeschichte, evtl. auch zur Wirkungsgeschichte; Kopfregesten zu den abgedruckten Quellenstücken, textkritische Erläuterungen im Anmerkungsapparat; schließlich ein (numeriertes) Verzeichnis der Quellen, evtl. noch der wissenschaftlichen Literatur. Die kritische Edition nimmt dem Leser die sog. "äußere Quellenkritik" ab und bereitet ihn gleichsam auf eigene Quellenarbeit vor.[53]

Entgegen verbreiteter Vorstellung stehen Quelleneditionen selbst zu aktuelleren Themen der Neueren Geschichte ausreichend in Universitätsbibliotheken zur Verfügung, als Editionsreihen wie Einzelpublikationen, neuerdings auch als annehmbare Taschenbuchausgaben. Damit aber Quellensuche kein Selbstzweck wird, erscheint es für Studienanfänger ratsam, zuerst die größeren Quelleneditionen zu konsultieren. Auch wenn ein vergleichbares Gesamtwerk für die Neuzeit fehlt, wie es die "Monumenta Germaniae Historica"[54] (Begr. Reichsfreiherr vom Stein) für das Mittelalter darstellt, so wird sich die noch im Aufbau begriffene "Freiherr vom Stein-Gedächtnisausgabe" schon für viele Themenbereiche mit Gewinn heranziehen lassen. Für sozial- und wirtschaftsgeschichtliche Themen ist vor allem die großangelegte Editionsreihe "Acta Borussica" zu nennen, an der so bekannte Historiker wie Otto Hintze und Gustav

---

[52] Vgl. zur Editionstechnik W. Bauer: Studium der Geschichte, S. 215–226; sowie Johannes Schultze: Richtlinien für die äußere Textgestaltung bei Herausgabe von Quellen zur neueren deutschen Geschichte, in: Blätter für deutsche Landesgeschichte, Bd. 98 (1962), S. 1–11

[53] Vgl. dazu den Abschnitt "Literatur- und Quellenauswertung, unten S. 95–99; sowie das Editionsbeispiel, unten S. 100–102

[54] Vollständige Titelaufnahme mit zusätzlicher Erläuterung bei Heinz Quirin: Einführung in das Studium der mittelalterlichen Geschichte, 5. Aufl., Stuttgart 1991, S. 110–115

Schmoller mitgewirkt haben. Daneben kommt mit Einschränkungen in Frage: "Quellensammlung zur Kulturgeschichte", ergänzend dazu: "Documents of European Economic History" (vgl. Bibliographie: Allgemeine Quellensammlungen/Aktenpublikationen).

Für die junge Disziplin Technikgeschichte ergibt sich ein besonderes Problem: Neben Schrift- und Bildquellen sind vor allem auch gegenständliche Quellen zu beachten ("Sachkulturforschung", "Technische Denkmale", "Industriearchäologie").[55] Auch ältere Lehrbücher – als Niederschriften des jeweiligen technikgeschichtlichen Wissensstands – tragen hier Quellencharakter. Gelegentlich werden sie als kritische Editionen neu herausgegeben. Für die Politik- und Diplomatiegeschichte kommen dagegen gleich mehrere Quelleneditionen in Betracht: "Akten der Reichskanzlei", "British Documents on the Origins of the War 1898–1914", "Deutsche Geschichtsquellen des 19. und 20. Jahrhunderts", "Documents Diplomatiques Français 1871–1914", "Foreign Relations of the United States", "Die Große Politik der Europäischen Kabinette 1871–1914". Hinzu kommen für politische Zeitgeschichte die "Quellen zur Geschichte des Parlamentarismus und der politischen Parteien", die Urkunden- und Dokumentensammlung "Ursachen und Folgen", schließlich die "Nürnberger Prozeßakten" (vgl. Bibliographie: Allgemeine Quellensammlungen/Aktenpublikationen).

Die gedrängte Übersicht der Editionstitel macht dem Leser vielleicht schon deutlich, daß an Quellensammlungen zur Neueren Geschichte zwar kein Mangel herrscht, doch überwiegen die amtlichen Aktenpublikationen, namentlich zur Vorgeschichte des Ersten Weltkriegs. Diese Aktenpublikationen sind vornehmlich aus politischen Motiven der beteiligten Mächte entstanden. Das mindert zwar noch nicht den Wert der Editionen als Ganzes, doch sind ihnen Rechtfertigungstendenzen imma-

---

[55] Vgl. als instruktiven Ansatz für den Schul- und Seminargebrauch: Karl-Heinz Ludwig: Der Aufstieg der Technik im 19. Jahrhundert (Kletts Quellen- und Arbeitshefte zur Geschichte und Politik), 2. Aufl., Stuttgart 1982; sowie Rainer Stahlschmidt: Quellen und Fragestellungen einer deutschen Technikgeschichte des frühen 20. Jahrhunderts bis 1945, Göttingen 1977

nent, in einem Fall sogar ausdrücklich vorgegeben: So versuchten die Herausgeber der "Großen Politik der Europäischen Kabinette", die Versailler Kriegsschuldthese (Art. 231) anhand des ausgewählten Aktenmaterials zu widerlegen. Dazu bedienten sie sich einer unzureichenden Sachsystematik und Editionstechnik, die eine spätere Überprüfung erschwerten. Bei Stichproben wurden ihnen jedoch gravierende Auslassungen und Zerstückelungen wichtiger Dokumente nachgewiesen.[56] Im allgemeinen sind aber den genannten Aktenpublikationen derart einseitige und fehlerhafte Auswahlpraktiken nicht zu unterstellen, so daß sie für das Studium der internationalen Beziehungen und Konflikte unentbehrlich sind – wenn auch meist nur mit Hilfe von Kommentarbänden und Quellenkunden sinnvoll zu bewältigen. Doch damit wird auch ein allgemeiner Grundsatz des Quellenstudiums angesprochen: "Ohne wenigstens eine der wichtigeren allgemeinen Quellenkunden ständig in Reichweite zu haben, ist ernsthafte Arbeit des Historikers nicht wohl möglich."[57]

5. Die Archivbenutzung

Buchstäblich ein Kapitel für sich sind Archive, obwohl hier nur eine knappe Skizzierung möglich ist: Archive bewahren auf Dauer ungedrucktes Schriftgut amtlicher und privater Herkunft auf. Als staatliche und andere Einrichtungen dienen sie der Erfassung, Verwahrung und Auswertung derartigen Archivguts. Für den professionellen Historiker sind sie daher eine wichtige Arbeits- und Forschungsstätte.[58]

---

[56] Vgl. dazu Imanuel Geiss: Die manipulierte Kriegsschuldfrage. Deutsche Reichspolitik in der Julikrise 1914 und deutsche Kriegsziele im Spiegel des Schuldreferats des Auswärtigen Amtes 1919–1931, in: Militärgeschichtliche Mitteilungen, Bd. 34 (1983), S. 44; vgl. auch Ulrich Heinemann: Die verdrängte Niederlage. Politische Öffentlichkeit und Kriegsschuldfrage in der Weimarer Republik (Kritische Studien zur Geschichtswissenschaft, Bd. 59), Göttingen 1983, S. 78–87

[57] A. v. Brandt: Werkzeug des Historikers, S. 64

[58] Vgl. den Archivführer von Carl Haase: The Records of German History ... Die Archivalien zur deutschen Geschichte – in deutschen

a) Zeitpunkt der Archivbenutzung

Im allgemeinen wird der Historiker seine Forschungsfragen und Suchaufgaben erst konkret festlegen, nachdem er sich einen Überblick über die in Frage kommenden Archivbestände verschafft hat – was eben eine frühzeitige Konsultation der betreffenden Archive verlangt. Damit wäre jedoch der Geschichtsstudent aus mancherlei Gründen überfordert, so daß schriftliche Seminar- bzw. Hausarbeiten meist noch auf gedruckte Quellen beschränkt bleiben. Gleichwohl sollten Sie frühzeitig einige Grundkenntnisse von der Stellung der Archive im Wissenschaftsprozeß und ihrer inneren Struktur erwerben, sollten vor allem wissen, wo Sie sich näher informieren können, wenn Sie sich unvermittelt mit Archivarbeit konfrontiert sehen. Doch hier nur soviel: Vor dem Archivstudium sollten Literatur und gedruckte Quellen hinreichend bekannt sein, um Archivalien kritisch befragen, einordnen und bewerten zu können. Sonst läßt sich der noch ungeübte Archivbenutzer allzuleicht von der Materialfülle überwältigen, verliert gar den Überblick und riskiert eine Verzögerung seines Arbeitsauftrags. Daher sollten Sie sich, bevor Sie mit eigenem Aktenstudium beginnen, über einige Probleme von vornherein im klaren sein: Archivarbeit ist außerordentlich intensiv, gehört zu den anstrengendsten Phasen des Arbeitsprozesses, und läßt sich sinnvoll nur mit entsprechender Vorbereitung und Einteilung bewältigen. Unerläßlich ist jedoch die rechtzeitige Anmeldung bei der zuständigen Archivverwaltung unter genauer Angabe des Arbeitsthemas.[59]

b) Anleitung zur Archivbenutzung

Archive gehen mehr und mehr dazu über, gedruckte Beständeübersichten herauszugeben, die für eine allererste Groborien-

---

und einigen anderen Archiven mit kurzen Bemerkungen über Bibliotheken und andere Sammlungen, Boppard/Rh. 1975; sowie von Dieter Dowe: Führer zu den Archiven, Bibliotheken und Forschungseinrichtungen zur europäischen Arbeiterbewegung, Bonn 1984

[59] Für Archivanschriften unentbehrlich: Minerva-Handbücher: Archive. Archive im deutschsprachigen Raum, 2 Bde., 2. Aufl., Berlin/ New York 1974

tierung ausreichen. Denn Zweck solcher Übersichten ist es: dem Benutzer einen allgemeinen Eindruck zu vermitteln, ob sich in dem betreffenden Archiv Materialien für sein spezielles Arbeitsgebiet befinden könnten.[60] Erst danach sollte sich der Benutzer an den jeweiligen Leiter der Benutzerberatung wenden und sich an den zuständigen Fachreferenten verweisen lassen. Der Referent wird bemüht sein, in einer Anfangsberatung bereits konkrete Hinweise auf die in Frage kommenden Findmittel zu geben; denn jedes Archiv hat seine eigenen Hilfsmittel, um die einschlägigen Akten herauszufinden, die sog. Repertorien (Findbücher). Mit ihrer Hilfe kann sich der Benutzer über die vorhandenen Aktenbestände selbst detaillierter informieren. Allerdings geben die Repertorien bei Amtsbüchern und Serienakten u. ä. nur einen größeren Rahmen an, so daß sich der Benutzer auf zeitaufwendige Sucharbeiten einrichten muß und nicht erwarten darf, daß der ihn beratende Archivar sich dieser Nachforschungen annimmt. Überdies: Wer ältere Akten durcharbeitet, d. h. Akten vor 1914, muß sich darauf einstellen, alte deutsche Handschriften lesen zu können. Selbstverständlich lassen sich ältere Schriften auch während der Archivbenutzung erlernen, nur ist der Anfang mühsamer und die weitere Arbeit weniger effektiv. Schließlich soll Archivarbeit nicht Mühsal, sondern eine bereichernde Erfahrung sein, gleichsam erfolgreicher Abschluß der Materialiensammlung für wissenschaftliche Arbeiten, die auf Archivalien angewiesen sind. Dazu gibt der Historiker Winfried Schulze eine eindrucksvolle Beschreibung, die hier wörtlich zitiert sei:

"Wenn man in Archiven die Formalien der Anmeldung und Beratung überstanden hat, Archivverzeichnis und Findbücher konsultiert wurden, und endlich das gewünschte Aktenfaszikel, Bündel oder Büschel auf dem Tisch liegt, dann beginnt jedesmal ein neues Abenteuer der Auseinandersetzung mit den Überresten der Vergangenheit. Neben allen Fragen der Echtheit, der Aussage, der Einordnung des Textes, der Klärung von Personen, Orten und Datierungen berührt einen die

---

[60] Vgl. insbesondere Gerhard Granier/Josef Henke/Klaus Oldenhage (Bearb.): Das Bundesarchiv und seine Bestände (Schriften des Bundesarchivs, Bd. 10), 3. Aufl., Boppard/Rh. 1977

unmittelbare Annäherung an den historischen Gegenstand. Ein Brief trägt noch die Reste des Siegels ebenso wie die Falt- oder Transportspuren, kaum benutzte Akten lassen noch im Schriftbild die feinen Krusten des Löschsandes fühlen, mit dem der Schreiber die feuchte Schrift ablöschte, die Randbemerkung des Schreibers auf einem offiziellen Protokoll erinnert an den unbekannten Schreiber, der stundenlang über diesem Text saß, und die unbeholfene Schrift eines Bauern zeigt uns die Mühen, die ihm das Schreiben bereitete. Man tritt in einen direkten Kontakt mit den Menschen ein, die die Quellen produziert haben und solche Eindrücke verstärken sich noch, wenn man die Quellen in einem historischen Gebäude benutzt, das schon im Gebrauch war, als die Quelle entstand. Wenn solche Empfindungen auch in den Anleitungen für die Archivbenutzer keinen Platz finden, so finde ich es doch wichtig, auf diese Seite der Archivbenutzung hinzuweisen. Die direkte Erfahrbarkeit der Vergangenheit übt einen starken Reiz aus."[61]

6. Auswertung und Anordnung des Materials

Die Auswertung des Materials beansprucht in der Regel keine gesonderte Arbeitsphase. Die technische Auswertung erfolgt beim Literatur- und Quellenstudium, die inhaltliche Auswertung bei der Erarbeitung und Darstellung. Anfangs erscheint es jedoch sinnvoll, wenn Sie die wichtigsten Literatur- und Quellenauszüge gesondert auswerten und dabei die Prinzipien wissenschaftlicher Literatur- und Quellenkritik einüben.[62]

a) Literatur- und Quellenauswertung

Für die Literatur- und Quellenauswertung hat die Geschichtswissenschaft im Anschluß an die historischen Geisteswissenschaften des 19. Jahrhunderts ("Historismus") eine eigene Methode entwickelt, die sog. historisch-kritische Methode: Sie beruht auf dem hermeneutischen Verstehensprinzip und um-

---

[61] W. Schulze: Neuere Geschichte, S. 31 f.
[62] Eine praktische Anleitung zur Quellenkritik und Quelleninterpretation bieten: P. Borowsky u. a.: Geschichtswissenschaft I, S. 160–176; vgl. auch das didaktische Kapitel "Das Material des Historikers: Quellen und Quelleninterpretation", in: Joachim Rohlfes: Geschichte und ihre Didaktik, Göttingen 1986, S. 79–88

faßt die verfahrensmäßigen Schritte "Heuristik" (Quellenfindung), (äußere wie innere) "Kritik" und "Interpretation".[63]

Äußere Quellenkritik dient dem Historiker zur sog. "Kritik der Echtheit", d. h. zur formalkritischen Feststellung, ob eine Quelle – aufgrund äußerer und stilistischer Echtheitskriterien – als authentisch anzusehen und für die weitere Arbeit verwendbar ist. Diese Feststellung belegt der Historiker durch eindeutige Quellenbeschreibung. Dazu gehören vor allem Angaben zur Textgestalt, Entstehung und Überlieferung. Bei neuzeitlichen Quellen – z. B. Briefen, Tagebüchern, Zeitungen – erfolgt dies jedoch überwiegend schon durch eine exakte Quellenangabe. Auf ein aktuelles Beispiel zum Problem formaler Quellenkritik und Textsicherung sei kurz verwiesen: Das posthum veröffentlichte Tagebuch der Anne Frank enthält angeblich einige Interpolationen (d. h. nachträgliche Einschübe von fremder Hand). Der Streit darüber weitete sich gar zum Rechtsstreit aus und wurde von rechtsradikaler Seite dazu mißbraucht, die Authentizität und Glaubwürdigkeit des Tagebuchs insgesamt in Zweifel zu ziehen.[64]

So wichtig formalkritische Textsicherung im Einzelfall sein kann, zur Bestimmung des Quellenwerts reicht sie allein nicht aus. Erst die innere Quellenkritik gibt Aufschluß über Aussagegehalt und Erkenntniswert. Für die inhaltliche Textanalyse können daher als Leitfragen gelten: Wie berichtet der Verfasser? Was konnte er berichten? Was wollte er berichten? Anhand dieser Fragen muß der Historiker – analog zur Zeugenbefragung – die Glaubwürdigkeit seiner "Zeitzeugen" feststellen. Die Fragen bedeuten aber noch nicht, daß dem Verfasser bzw. Urheber einer Quelle gründlichst zu mißtrauen sei, weil er nicht wahrheitsgemäß berichten wollte. Vielmehr geht es darum, daß der Verfasser nur berichten konnte, was er subjektiv – aufgrund seines Wissenshorizonts und Standpunkts – für die Wahrheit

---

[63] Vgl. auch den Abschnitt "Verstehensprinzip und Erklärungsverfahren", unten S. 143–148; sowie zur Literaturauswertung das Kapitel "Kritisches Lesen", oben S. 21–31

[64] Vgl. jetzt auch den beiliegenden Kommentar zur textkritischen Edition des Tagebuchs, unten S. 100–102

hielt. Die Untersuchung auf Glaubwürdigkeit bzw. Widersprüchlichkeit verlangt daher genaue Kenntnis des Verfassers, seines Interesses und Wissensstands, und des jeweiligen historischen Sachzusammenhangs. Für die praktische Quellenarbeit ergibt sich daraus die Konsequenz, daß der Historiker weitaus mehr Material zur Kenntnis nehmen muß, als er bei der Ausarbeitung benötigt – sonst läuft er Gefahr, daß er schon das vermeintlich "Faktische" unkritisch verarbeitet. Die vergleichende Quellenanalyse verschiedener, zeitgleicher, voneinander unabhängiger Quellen ist daher stets das sicherste Verfahren, Sinnkongruenz und Erkenntniswert einer Quellenaussage festzustellen. Der Quellenvergleich ist unerläßlich, wenn die Glaubwürdigkeit einer Quellenaussage durch textimmanente Widersprüchlichkeiten beeinträchtigt wird.[65] Selbstverständlich ist die vergleichende Quellenanalyse nur anwendbar, wenn mehrere Quellen über ein und denselben Vorgang berichten. Dies kommt in der Neueren Geschichte häufiger, in der Alten und Mittelalterlichen Geschichte jedoch seltener vor.

Bei der Quelleninterpretation muß der Historiker – nach hermeneutischem Verständnis – vom Grundsatz ausgehen, "daß eine Quelle stets aus ihrem überlieferungsmäßigen und geschichtlichen Zusammenhang heraus interpretiert werden sollte, soweit dies möglich ist"[66]. Danach ist zwar jede Quelle als Ausdruck ihrer Zeit sinnverstehend zu interpretieren; aber ein solches Sinnverstehen darf nicht zur nachträglichen Rechtfertigung oder Apologie geraten. Dazu ein auffälliges Beispiel: Wenn Reichskanzler Theobald von Bethmann Hollweg im sog. "Septemberprogramm" (vgl. Anlage II) von "wirtschaftliche[r] Vorherrschaft Deutschlands über Mitteleuropa" spricht, so mag eine historisch-hermeneutische Interpretation dieser Kriegszieldenkschrift auch die psychologische Kriegssituation von 1914

---

[65] Vgl. Rudolf Renz: Prinzipien wissenschaftlicher Quellenanalyse und ihre Verwertbarkeit im Geschichtsunterricht, in: GWU, 22. Jg. (1971), S. 544

[66] H. Quirin: Mittelalterliche Geschichte, S. 219 (vgl. dort auch schematische Zusammenfassung der Quellenkritik und Quelleninterpretation)

berücksichtigen und dabei die persönliche Erwartung eines baldigen Präliminarfriedens mit Frankreich hervorheben. Daraus läßt sich jedoch – wie in der sog. "Fischer-Kontroverse" geschehen – weder eine Rechtfertigung der vom Kanzler mitvertretenen expansionistischen "Weltpolitik" und Kriegszielpolitik ableiten ("Kampfmittel der Selbstbehauptung Deutschlands") – noch eine Bagatellisierung des "Septemberprogramms" als Schlüsseldokument deutscher Kriegszielpolitik im Ersten Weltkrieg ("Annexionsträume deutscher Patrioten").[67]

Ideologiekritik ist daher für den Historiker ein wichtiges Instrument bei der Quellen- und Literaturauswertung und zielt darauf ab, solche verschleierten Bewußtseinsformen und vorgeschobenen Rechtfertigungen durchsichtig zu machen, scheitert aber oft an der unzureichenden Praktikabilität ideologiekritischer Verfahren. Zunächst können einige textimmanente Hinweise auf "feststellbare Verfahrensmängel in der Argumentation" (W. Hofmann) den Blick für ideologiehaltige Literatur- und Quellenaussagen schärfen:

"1. In eine Aussage gehen ohne weitere Begründung Wertauffassungen ein, welche die Meinung des Aufnehmenden schon bei Mitteilung eines einfachen Sachverhalts beeinflussen.

2. Voraussetzungen, aus denen Schlüsse gezogen werden, sind unrichtig oder unvollständig. Eine nicht näher bezeichnete Vorauswahl ist getroffen worden.

3. Das zu Beweisende wird stillschweigend schon in die Voraussetzungen einer Gedankenfolge aufgenommen.

4. Annahmen von zunächst hypothetischer Natur verwandeln sich unversehens in feste Behauptungen.

5. Falsche oder einseitige Kausalbeziehungen werden hergestellt."[68]

Die ideologiekritische Materialauswertung soll sich aber nicht allein auf textimmanente Quellen- und Literaturkritik be-

---

[67] Zur weiteren Orientierung: Vgl. Wolfgang Schieder (Hrsg.): Erster Weltkrieg. Ursachen, Entstehung und Kriegsziele (NWB, Bd. 32), Köln 1969 (vgl. dort auch die oben skizzierten Positionen zum "Septemberprogramm")

[68] Werner Hofmann: Grundelemente der Wirtschaftsgesellschaft. Ein Leitfaden für Lehrende, Reinbek 1969 u. ö., S. 17

schränken; sie muß vor allem in einem kontrollierbaren Verfahren ideologieverdächtige Argumentationen auf den historisch-politischen Hintergrund beziehen, vor dem sie ihre legitimierende Funktion erfüllen, also nach der Interessen- und Standortgebundenheit von Ideologieträgern fragen und deren herrschaftsstabilisierende Funktion aufdecken: "Ihr 'positiver' Beitrag besteht in der Auflösung realitätsverschleiernder Bewußtseinsformen; sie kann aber *nicht* an die Stelle der von ihr kritisch aufgelösten Ideologien neue setzen. Die Relativierung falschen, erstarrten und geronnenen Bewußtseins ohne dogmatische Pose: dies und nichts anderes bleibt das Geschäft der Kritik."[69]

b) Anordnung des Materials

Über die technische Auswertung des Materials, insbesondere über die Anlage von Karteisystemen, geben alle propädeutischen Anleitungen mehr als hinreichend Auskunft, so daß sich dieser Abschnitt auf einige grundsätzliche Bemerkungen beschränken kann: Alle für den weiteren Arbeitsprozeß benötigten Titel der Literatur und Quellen werden bibliographisch in einer Verfasserkartei erfaßt. Für die Titelaufnahmen gelten dieselben Grundsätze wie für das Zitieren. Allerdings empfiehlt es sich, hier die Nachnamen der Verfasser voranzustellen und alphabetisch einzuordnen, evtl. jeweils getrennt nach Quellen und Literatur, so daß die Verfasserkartei zugleich als Grundlage für das Quellen- und Literaturverzeichnis dienen kann. Parallel dazu erfaßt die Sachkartei unter entsprechenden Schlag- bzw. Kennworten die dort gespeicherten Informationen (z. B. Begriffsdefinitionen, Literaturexzerpte, Quellenabschriften) und belegt deren Herkunft in bibliographischer Kurzform – oder verweist nur stichwortartig auf zu verwendende Textpassagen bei gesondert deponierten Materialkopien. Das so aufbereitete Material wird am besten sachsystematisch angeordnet – gemäß den Kapiteln und Unterkapiteln, wie sie sich aufgrund vorläufiger Gliederungsstruktur herausschälen, oder in der Reihenfol-

---

[69] Kurt Lenk (Hrsg.): Ideologie. Ideologiekritik und Wissenssoziologie, 9. Aufl., Frankfurt/New York 1984, S. 359

ge, wie die einzelnen Belegstellen im Arbeitsprozeß verwertet werden sollen. Etwaige Umstellungen lassen sich im Gliederungs- und Schreibprozeß dann immer noch vornehmen. Bei mehrfacher Verwendung sind Querverweise möglichst frühzeitig anzubringen. Von wichtigen Quellenstücken und Literaturexzerpten sollten Sie jedoch vorsorglich einige Duplikate anfertigen (sofern es die Kostenlage erlaubt). In diesen Fällen hat sich bei publizierten Quellen wie Archivalien eine Kombination von chronologischer mit sachsystematischer Anordnung in je einem Satz an Dokumenten bewährt. Scheidet aus finanziellen Gründen ein zweiter Satz von Kopien aus, so können an seine Stelle auch Regesten treten (am besten chronologisch angeordnet).

Beilage zur Quellenauswertung:

Als Nachtrag zu den Ausführungen über formale Quellenkritik und Textsicherung, insbesondere zur dort erwähnten, seinerzeit aktuellen Auseinandersetzung über das "Tagebuch der Anne Frank", sei hier ein klärender Kommentar zur neuen, jetzt textkritischen Edition[70] angefügt:

Mit der textkritischen Edition liegt erstmals der autobiographische Nachlaß der Anne Frank als gesicherte historische Quelle vor. In geradezu vorbildlicher editorischer Gestaltung werden die Tagebuchaufzeichnungen der wissenschaftlichen Öffentlichkeit zugänglich gemacht. Der inzwischen verstorbene Otto Frank hatte die handschriftlichen Aufzeichnungen seiner Tochter dem 'Rijksinstituut voor Oorlogsdocumentatie' testamentarisch vermacht. Nur wenig ist bekannt, daß von dem Tagebuch eine Erstschrift und eine spätere, auch von der Hand Anne Franks verfaßte Umschrift (auf losen Blättern) überliefert ist. Neben dem parallelen Abdruck beider handschriftlichen Fassungen enthält die Quellenedition auch die 1947 publizierte

---

[70] Die Tagebücher der Anne Frank. Einführung von Harry Paape/Gerrold van der Stroom/David Barnouw, mit einer Zusammenfassung des Berichts des Gerechtelijk Laboratorium 'Gerichtslaboratorium des Justizministeriums', Hrsg. Rijksinstituut voor Oorlogsdocumentatie 'Niederländisches Staatliches Institut für Kriegsdokumentation', a. d. Niederl. von Mirjam Pressler, Frankfurt/M. 1988

Textversion von "Het Achterhuis"[71] bzw. in der deutschen Ausgabe die 1950 übersetzte Version von "Das Tagebuch der Anne Frank"[72].

Das 'Rijksinstituut' hat die Edition – aufgrund des besonderen Quellenrangs – mit einer umfangreichen Einleitung versehen, in der die Familien- und Lebenssituation der Franks, die Verhaftung und der Verrat, die Gefangenschaft und Deportation, die Entstehung und Überlieferung der Tagebuchaufzeichnungen sowie die Angriffe auf die Authentizität des Tagebuchs bzw. auf die Identität der Urheberin eingehend behandelt werden. Das Ergebnis des schriftvergleichenden und urkundentechnischen Gutachtens des 'Gerechtelijk Laboratoriums' läßt jedoch keinen Zweifel daran, daß beide Handschriften von derselben Schrifturheberin Anne Frank stammen und von ihr in den Jahren 1942 bis 1944 niedergeschrieben wurden; denn es fanden sich keinerlei Hinweise darauf, daß die Tagebücher später als in der genannten Entstehungsperiode verfaßt sein könnten. Damit sind die – meist von rechtsextremer Seite vorgebrachten – Anschuldigungen, der Text sei womöglich von fremder Hand, nunmehr als bloße Verdächtigungen widerlegt. Nur in relativ geringen, jetzt aber anhand der Edition kontrollierbaren Fällen stammen einzelne Streichungen und Hinzufügungen "mit an Sicherheit grenzender Wahrscheinlichkeit von Otto Frank" (S. 198). Offensichtlich war sich Otto Frank des zeitgeschichtlichen Quellenrangs bei der Publikation des Tagebuchs nicht bewußt. Gleichwohl besteht nach Auffassung des 'Rijksinstituuts' keinerlei Grund, die intrinsische Textqualität von "Het Achterhuis" in Frage zu stellen.

Anders verhält es sich jedoch mit der deutschen Übersetzung (von 1950): "Anneliese Schütz erwies sich nicht als besonders geeignete Übersetzerin von Annes Tagebuch. 'Sie war' erkannte Otto Frank später 'zu alt dazu, viele Ausdrücke sind schulmei-

---

[71] Anne Frank: Het Achterhuis. Dagboekbrieven 12 Juni 1942–1 Augustus 1944, Amsterdam 1947 u. ö.

[72] Das Tagebuch der Anne Frank. 12. Juni 1942–1. August 1944, a.d. Niederl. von Anneliese Schütz, Heidelberg 1950 u. ö.; Lizenzausgabe als Taschenbuch u.gl.T.: Frankfurt/M. 1955 u. ö.

sterlich und nicht im Ton der Jugend'" (S. 83). Doch damit nicht genug: Anneliese Schütz übersetzte nicht nur in einer werkfremden Erwachsenensprache, wie ein Vergleich mit der jetzt vorliegenden Übersetzung von Mirjam Pressler bestätigt, vielmehr veränderte sie auch zahlreiche Textpassagen politischer Natur: So wurde der Satz "zuletzt sah er aus wie ein Riese und war so ein Faschist, wie es keinen schlimmeren gibt" sinnentstellend "zu einem unüberwindlichen Riesen wachsen sehen" verkürzt (S. 331). Aus der von Anne Frank zitierten "Hausordnung für Untertaucher" wurden mehrere Sätze getilgt, z. B.: "Es dürfen keine deutschen Bücher gelesen werden, ausgenommen wissenschaftliche und klassische" (S. 366) − oder an anderer Stelle: "Es ist strengstens verboten, deutsche Nachrichten abzuhören (egal von wo diese ausgesandt werden) und zu verbreiten" (S. 367). Die Anordnung, "zu allen Zeiten leise zu sprechen, erlaubt sind alle Kultursprachen, also kein Deutsch", wurde kurzerhand verändert in: "Alle Kultursprachen ... aber leise!!!" (S. 366). Den Ausdruck "Heldenmut im Krieg oder gegenüber den Deutschen" übersetzte Anneliese Schütz gar mit: "Heldenmut im Kriege und im Streit gegen die Unterdrückung" (S. 542). Durch diese und andere dilettierenden Eingriffe in das Selbstzeugnis der Anne Frank hat die Übersetzerin eine Entpolitisierung und Anpassung an ein Opferklischee bewirkt, vielleicht sogar intendiert, um so das deutsche Leserpublikum der Nachkriegszeit eher erreichen zu können − der Person und dem Werk Anne Franks wurde sie damit jedoch nicht gerecht. Während in der niederländischen Textfassung von "Het Achterhuis" von Anfang an der Eindruck einer sich wehrenden, gegen die NS-Barbarei aufbegehrenden Anne Frank vorherrscht, wird deutschsprachigen Lesern ein authentisches (Text-)Bild erst mit der kritischen Edition vermittelt.

III. Forschungspraxis und Schreibprozeß

Erst nach Abschluß der Materialsammlung beginnt im allgemeinen die Phase der inhaltlichen Erarbeitung und schriftlichen Ausarbeitung. Dazu werden im folgenden die wichtigsten Arbeitstechniken, Analyseverfahren und Darstellungsprinzipien in ihrer instrumentellen Funktion für geschichtswissenschaftliche Arbeiten aufgezeigt und auf die Bedürfnisse der Studienpraxis abgestellt. Dem eigentlichen Durchführungsteil ("Erarbeitung und Darstellung") vorangestellt sind einige didaktische Aspekte und Elemente des Forschungs- und Schreibprozesses.[1]

1. Leitfragen und Erklärungsrahmen

Eingangs wurde bei der Themenwahl betont, daß sich jeder Autor über die Relevanz und Stellung seiner Forschungsarbeit im Ausbildungs- und Wissenschaftsprozeß im klaren sein sollte. Daran anknüpfend – sozusagen als Zwischenbilanz – seien nunmehr einige Leitfragen vorangestellt, die jeder für sich zu beantworten suchen muß, wenn er den weiteren Arbeitsprozeß methodisch bewußt gestalten will:
- Welche (historische) Frage soll die Arbeit beantworten? Kann die Fragestellung das Thema vorstrukturieren und den weiteren Gang der Untersuchung leiten?
- Wie ist die Materialbasis beschaffen? Gibt es bei den Quellen besondere Eigenschaften oder eingeschränkte Erkenntnismöglichkeiten? Welchen Rückbezug auf Fragestellung und Themeneingrenzung hat dies?
- Welche historischen Kategorien, Zentralbegriffe und Verfahrenstechniken sind für die Problemstellung einschlägig?
- Welche systematisch-analytischen Erkenntnisse und Zugriffsmöglichkeiten sind gegeben, um Prozesse und Strukturen hinter den Ereignisverläufen zu erfassen?

---

[1] Vgl. zur theoretischen Orientierung über die Beziehung von Forschungs- und Schreibprozeß das Kapitel "Historische Forschung und Geschichtsschreibung", in: Jörn Rüsen: Lebendige Geschichte. Grundzüge einer Historik III: Formen und Funktionen des historischen Wissens, Göttingen 1989, S. 19–38

– Welche Darstellungsprinzipien sollen die Präsentation der Untersuchungsergebnisse leiten? Wer ist Adressat der Darstellung?

Aus der letzten Frage wird ersichtlich, daß bei wissenschaftlichen Arbeiten stets auch ein adressatenbezogener Erklärungsrahmen mitreflektiert werden sollte.[2] Soweit aber schriftliche Hausarbeiten eine mündliche Präsentation erfordern, ist allen Referaten ein besonderes Problem gemein: Was der Referent bei der Arbeit selbst hinzugelernt hat, darf er nicht als bekannt voraussetzen, sondern muß es – ohne Pose – im Plenum erklären. Sonst gerät jedes Referat zum Monolog. Deshalb ist das Referatsthema auch inhaltlich schon in den einleitenden Passagen mit dem Generalthema der Lehrveranstaltung zu verknüpfen und im weiteren auf Dialogfähigkeit hin zu gestalten. Das Referat dient also nicht nur der eigenen Ausbildung, sondern soll auch ein wissenschaftlich fundiertes Gespräch unter Kommilitonen ermöglichen.

Akademische Abschlußarbeiten (Staatsexamens-, Magister- und Diplomarbeiten) sollen den individuellen Nachweis wissenschaftlicher Kompetenz und erfolgreichen Studiums erbringen. Gleichwohl sind sie im eigentlichen Sinne noch kein selbständiger Forschungsbeitrag. Meistens gehen sie über die begrenzte Verarbeitung neuerer Forschungsliteratur und gedruckter Quellen nicht hinaus. Dagegen ist die Dissertation bereits ein selbständiger Forschungsbeitrag, oftmals hervorgegangen aus einer Staatsexamens- oder Magisterarbeit. Die Dissertation wendet sich wie die Habilitationsschrift primär an ein wissenschaftsinternes Fachpublikum. Aber wie die Dissertation sollte die Habilitationsschrift, schon wegen ihres umfassenderen Themas, auch mit an die historisch interessierte Öffentlichkeit denken, um nicht das wiedererwachende Geschichtsinteresse allein an jour-

---

[2] Vgl. ergänzend dazu Reinhart Koselleck: Fragen zu den Formen der Geschichtsschreibung, in: Ders./Heinrich Lutz/Jörn Rüsen (Hrsg.): Formen der Geschichtsschreibung (Beiträge zur Historik, Bd. 4), München 1982, S. 12; sowie Jörg Schmidt: Studium der Geschichte. Eine Einführung aus sozialwissenschaftlicher und didaktischer Sicht, München 1975, S. 75

nalistische Publikationen oder gar pseudowissenschaftliche Elaborate zu verweisen. Überhaupt darf sich historische Forschung nicht von der didaktischen Vermittlung dispensieren: "Je mehr die Geschichtsforschung in die Gefahr esoterischer Selbstgespräche im Kreise der Fachleute gerät, um so größer wird die Wahrscheinlichkeit, daß 'Lehren' aus der Geschichte unkontrolliert von der Forschung bleiben ..."[3]

2. Gliederung als Bezugssystem

Die Gliederung ist nicht lediglich formaler Bestandteil, vielmehr ein thematisches Bezugssystem wissenschaftlicher Arbeiten: Sie dient der intellektuellen Durchdringung des Arbeitsthemas – zunächst für den Autor bei der Analyse und schriftlichen Ausarbeitung, später für den Leser als detaillierter Leitfaden, der ihm unmißverständlich zeigt, wie der Verfasser seinen Gegenstand definiert, strukturiert und darstellt.

a) Gliederungskriterien

Gliedern heißt: das Arbeitsthema unter einer leitenden Frage in seine Haupt- und Nebenbestandteile zerlegen, um es systematisch bearbeiten und darstellen zu können. Dazu dienen allgemein als Gliederungskriterien zeitliche, inhaltlich-sachliche und räumliche Gesichtspunkte sowie theoretische Kategorien, die je nach spezieller Thematik in einem variablen Komplementärverhältnis stehen und noch der konkreten Anordnung und Ausdifferenzierung bedürfen, z. B.: Hauptteil/Kapitel chronologisch, Kapitel/Abschnitte sachsystematisch; oder umgekehrt: Hauptteil/Kapitel sachsystematisch, Unterkapitel chronologisch. In Einzelfällen denkbar ist auch eine überwiegend chronologische oder überwiegend sachsystematische Anordnung (vgl. auch S. 119 f.). Eine nur wenig untergliederte Arbeit signalisiert, daß

---

[3] Karl-Ernst Jeismann: Didaktik der Geschichte. Die Wissenschaft von Zustand, Funktion und Veränderung geschichtlicher Vorstellung im Selbstverständnis der Gegenwart, in: Erich Kosthorst (Hrsg.): Geschichtswissenschaft. Didaktik-Forschung-Theorie, Göttingen 1977, S. 22 f.

der Verfasser Schwierigkeiten hatte, sein Thema theoretisch zu durchdringen und die Strukturierung praktisch zu bewältigen. Umgekehrt behindert eine allzu starke Untergliederung die stringente und in sich geschlossene Gedankenführung. Die Folge ist dann allzuleicht eine eklektische Aneinanderreihung von Texten und Zitaten. Immer aber sind thematische Disproportionalitäten in der Gliederungsstruktur zu vermeiden, weil sie unmittelbar auf die Qualität der Darstellung durchschlagen – stellen also kein formales Problem dar, sondern ein unzureichend gelöstes Auswahlproblem. Das verdeutlicht eine Literaturkritik (H.-U. Wehlers) über eine Bismarck-Biographie: "So ist das Buch z. B., um mit eher handwerklichen Erwägungen zu beginnen, durch ein auffallendes Ungleichgewicht gekennzeichnet. 65% des Textes ... werden für die Zeit von 1815 bis 1871, nur 35% jedoch ... für die Zeit von 1871 bis 1890/98 verwendet. Sollten nicht die zwei Jahrzehnte, die Bismarck an der Spitze der neuen mitteleuropäischen Großmacht gestanden hat, mindestens die Hälfte – wenn nicht sogar mehr – einer Bismarck-Biographie ausmachen? Hier herrscht eine Disproportionalität, die auch nicht mit der Anschmiegung an Bismarcks Lebenszeit hinreichend gerechtfertigt werden könnte" (GD 6/1981, S. 206 – hier und im folgenden mit verkürztem Belegnachweis, da nur zur Demonstration).

b) Gliederungsprozeß

Nur in seltenen Fällen gelingt eine Gliederung gleich beim ersten Versuch. Vielmehr wächst sie in der Regel allmählich, bis zur Phase der schriftlichen Ausarbeitung und der Überarbeitung. Zumindest bei größeren Arbeiten hat sich folgendes Verfahren in mehreren Schritten bewährt: Anfangs genügt eine Grobgliederung, möglichst zügig nach einer ersten Orientierung über die Literatur- und Quellenlage erstellt. Dafür reicht eine Differenzierung auf der Ebene von Hauptteilen/-kapiteln. Nach vorläufigem Abschluß des Literaturstudiums empfiehlt sich eine weitere Gliederung, jetzt aber mit so vielen Untergliederungspunkten, wie es der erreichte Wissensstand schon erlaubt. Nach vertieftem Literatur- und Quellenstudium erfolgt eine dritte

Gliederung: Nunmehr wird jeder Gliederungspunkt – von den Oberpunkten bis zur untersten Ebene der Ausdifferenzierung – mit ein/zwei Sätzen erläutert und somit ein thesenförmiges Grundmuster für den weiteren Untersuchungsgang fixiert. Fortlaufend mit dem Arbeits- und Schreibprozeß erfolgt dann eine ständige Reflexion der Gliederung, die manchmal erst mit Abschluß des Rohmanuskripts wirklich ausgereift ist. Das scheinbar aufwendige Verfahren hat mehrere Vorteile: Sie zwingen sich zu gedanklicher Präzision und erleichtern sich damit selbst die intellektuelle Durchdringung des Stoffes, aufsteigend zu immer feinerer Differenzierung. Alles bleibt unter dem inneren Vorbehalt des "Provisorischen", soll heißen: eines jederzeit variierbaren, wenn nötig noch revidierbaren Bezugssystems. Vor allem die dritte Phase der schon thesenförmig "ausgefüllten" Gliederung erleichtert die Beratung von außen und gibt Ihnen selbst größere Sicherheit bei der weiteren Erarbeitung und Darstellung.

c) Gliederungsschemata

Als formales Gliederungsschema empfiehlt sich entweder die Kombination von (großen und kleinen) Buchstaben mit (römischen und arabischen) Ziffern oder das moderne System der Dezimalklassifikation, das in der neueren Forschungsliteratur zunehmend Verbreitung findet:

("Teil")	A.		oder:	1.
("Kapitel")	I.			1.1.
("Abschnitt")		1.		1.1.1.
		a)		1.1.2.
		b)		1.2.
		2.		1.2.1.
		a)		1.2.2.
		b)		2. usw.
	II. usw.			

Das "alpha-numerische" Gliederungsschema läßt sich bei größeren Arbeiten durch Unterpunkte weiter ausdifferenzieren, z. B. durch kleine griechische Buchstaben. Andererseits sind bei kleineren Arbeiten (z. B. Kurzreferaten) die Haupteinteilungspunkte (A,B,C) in der Regel entbehrlich, ebenso Unterteilungspunkte unterhalb der Ebene der kleinen lateinischen Buchstaben. Das moderne Dezimalsystem ist weniger zweckmäßig, als es hier den Anschein hat; denn je komplexer eine Gliederungsstruktur, um so weniger transparent wird sie bei Anwendung der Dezimalklassifikation. Wie auch immer – das nachstehende Gliederungsbeispiel bezieht sich auf die Entwicklung der deutschen Wirtschaftsexpansion vor dem Ersten Weltkrieg.

Beispiel einer Gliederung:

I. Einführung in den Problemkreis

    1. Fragestellung und Zielsetzung
    2. Schwerpunkte und Abgrenzungen
    3. Zur Quellen- und Literaturlage
    4. Methodik und Aufbau der Darstellung

II. Die außenwirtschaftliche Ausgangssituation im Jahre 1906

    1. Die handelspolitische Wende um 1905/6
      a) Der verschärfte Zolltarif von 1902
      b) Das Handelsvertragssystem von 1904/5
    2. Handelsstatistischer Gesamtüberblick
      a) Umfang und Struktur des Außenhandels
      b) Deutschlands Stellung auf dem Weltmarkt

III. Wachsende Schwierigkeiten für die deutsche Wirtschaftsexpansion seit 1910/11

    1. Die wirtschaftliche Rivalität der Mächte auf dem Balkan
    2. Die bedrohte wirtschaftliche Stellung Deutschlands in der Türkei
    3. Die Gefährdung der Politik der "offenen Tür" in Marokko
    4. Koloniale Expansion und "Mittelafrika"-Konzeption in der Sackgasse
    5. Die gescheiterte "pénétration pacifique" in Frankreich

IV. Die Krise der deutschen Handelspolitik im Frühjahr 1914

V. Schlußthesen zur Beurteilung deutscher Wirtschaftsexpansion

3. Einstiegsprobleme

Aller Anfang ist schwer − auch beim Schreiben. So berichten viele Studenten über psychische Schwierigkeiten beim Beginn eines längeren Manuskripts, weshalb sie häufig die Niederschrift immer wieder vor sich herschieben, bis der Termindruck einsetzt. Ist erst einmal der Anfang gesetzt, so läuft der weitere Arbeits- und Schreibprozeß sehr viel leichter. Eine gewisse Befangenheit vor dem Anfang ist aber durchaus normal und braucht niemanden zu schrecken: Sie reflektiert meist nur die besondere Bedeutung des "Anfangen-müssens" und die sich daraus ergebenden intellektuellen wie psychologischen Probleme. So hätte es denn auch nach Hermann Giesecke "wenig Sinn, sich eine ganz andere Identität zu wünschen, nur weil man eine solche Arbeit schreiben muß. Realistischer ist, die persönlichen Faktoren richtig einzuschätzen und somit möglichst optimal auszunutzen"[4].

Formal kann sich die Hürde des Anfangs, je nach Anlage und Umfang der Darstellung, einige Male auftun − zu Beginn der Einleitung, aber auch zu Beginn der ersten Hauptkapitel. Wie auch immer, jedesmal zeichnet sich ein gelungener Anfang, jetzt verstanden als erster Einstieg, durch besondere Eigenschaften aus: Der erste Absatz soll die Aufmerksamkeit des Lesers für die Arbeit gewinnen, nicht durch formal konstruierte "Originalität" oder Komplexität, sondern genau umgekehrt: durch inhaltliche Direktheit und formale Einfachheit. Inhaltlich soll der erste Absatz direkt in das Thema einführen, z. B. durch Anknüpfung oder Erläuterung des Haupt- und Untertitels, erweitert zur ersten thematischen Einordnung in die Generalthematik der Lehrveranstaltung (oder eines übergreifenden Forschungsprojekts). Ein schon klassisches Beispiel − und deshalb gern kopiert und variiert − ist der Einleitungssatz aus dem

---

[4] H. Giesecke: Pädagogisches Studium, S. 138 (vgl. dort auch den Abschnitt "Die Herstellung von schriftlichen Arbeiten als Lernprozeß")

"Kommunistischen Manifest" (1848): "Die Geschichte aller bisherigen Gesellschaft ist die Geschichte von Klassenkämpfen." Ungeschickt wirken dagegen Anfänge mit bloßem Erzählen situativer Ereignisse, gar noch eingeleitet durch schwache Nebensätze ("Als Reichskanzler Theobald von Bethmann Hollweg am 17. 8. 1914 die Nachricht erhielt, daß General Rennenkampf mit seiner russischen Njemen-Armee die Grenze des Deutschen Reiches überschritten hatte, ..."). Solche erzählenden Anfänge passen eher in historische Romane als in geschichtswissenschaftliche Darstellungen. Sie lassen sich aber durch aufmerksame Lektüre von Anfängen in der wissenschaftlichen Literatur und durch gezielte Übungen anhand von Seminararbeiten vermeiden. Wer aber einen guten Einstieg nicht gleich auf Anhieb zustandebringt, kann sich, wenn die psychologische Hemmschwelle des Beginnens überschritten ist, mit einem provisorischen Anfang begnügen. Nach Abschluß des Rohmanuskripts ist immer noch Zeit genug, dem Anfang (bzw. der Einleitung) eine verbindliche Fassung zu geben, zumal noch Einleitungs- und Schlußteil einen einheitlichen Rahmen für die untersuchende Darstellung bilden sollen.

4. Erarbeitung und Darstellung

Die Stellung und Variationsbreite von Forschungsthemen im Wissenschaftsprozeß, hier verstanden als Bezugssysteme, auf die sich andere (übergeordnete wie untergeordnete) Themen in vielfältiger Weise beziehen können, erfordern eine klare Fragestellung und Themeneingrenzung. Jeder muß sich daher über die Relevanz und logische Stellung seines Themas im Ausbildungs- und Wissenschaftsprozeß Rechenschaft ablegen. Nur aus dieser theoretischen Vorklärung erwächst Klarheit über das Wechselverhältnis von Fragestellung, Themenabgrenzung, Forschungsergebnis und Darstellungsform.[5]

---

[5] Vgl. dazu Kapitel "Leitfragen und Erklärungsrahmen", oben S. 103–105

a) Das Thema: Titel und Untertitel

Ein Arbeitsthema entsteht entweder als Schnittpunkt von einem übergeordneten Generalthema mit einem Unterthema, also vom jeweiligen Allgemeinen (z. B. dem Thema einer Seminarveranstaltung "Die Russische Oktoberrevolution 1917") zum Besonderen (z. B. "Die Rolle der Bolschewiki in der Russischen Revolution"), oder als Schnittpunkt mehrerer Unterthemen (z. B. "Die deutsche Kriegszielpolitik im Ersten Weltkrieg gegenüber Rußland"). In allen Fällen ist das Arbeitsthema in seiner logischen Abhängigkeit von einem übergeordneten Seminarthema oder von Nachbarthemen abzugrenzen, zunächst durch eindeutige Fixierung der Haupt- und Untertitel. Um aber einen notwendigen Freiraum für die Bearbeitung zu gewähren, enthalten Seminararbeiten zumeist ein allgemeineres Oberthema mit eingrenzendem Unterthema. Titel und Untertitel begrenzen zwar den Arbeitsauftrag, bestimmen aber noch nicht den Schwerpunkt: "Es ist dann Recht und Pflicht des Bearbeiters, den Schwerpunkt dahin zu verlegen, wo die wesentlichsten Ergebnisse erwartet werden können."[6] Daher erübrigen sich umfassende, gar umständliche Themenformulierungen, wie z. B. der schon "barock" anmutende Titel einer jüngeren Dissertationsschrift: "Historismus, künftige Geschichtswissenschaft und 'Soziohistorie'. Dimensionen einer Diskussion und das System des 'situativen Mehrdimensionalismus' zur Klärung kausal definierter Prozesse im historischen Bereich des gesellschaftlich-politischen Systems unter Verwendung des Ansatzes der 'politischen Kultur'" (Tübingen 1975).

Für die erfolgreiche Bearbeitung ist aber die einordnende und abgrenzende Themenanalyse gleich zu Beginn von großer psychologischer Bedeutung: Je klarer und plausibler die Abgrenzung des Themas, um so freier können Sie sich innerhalb der so gesetzten Grenzen bewegen, thematische Schwerpunkte fixieren, angrenzende Komplexe ausklammern oder nur knapp auf sie verweisen. Auch sind Sie vor etwaiger Kritik gefeit, diesen

---

[6] Paul Kirn: Einführung in die Geschichtswissenschaft (1947); neu bearb. von Joachim Leuschner, 6. Aufl., Berlin/New York 1972, S. 101

oder jenen Aspekt nicht ausreichend behandelt zu haben. Um so souveräner können Sie einen Blick über den "Grenzzaun" wagen, Verbindungen und Zusammenhänge leichter herstellen, ohne dabei die thematische Ausgangsbasis aus dem Blickfeld zu verlieren.

b) Die Einleitung

Nur bei größeren Arbeiten empfiehlt sich die Trennung zwischen Vorwort und Einleitung. Beide sollen, getrennt oder formal in einem, das leisten, was der Leser von anderen Autoren zu Recht für sich erwartet — Erläuterung und Abgrenzung des Themas, Entwicklung der Problemstellung und der eigenen Fragestellung, Skizzierung des Forschungsstandes sowie der Quellen- und Literaturlage, Erörterung der angewandten Methoden und Verfahren, schließlich eine Begründung zum Aufbau der Darstellung.[7] Beginnen sollte die Einleitung aber stets mit einem Problemaufriß: Hier müssen Sie dem Leser die zu behandelnde Thematik "aufschlüsseln" und dabei die Relevanz der eigenen Fragestellung und Zielsetzung verdeutlichen. Als relevant gilt eine historische Fragestellung, soweit sie zum Erkenntnisfortschritt der Geschichtswissenschaft, aber auch zur Erklärung gegenwartsbezogener Probleme der politisch-sozialen Wirklichkeit beiträgt. Demnach sind auch historische Forschungsfragen stets aus der Gegenwart in die Vergangenheit zu richten, um nicht einem antiquarischen Geschichtsinteresse zu erliegen. Die Explikation des erkenntnisleitenden Interesses, mithin der problemrelevanten Fragestellung und Zielsetzung, bereitet allerdings nicht nur Studienanfängern einige Schwierigkeiten, wie folgendes Beispiel aus einem Zeitschriftenaufsatz über "Wirtschaftliche Durchdringung und politische Kontrolle durch die europäischen Mächte im Osmanischen Reich" zeigt: "Ein Ziel

---

[7] Eine schematische Übersicht über die einzelnen Funktionen der Einleitung findet sich bei P. Borowsky u. a.: Geschichtswissenschaft I, S. 184; vgl. auch den Abschnitt "Die Funktionen der Einleitung", in: Ulrich von Alemann/Erhard Forndran: Methodik der Politikwissenschaft. Eine Einführung in Arbeitstechnik und Forschungspraxis, 4. Aufl., Stuttgart/Berlin/Köln 1990, S. 101–106

dieses Beitrags ist zu verdeutlichen, daß im Falle des Osmanischen Reiches die Einbeziehung der wirtschaftlichen, gesellschaftlichen und politischen Situation sowie der Interessen und Zielvorstellungen der Führungsschichten von nicht zu übersehender Bedeutung ist" (GG 1/1975, S. 405). Die "nicht zu übersehende Bedeutung" kann jedoch nicht darüber hinwegtäuschen, daß es sich um eine nichtssagende Zielformulierung handelt. Unverfänglicher sind daher stets schlicht formulierte, aber präzis gefaßte und empirisch gehaltvolle Untersuchungsziele.

Wenn Sie beim Problemaufriß eigene Forschungsfragen und Untersuchungsziele mit einbeziehen und dabei zentrale Begriffe erklären, geraten Sie fast zwanglos in die Definition Ihres Themas ("Definition" kommt a. d. Lat.: "finis" − das Ende, die Grenze) und vermeiden somit die beziehungslose Aneinanderreihung von "statischen" Begriffsdefinitionen gleich zu Beginn der Einleitung. Entsprechend sollten auch thematische Schwerpunkte und zeitlich-sachliche Abgrenzungen nicht apodiktisch festgelegt, sondern argumentativ erörtert und fixiert werden. Zur einleitenden und eingrenzenden Erläuterung des Themas gehört auch eine Skizze des Forschungsstandes, damit der wichtigsten Literatur und Quellen, die Sie zur Beantwortung der Fragestellung heranziehen wollen. Vor allem hat der Leser ein Recht, hier in aller Deutlichkeit zu erfahren, welche spezifischen Erkenntnis- und Bearbeitungsmöglichkeiten sich daraus für die eigene Untersuchung ergeben. Insbesondere bei Abschlußarbeiten können allgemein gehaltene Bemerkungen nicht genügen, wie z. B. der lapidare Einleitungssatz aus einer Examensarbeit zeigt: "Zur regionalen Kolonialbewegung zwischen den Weltkriegen gibt es kaum Literatur, so daß sich meine Ausführungen lediglich auf die eingesehenen Akten und Zeitungen des hiesigen Staatsarchivs stützen." Hier hätte der Verfasser die überregionale Rahmenliteratur wie regionalzentrierte Literatur[8] wenigstens

---

[8] Nur z. B. Klaus Hildebrand: Vom Reich zum Weltreich. Hitler, NSDAP und koloniale Frage 1919−1945, München 1969; sowie Hartmut Müller: Lüderitz und der koloniale Mythos. Kolonialbewegungen in Bremen, in: Diskurs. Bremer Beiträge zu Wissenschaft und Gesellschaft, Bd. 6: Namibia. Die Aktualität des kolonialen Verhältnisses, Red. Manfred Hinz u. a., Bremen 1982, S. 125−149

in Umrissen skizzieren und ebenso die Hauptquellen kurz charakterisieren müssen. Unerläßlich für jede größere schriftliche Arbeit, die wissenschaftlichen Ansprüchen genügen soll, ist auch eine ausreichend fundierte Methodenreflexion. Dazu reicht der bloße Verweis auf die historische Methode allein nicht aus. Erwartet wird vielmehr ein konkreter Hinweis, wie die angestrebten Untersuchungsziele methodisch erreicht, ob z. B. historisch-hermeneutische Kategorien und Verfahren durch analytisch-systematische Erklärungsverfahren ergänzt werden können. Die Bedeutung der eigenen Forschungsarbeit läßt sich sonst nicht sinnvoll würdigen.

c) Der Darstellungsteil (Hauptteil)

Für den Hauptteil, also die untersuchende Darstellung, lassen sich allgemeingültige Empfehlungen nur schwer formulieren, schon wegen der Variationsbreite von Arbeitsthemen und ihren Bearbeitungsmöglichkeiten. Gleichwohl sind einige Leitlinien mehr abstrakter Art möglich, die jeweils im Einzelfall noch der Konkretisierung bedürfen: Geschichte läßt sich nach der chronologischen und der systematischen Dimension unterscheiden. Doch beide Dimensionen zusammengenommen, je nach Thematik in unterschiedlicher Ausprägung zueinander, ermöglichen erst eine sinnvolle Untersuchung und Darstellung historischen Geschehens.[9]

ca) Die chronologische Dimension

Bei der Rekonstruktion und Darstellung historischen Geschehens kommt es zunächst darauf an, den genauen zeitlichen Ablauf der Ereignisse zu bestimmen und in einen chronologischen Gesamtzusammenhang einzufügen. Dieser methodische Schritt ist für den Historiker unentbehrlich. So macht denn auch nach Theodor Schieder "die Ermittlung von Einzelfakten und ihre Stellung im zeitlichen Ablauf der historischen Prozesse

---

[9] Vgl. dazu den Sammelband von Reinhart Koselleck/Heinrich Lutz/ Jörn Rüsen (Hrsg.): Formen der Geschichtsschreibung (Beiträge zur Historik, Bd. 4), München 1982

... nach wie vor einen erheblichen Teil der geschichtswissenschaftlichen Arbeit aus, vor allem überall da, wo dieser Ablauf noch nicht in allen seinen Stufen bekannt ist ..."[10] Zur eigenen Selbstverständigung, aber ebenso zur besseren Orientierung des Lesers, sind auch die historischen Voraussetzungen mit einzubeziehen; denn hier finden sich bereits oft die Bedingungen und Mechanismen, die den Ablauf des historischen Prozesses im eigentlichen Thema bestimmen, z. B. im deutschen Vorkriegsimperialismus für ein Arbeitsthema zum Ersten Weltkrieg. So sind als wichtigste Voraussetzungen des Ersten Weltkriegs zu nennen: Das Zeitalter des Imperialismus als generelle Rahmenbedingung der weltpolitischen Krisen vor 1914; die expansive wie aggressive Außen- und Wirtschaftspolitik Deutschlands, vor allem seit der 2. Marokkokrise von 1911; die ungebrochene Kontinuität vorindustrieller Macht- und Gesellschaftsstrukturen des preußisch-deutschen Staats (z. B. "do-ut-des"-Bündnis von Agrariern und Schwerindustrie zur Verteidigung ökonomischer Vormachtstellung und zur Abwehr sozialer Auswirkungen des industriekapitalistischen Modernisierungsprozesses); die permanenten Bündnis-Rivalitäten zwischen Dreibund und Triple-Entente, aber auch im Dreibund selbst (z. B. wirtschaftliche Rivalitäten zwischen Deutschland und Österreich-Ungarn auf dem Balkan). All diese Faktoren wirkten in einem komplexen Prozeß aufeinander ein und bestimmten – unmittelbar wie mittelbar – Vorbereitung, Ausbruch und Verlauf des Ersten Weltkriegs. Die hier exemplarisch beschriebenen Voraussetzungen und Rahmenbedingungen können ganz allgemein zum besseren Verständnis von historischen Prozessen beitragen. Daher sollte stets ein Rahmenkapitel über die Vorgeschichte oder die historische Ausgangssituation vorangestellt sein. Nur erscheint es nicht sinnvoll, den historischen Abriß auf eine bloße Chronologie der Ereignisse und Entwicklungen zu reduzieren.

---

[10] Theodor Schieder: Unterschiede zwischen historischer und sozialwissenschaftlicher Methode, in: Ders./Kurt Gräubig (Hrsg.): Theorieprobleme der Geschichtswissenschaft (Wege der Forschung, Bd. 378), Darmstadt 1977, S. 377

Für die weitere Verlaufsdarstellung historischer Entwicklungen kann als heuristisches Prinzip noch das herkömmliche Grundschema – Ursache, Verlauf, Ergebnis – dienen, nicht aber das überholte metaphorische Schema – Aufstieg, Blüte, Verfall (mit den Varianten in der Literatur wie "Aufstieg und Machtentfaltung des Nationalsozialismus", "Abstieg und Wiedererblühen des deutschen Bauernstandes", "Das Dritte Reich auf dem Gipfel seiner Macht"). Solche Darstellungsprinzipien sind ungeeignet, weil daraus ein organologischer, "biologistischer" Entwicklungsbegriff spricht. Doch sollten Sie sich stets die erstgenannten Schwerpunkte historischer Entwicklung vergegenwärtigen, um so leichter lassen sich die einzelnen Kapitel gruppieren und plausibel darstellen. Allerdings ist die chronologische Verlaufsdarstellung als bestimmendes Gliederungs- und Darstellungsprinzip unzureichend: "Die chronologische Methode, die nach dem – wenn auch verfeinerten – 'und dann und dann'-Prinzip verfährt, verknüpft Geschehnisse nicht nur zeitlich miteinander, sondern stellt – wenn auch oft unbewußt – damit auch Ursache-Folge-Relationen her und verdeckt damit zuweilen auch Erklärungsebenen, die im zeitlichen Nacheinander nicht zu erfassen sind."[11] Ihr Vorzug der leichteren Verstehbarkeit – was übrigens ihre Attraktivität beim historisch interessierten Leserpublikum ausmacht – wird jedoch erkauft durch zwei gravierende Nachteile: Sie verharrt allzuoft im ereignisgeschichtlichen Fakteneklektizismus und suggeriert allzuleicht ein Geschichtsbild zwanghafter Geschehnisabläufe.

cb) Die systematische Dimension

Theoretisch und formal "quer" zur chronologischen Dimension, in der praktischen Darstellung aber nicht so stringent von ihr zu trennen, verhält sich die systematische Dimension: Sie bringt historische Erscheinungen in einen sachlogischen Erklärungszusammenhang und verdeutlicht so das Allgemeine wie das Besondere in der Spannung zwischen Konstanz und Wandel. Die sachsystematische Dimensionierung zielt also nicht

---

[11] W. Schulze: Neuere Geschichte, S. 266

mehr auf verstehbare Sinnzusammenhänge, sondern auf erklärbare Wirkungszusammenhänge ab und verlangt daher abstrahierende und strukturierende Analysen, ebenso quantifizierende Datenanalysen (z. B. Sozialprodukt- und Einkommensberechnungen). Ein instruktives Beispiel bietet Knut Borchardts Schrift "Grundriß der deutschen Wirtschaftsgeschichte" (1978). Es heißt dazu im Vorwort: "Ich habe mich dazu entschlossen, das III. Kapitel zu teilen und zunächst gleichsam die 'Ereignisgeschichte' in der Abfolge der Perioden darzustellen und dann anschließend die Tendenzen der wirtschaftlichen Entwicklung in den letzten hundert Jahren noch einmal nach systematischen Kategorien in Längsschnitten abzuhandeln."[12] Zur besseren Verdeutlichung sei hier das erwähnte Kapitel als Gliederungsauszug angefügt:

"III. Die Entwicklung seit dem ausgehenden 19. Jahrhundert

1. Die Perioden der neueren und neuesten deutschen Wirtschaftsgeschichte
a) 1871–1914	c) 1918–1933	e) 1945–1948
b) 1914–1918	d) 1933–1945	f) 1948–1975
2. Tendenzen der wirtschaftlichen Entwicklung in den letzten hundert Jahren
   a) Das Wachstum des Sozialprodukts
   b) Die Entwicklung der Arbeitsmenge und der Arbeitsproduktivität
   c) Die Entwicklung des Kapitalbestandes und der Kapitalproduktivität
   d) Der technische Fortschritt
   e) Human Capital
   f) Die Veränderung des Lenkungsmechanismus der Wirtschaft
   g) Strukturwandlungen der Wirtschaft
3. Das Zeitalter der reifen Wirtschaft"[13]

---

[12] Knut Borchardt: Grundriß der deutschen Wirtschaftsgeschichte, Göttingen 1978, S. 6
[13] K. Borchardt: Wirtschaftsgeschichte, S. 3 f.

Wie aus dem Beispiel ersichtlich, bedient sich der systematisch-analytische Zugriff generalisierender Kategorien und Konstrukte, hier z. B. des Sozialprodukt-Konstrukts, auf die hin das empirische Quellenmaterial, besser: aggregierten Datensätze analytisch aufbereitet werden. Methodisch basiert diese Forschungskonzeption meist auf quantitativen Verfahren, z. B. das Sozialprodukt-Konstrukt auf der Methodik der sog. Volkswirtschaftlichen Gesamtrechnung. Allerdings gibt das Beispiel auch einen Hinweis darauf, daß diese Konzeption nicht lediglich mit statistischen Verfahren gleichbedeutend ist: denn hinter der Bezeichnung "Zeitalter der reifen Wirtschaft" verbirgt sich das Rostowsche Stufenmodell wirtschaftlichen Wachstums.[14] Inhaltlich zielt die analytisch-systematische Kausalerklärung – wie bereits betont – nicht mehr auf eine Rekonstruktion historischen Geschehens aus subjektiven Handlungsmotiven, sondern auf objektive Bedingungsfaktoren, die individuelles Handeln ursächlich bestimmen: "Sie richtet sich auf die Macht der Umstände, in denen zeitliche Veränderungen erfolgen; sie weist systematische Konstellationen von Bedingungen der menschlichen Lebenspraxis auf, um deren historische Entwicklung einsichtig zu machen. Sie operiert mit Gesichtspunkten objektiver Zwänge, die Entscheidungsspielräume und Veränderungsrichtungen festlegen; sie rekurriert bei der Analyse komplexer Vorgänge auf 'objektive Möglichkeiten', um präzise Determinationen zu ermitteln."[15]

Tatsächlich vermittelt das Gliederungsbeispiel (K. Borchardts) diesen Eindruck; doch sind entlehnte Kategorien wie "Arbeitsmenge", "Kapitalproduktivität", "human capital", "reife Wirtschaft" usw. in ihrem Erklärungsgehalt umstritten, teilweise auch ideologieverdächtig, und überdies in der Geschichtswissenschaft nur bedingt verwendbar, weil sie den Menschen als handelndes bzw. leidendes Subjekt der Geschichte zu einem verdinglichten "Produktionsfaktor" reduzieren und da-

---

[14] Vgl. Walt Whitman Rostow: Stadien wirtschaftlichen Wachstums. Eine Alternative zur marxistischen Entwicklungstheorie, a. d. Amerik., 2. Aufl., Göttingen 1967

[15] J. Rüsen: Rekonstruktion, S. 135

her für sich genommen nur unvollkommene Vorstellungen von menschlicher Arbeits- und Lebenspraxis ermöglichen. Weitere Beispiele ließen sich auch für andere Bereiche finden, doch als Argument gegen sachsystematische Dimensionierung gelten sie nicht, vielmehr als Aufforderung, systematische Kategorien und Erklärungsmodelle nicht unkritisch zu übernehmen. Will aber historische Analyse nicht an der Oberfläche der Erscheinungen steckenbleiben, muß stets zur chronologischen die systematische Dimension hinzutreten, denn nur sie ermöglicht Struktureinsichten, Kausalverknüpfungen und Generalisierungen. Umgekehrt zeigen aber auch Rehistorisierungstendenzen in den systematischen Sozialwissenschaften, daß Theorie- und Modellbildungen ohne die historische Dimension nicht auskommen, wollen sie nicht im geschichtsfernen "Modell-Platonismus" (H. Albert) verharren. Erst die vernünftige Kombination beider Dimensionen wird der Komplexität und Mehrschichtigkeit geschichtlich-gesellschaftlicher Ereignisse, Prozesse und Strukturen gerecht (vgl. auch S. 143 ff.).

Daraus ergeben sich perspektivisch, wenigstens für historische Arbeiten, einige sinnvolle Bearbeitungsmöglichkeiten, die im konkreten Einzelfall entsprechend der jeweiligen Thematik und dem intellektuellen Anspruch des Autors durchaus variieren können. Doch hilft für die meisten Arbeitsthemen im Rahmen von Seminar- bzw. Hausarbeiten die praktische Empfehlung: Aufbau und Anlage der Hauptkapitel zunächst nach chronologischen Gesichtspunkten, weil dies der einfacheren, aber durchaus angemessenen Darstellung historischer Prozeßverläufe entgegenkommt. Die Unterkapitel sollten am besten sachsystematisch ausgerichtet sein, um inhaltliche Zusammenhänge nicht durch eine formalistische Anwendung der chronologischen Dimension auseinanderzureißen. Als Beispiel sei auf die vorangestellte Gliederung zur Imperialismusthematik verwiesen: Sie ist chronologisch in den Hauptteilen (hier nur stichwortartig: II. Ausgangssituation 1905/6, III. Wachsende Schwierigkeiten seit 1910/11, IV. Krise im Frühjahr 1914). Die Untergliederung enthält dagegen sachsystematische Gesichtspunkte und Kategorien: Handelsvertragssystem und Zolltarif, Struktur des Außenhandels und Stellung auf dem Weltmarkt,

Wirtschaftsrivalität und "pénétration pacifique", Politik der "offenen Tür" und koloniale Expansion usw. Mit solcher Dimensionierung lassen sich sowohl die sozial-ökonomischen Krisenerscheinungen vor dem Ersten Weltkrieg als auch die Ursachen und Strukturen des deutschen Vorkriegsimperialismus darstellen. Das sei ansatzweise am Beispiel des erwähnten IV. Kapitels verdeutlicht:

Beispiel eines Hauptkapitels (Auszug):

IV. Die Krise der deutschen Handelspolitik im Frühjahr 1914

Nach wachsenden Schwierigkeiten, vor allem seit 1910/11, führte die deutsche Handelspolitik im Frühjahr 1914 direkt in die Krise: Anlaß dazu war die Diskussion um die Erneuerung der Handelsverträge, die Deutschland in den Jahren 1904/05 mit den sieben europäischen Vertragsstaaten abgeschlossen hatte. Obwohl die Verträge erst Ende 1917 ausliefen — ausgenommen der deutsch-österreichische Vertrag —, hatten sich die genannten Interessengruppen vorzeitig zum "Leipziger Kartell" formiert, "um die alte Kardorff-Mehrheit von 1902 wieder zu restituieren"[16]. Der Centralverband deutscher Industrieller und der Bund der Landwirte forderten die Beibehaltung des handelspolitischen Status quo (d. h. Subventions- und Hochschutzzollpolitik). Dagegen verlangten der Hansabund und Bund der Industriellen eine weltmarktorientierte Liberalisierung der bestehenden Handelsverträge und Zolltarife. Die Kontroverse veranlaßte die Reichsregierung, ihre hinhaltende Vertragsposition aufzugeben, und so erklärte der Staatssekretär des Innern, Clemens von Delbrück, am 20. Januar 1914 im Reichstag:

"Der Zolltarif vom 25. Dezember 1902 hat in Verbindung mit den auf seiner Grundlage abgeschlossenen Tarif- und Meistbegünstigungsverträgen sowohl den Interessen des inneren Markts als auch unserem Streben nach einem erweiterten und gesicherten Auslandsabsatz Rechnung getragen. Die Reichsleitung vertritt daher nach wie vor den Standpunkt, daß unser bisheriger Zollschutz im allgemeinen

---

[16] Fritz Fischer: Krieg der Illusionen. Die deutsche Politik von 1911 bis 1914, 2. Aufl., Düsseldorf 1970, S. 527

genügt, daß er aber auch aufrechterhalten werden muß, und daß ferner die Richtung unserer Vertragspolitik im wesentlichen dieselbe bleiben muß. Insbesondere muß unserer Landwirtschaft der derzeitige Zollschutz nach wie vor erhalten werden."[17]

Die sofortige Antwort des Auslandes auf diese Erklärung blieb nicht aus: Österreich-Ungarn und Rußland forderten eine baldige Revision der Handelsverträge. Selbst der Bündnispartner sah sich durch die ungleiche Handelsentwicklung stark benachteiligt und war daher nicht bereit, die ungünstigen Bedingungen des Handelsvertrages von 1905 hinzunehmen. Vor allem aber in Rußland herrschte Verbitterung über den − infolge des russisch-japanischen Krieges − von deutscher Seite diktierten Handelsvertrag von 1904. Die Reichsduma beschloß daher am 9. April 1914 als allererste Gegenmaßnahme die Einführung eines Schutzzolls für Getreide und Hülsenfrüchte. Mit dieser Maßnahme sollte der seit 1908 stark expandierende deutsche Getreideexport abgewehrt werden, der "die russische Agrarreform durchkreuzte und den russischen Roggen sogar vom Weltmarkt verdrängte"[18]. Wie gravierend sich deutsche Schutzzoll- und Subventionspolitik auf die russische Agrarwirtschaft und den Getreidehandel auswirkte, verdeutlicht nachstehende Statistik:

Aus Tabelle 6 ist durchaus ersichtlich, daß Rußland seinen Getreidemarkt − eingedenk erntebedingter Schwankungen − zum großen Teil in Deutschland verloren hatte: Machten die Einfuhren russischen Roggens im Jahre 1906 noch rd. 516 000 t aus, so waren dies im Jahre 1912 nur noch rd. 269 000 t, hatten sich also fast um die Hälfte reduziert. Nur im Jahre 1911 erreichten die mengenmäßigen Roggeneinfuhren ungefähr das Ausgangsniveau von 1906; dagegen konnten sich die deutschen Roggenausfuhren nach Rußland in der Zeit von 1906 (72 000 t) bis 1913

---

[17] Stenographische Berichte über die Verhandlungen des Reichstags, XIII. Legislaturperiode, I. Session, Bd. 292, 195. Sitzung, 20. 1. 1914, Berlin 1914, S. 6647

[18] Dirk Stegmann: Die Erben Bismarcks. Parteien und Verbände in der Spätphase des Wilhelminischen Deutschlands. Sammlungspolitik 1897−1918, Köln/Berlin 1970, S. 434

Tabelle 6: Der Roggenhandel des Deutschen Reichs mit Rußland,
1906–1913 (Spezialhandel in 1000 t/Mill. Mark)

Jahr	Gesamte Roggen- einfuhr	davon aus Rußland		Gesamte Roggen- ausfuhr	davon nach Rußland	
	1000 t	1000 t	Mill.M	1000 t	1000 t	Mill.M
1906	648	516	58,8	243	72	8,1
1907	608	454	67,1	233	88	12,3
1908	347	258	39,0	586	142	18,9
1909	275	252	35,2	651	119	17,6
1910	390	358	39,0	820	134	19,6
1911	614	557	69,1	769	147	21,4
1912	316	269	37,1	797	114	18,4
1913	353	304	35,9	934	231	36,2

Quellen: Statistisches Jahrbuch für das Deutsche Reich, Hrsg. Kaiserliches Statistisches Amt, Berlin 1909/1914; Jg. 1909, S. 162, 218f.; Jg. 1910, S. 176, 213f.; Jg. 1912, S. 206, 246f.; Jg. 1914, S. 182, 249f.

(231 000 t) mehr als verdreifachen, wertmäßig sogar vervierfachen. Damit hatte sich das Deutsche Reich paradoxerweise vom einstigen Abnehmerland russischen Roggens zum zweitgrößen Roggenausfuhrland und starken Exportkonkurrenten Rußlands entwickelt. Das aber hieß nach Hans-Ulrich Wehler: "Die Gesamtwirtschaft wurde künstlich nicht nur mit der Erhaltung, sondern sogar mit dem Ausbau des Getreidesektors belastet ... Die im strengen Wortsinn politisch reaktionäre Klasse verlängerte durch partielle Anpassung an die Modernisierung – z. B. durch die virtuose Ausnutzung ihres Einflusses auf die außenhandelspolitische Gesetzgebung, aber auch durch die gesteigerte Effizienz der Bewirtschaftung – ihre Lebensdauer und Herrschaft auf Kosten der unbestrittenen Mehrheit der Bürger."[19] Hier hatte das System hoher Getreidezölle dem ostelbischen Großgrundbesitz seine Monopolstellung auf dem Inlandsmarkt

---

[19] Hans-Ulrich Wehler: Das Deutsche Kaiserreich (Deutsche Geschichte, Bd. 9), 6. Aufl., Göttingen 1988, S. 56

erhalten und ihm auch unter dem Anreiz von verdeckten Exportprämien die Möglichkeit geschaffen, den Getreideanbau zu forcieren und die Überschüsse ins Ausland zu exportieren. Die hochentwickelte deutsche Mühlenindustrie brachte die Ernteüberschüsse als Getreidemehl überwiegend auf die europäischen Auslandsmärkte und bereitete dadurch dem russischen Getreidehandel starke Einbußen.

Die russische Agrarwirtschaft verlangte daher eine radikale Änderung des Handels- und Zolltarifvertrages, vor allem aber die Abschaffung des deutschen "Einfuhrscheinsystems"[20] − das als indirekte Exportprämie preisdrückend nach außen wirkte. Allein mit Hilfe der Getreideeinfuhrscheine hätten die deutschen Agrarier jährlich rd. 100 Mill. Mark[21] am russischen Getreide verdient, indem sie die importierten Mengen großenteils wieder auf Rußlands traditionellen Absatzmärkten in Skandinavien verkauften. Besonders aber in Polen, Livland und Finnland spielte deutscher "Prämienroggen" − wie es bereits in einer zeitgenössischen Studie hieß − die "Rolle vernichtender Konkurrenz wie ehemals russischer Roggen in Deutschland"[22]. Angesichts dieser Entwicklung betrieb die russische Regierung seit dem Sommer 1913 die Zollvereinigung mit Finnland, die den deutschen Getreideexport zu beeinträchtigen drohte. Doch mehr noch fürchteten die deutschen Agrarier den angedrohten russischen Einfuhrzoll für Roggen und Mehl, machte doch der nach Rußland exportierte Roggen (231 000 t) ein Viertel der Gesamtausfuhren (934 000 t) des Jahres 1913 aus. Tatsächlich traten dann am 12. Juni 1914 die russischen Getreidezölle als Abwehrmaßnahme in Kraft. Außerdem waren noch weitere Pressionsmittel vorgesehen, die vor allem den ostelbischen Großgrundbesitz zu treffen drohten; aber "auch der ostdeutsche

---

[20] Vgl. Friedrich Beckmann: Einfuhrscheinsysteme, Karlsruhe 1911; sowie Gottfried Junge: Die Getreideeinfuhrscheine im Rahmen unserer Schutzzollpolitik, Berlin 1912

[21] Vgl. D. Stegmann: Erben Bismarcks, S. 205

[22] Friedrich Beckmann: Die Entwicklung des deutsch-russischen Getreideverkehrs unter den Handelsverträgen von 1894 und 1904, in: Jahrbücher für Nationalökonomie und Statistik, Bd. 46 (1913), S. 156

Getreidehandel stand vor einer wirtschaftlichen Katastrophe, beruhte seine Existenz doch auf der Beibehaltung des Status quo"[23]. Die deutsche Industrie sah sich wiederum existentiell gefährdet durch die angedrohten russischen Gegenmaßnahmen, z. B. deutsche Industrieerzeugnisse mit höheren Einfuhrzöllen zu belegen oder große Staatsaufträge vorrangig an die Ententé-Mächte England und Frankreich zu vergeben. Fortan bestimmten handelspolitische Kampfparolen vom "zweiten Zollkrieg" gegen Rußland die weitere Vertragsdiskussion, verstärkt durch die politisch-ideologische Warnung vor der "russischen bzw. slawischen Gefahr".[24]

Die krisenhafte Zuspitzung im Frühjahr 1914 machte den eklatanten Widerspruch deutscher Handelspolitik deutlich: Neben einer exportorientierten Fertigwarenindustrie, deren wirtschaftliches Wachstums- und Expansionsinteresse auf eine liberale Zoll- und Handelspolitik angewiesen war, bestand zugleich eine schutzzollbedürftige, aber durch rigorose Bündnis- und Sammlungspolitik gestützte Agrarwirtschaft, die ihre überaus starke gesellschaftliche Stellung nur mit Hilfe staatlicher Interventionen (z. B. Subventions- und Hochschutzzollpolitik) halten konnte. Dieser antagonistische Widerspruch von industriewirtschaftlichen Expansions- und agrarwirtschaftlichen Schutzzollinteressen "wurde zu Beginn des Jahres 1914 ebensowenig gelöst wie in den Jahren zuvor"[25].

d) Der Schlußteil

Die Funktion des Schlußteils ergibt sich aus der Logik des Untersuchungsgangs: Hier sollen Sie die eingangs formulierten Arbeitsfragen wieder aufgreifen und zu beantworten suchen, die

---

[23] D. Stegmann: Erben Bismarcks, S. 436
[24] Vgl. F. Fischer: Krieg der Illusionen, S. 542 ff.; dagegen Wolfgang J. Mommsen: Der Topos vom unvermeidlichen Krieg. Außenpolitik und öffentliche Meinung im Deutschen Reich im letzten Jahrzehnt vor 1914, in: Jost Dülffer/Karl Holl (Hrsg.): Bereit zum Krieg. Kriegsmentalität im wilhelminischen Deutschland 1890–1914. Beiträge zur historischen Friedensforschung, Göttingen 1986, S. 210 ff.
[25] F. Fischer: Krieg der Illusionen, S. 531

Ergebnisse der Arbeit – am besten thesenförmig – zusammenfassen und in größere Zusammenhänge einreihen. Mit anderen Worten: Im Schlußteil sollen Sie das Fazit aus dem gesamten wissenschaftlichen Arbeitsprozeß ziehen und nicht nur vereinzelte Teilergebnisse herausstellen oder gar weitere Teiluntersuchungen durchführen. Ein Blick in die monographische Literatur zeigt sonst aber, daß sich fast alle Autoren größere Freiheiten in der Ausgestaltung des Schlußteils nehmen. Sie können also je nach Anlage der Arbeit und nach individuellem Temperament entscheiden, ob Sie eine kurze Zusammenfassung der Teilergebnisse oder eine knappe Darstellung der Abschlußthesen, darüber hinaus einen Hinweis auf noch ungelöste Forschungsprobleme oder einen Ausblick auf die weitere historische Entwicklung bzw. Nachwirkung geben wollen. Wie auch immer, eine abschließende Würdigung sollte das Arbeitsthema schon erfahren. Erwartet wird vor allem eine eigene wissenschaftlich fundierte Urteilsbildung und Stellungnahme zu den Geltungsansprüchen der erzielten Untersuchungsergebnisse. Dabei sollten Sie überzogene Wertungen und spekulative Äußerungen vermeiden, weil sie die Aussagekraft der Untersuchungsergebnisse beeinträchtigen können.

Dies sei abschließend an einem Beispiel demonstriert: In einer jüngst publizierten "Fallstudie über die Geschichtsschreibung zum Deutschen Kaiserreich von 1871–1918", die sich anhand von "konkreten Beispielen aus den Werken Hans-Ulrich Wehlers und Golo Manns" insbesondere mit der Frage befassen will, "inwieweit sich die unterschiedlichen theoretischen und methodischen Überzeugungen dieser Historiker auch in Unterschieden in ihrer historiographischen Arbeitsweise spiegeln", findet sich hernach das erstaunliche Untersuchungsergebnis: "Während Mann in erster Linie beschreibt und vor allem erzählt, will Wehler davon nichts wissen und interpretiert lieber. Das hängt, wie wir gesehen haben, mit seiner Theorieorientierung zusammen, also mit einer methodischen Ausrichtung, auf die ich in dieser Arbeit nur am Rande eingegangen bin. Überhaupt zeigen sich hier: in den Dingen, die in dieser Arbeit eine geringe oder auch gar keine Rolle spielten, die wirklich bedeutenden Unterschiede zwischen Wehler und Mann" (Frankfurt/M. 1991,

S. 278, 311). Wer vermag solcher Argumentation noch zu folgen? Daher empfiehlt sich, vor der endgültigen Niederschrift des Schlußteils noch einmal die nötige Distanz für ein (selbst-) kritisches Urteil zu wahren.

5. Kategorien und Verfahren der historischen Analyse

Historische Arbeiten können heute nicht mehr bestehen, wenn sie einfach nur einen Sachverhalt "kontemplativ" erzählen. In dieser Hinsicht ist die Geschichtswissenschaft durch die Konfrontation mit den systematischen Sozialwissenschaften methodisch und inhaltlich anspruchsvoller geworden. Theorie und Abstraktion gehören seither ebenso zur historischen Erkenntnisbildung wie narrative Darstellung, also das Erzählen von Vorgängen, Berichten von Fakten im Zeitkontinuum – auch wenn die Verbindung von historischer und systematischer Analyse noch erkenntnistheoretische wie forschungspraktische Probleme aufwirft.[26]

a) Theorie und Abstraktion

Nach Jahrzehnten des Defizits an theoretischer und abstrahierender Durchdringung historischer Stoffe wird es für die gegenwärtige Geschichtswissenschaft um so wichtiger, ein sinnvolles Gleichgewicht zwischen Darlegung historischer Fakten und ihrer theoretischen Verknüpfung zu gewinnen. So glaubte die traditionelle deutsche Geschichtsschreibung, abgesehen von einigen axiomatischen Grundannahmen eher ideologischer Natur, ohne das auskommen zu können, was innerhalb der Geistes- und Sozialwissenschaften sinnvoll als Theorie zu verstehen ist – ein explizites und konsistentes Hypothesen- und Kategoriensystem zur Erschließung und Erklärung komplexer Sachverhalte.[27]

---

[26] Vgl. dazu den Abschnitt "Verstehensprinzip und Erklärungsverfahren", unten S. 143–148; sowie Christian Meier/Jörn Rüsen (Hrsg.): Historische Methode (Beiträge zur Historik, Bd. 5), München 1988

[27] Vgl. Jürgen Kocka (Hrsg.): Theorien in der Praxis des Historikers. Forschungsbeispiele und ihre Diskussion (Geschichte und Gesell-

Eine (geschichts-)wissenschaftliche Theorie dient somit der abstrahierenden Interpretation von Erfahrungstatsachen (Fakten) durch wissenschaftliche Annahmen (Hypothesen) zur systematischen Erschließung und Erklärung historischer Wirklichkeit. Als wissenschaftlich gelten Hypothesen nur, soweit sie durch plausible Indizien empirisch gestützt sind. Theorie und Empirie sollen mithin in der Geschichtswissenschaft stets in einem Verhältnis wechselseitiger Abhängigkeit und Überprüfbarkeit stehen. Nur in dieser engen Wechselbeziehung ist eine empirisch begründete Theorie, aber auch theoretisch geleitete Empirie möglich. Die gegenwärtige Historiographie ist allerdings von diesem Ziel noch ein Stück entfernt. Doch scheint sich die Forderung des Sozialhistorikers Jürgen Kocka nach einem theoretischen Bezugsrahmen für gesamtgesellschaftliche Analysen durchzusetzen: "Dieser theoretische Bezugsrahmen sollte folgende fünf Aufgaben erfüllen:

Erstens sollte er Kriterien zur Auswahl des Untersuchenswerten, zur Selektion der 'wesentlichen' Quelleninformationen und damit zur Abgrenzung des Gegenstands bereitstellen ... *Zweitens* sollte ein solcher theoretischer Rahmen überprüfbare Hypothesen zur Verknüpfung der untersuchten Wirklichkeitsbereiche bereitstellen ... *Drittens* sollte ein solcher Bezugsrahmen Hinweise zur angemessenen Periodisierung geben, die sowohl der zu untersuchenden Sache wie den verfolgten Erkenntniszielen entspricht ... Wenn eine Theorie diese drei Funktionen erfüllt, dann kann sie im Prinzip auch *viertens* die begrifflichen Instrumente für synchrone und diachrone Vergleiche zwischen Gesellschaften bereitstellen ... *Fünftens* muß von solchen umfassenden Theorien gefordert werden, daß sie sich mit zusätzlichen, auf gesellschaftliche Teilprobleme gerichteten, spezielleren Theorien und Erklärungsmustern vereinbaren lassen ..."[28]

Theorieanwendung in solchem Verständnis orientiert sich überwiegend an pragmatischen Erfordernissen historiographischen Arbeitens, hat also mehr "instrumentellen" Charakter.

---

schaft, Sonderheft 3), Göttingen 1977, S. 10 und 178; sowie Hans-Ulrich Wehler: Anwendung von Theorien in der Geschichtswissenschaft, in: Jürgen Kocka/Thomas Nipperdey (Hrsg.): Theorie und Erzählung in der Geschichte (Beiträge zur Historik, Bd. 3), München 1979, S. 17f.

[28] Jürgen Kocka: Sozialgeschichte. Begriff-Entwicklung-Probleme, 2. Aufl., Göttingen 1986, S. 100f.

Gleichwohl sind Theorien nicht nur Instrumente zur Steuerung der historischen Analyse; vielmehr ist auch das Ergebnis eines Forschungsprozesses wieder Theorie und Abstraktion – "Abziehen" von Details, Distanzierung von konkreten Einzelheiten, um Sinnzusammenhänge und Regelmäßigkeiten zwischen den Einzelerscheinungen festzustellen, deren Ursachen und Bedingungen zu erklären und gleichsam in einen begrifflichen Rahmen der historischen Wirklichkeit einzufügen. Als Beispiel sei auf den Begriff des "Idealtypus" verwiesen, wie ihn Max Weber geprägt hat: Ein Idealtypus (z. B. charismatischer Herrschaftstyp, Adelsgesellschaft, kapitalistischer Unternehmer, mittelalterliche Stadtwirtschaft) läßt sich durch gedankliche Abstraktion aus der Wirklichkeit gewinnen, indem konstitutive Merkmale vorfindlicher Einzelphänomene einseitig überhöht und zu einer gedanklich reinen ("idealen") Konstruktion zusammengefaßt werden. Dazu heißt es weiter bei M. Weber: "In seiner begrifflichen Reinheit ist dieses Gedankenbild nirgends in der Wirklichkeit empirisch vorfindbar, es ist eine *Utopie,* und für die *historische* Arbeit erwächst die Aufgabe, in jedem *einzelnen Falle* festzustellen, wie nahe oder wie fern die Wirklichkeit jenem Idealbilde steht …"[29] Um etwaigen Mißverständnissen vorzubeugen, sei ausdrücklich betont, daß es M. Weber nicht darum geht, idealtypische Wesensbegriffe zu realen Antriebskräften zu hypostasieren, sondern konsistente und widerspruchsfreie "Gedankengebilde" im Sinne idealer "Grenzbegriffe" zu konstruieren, um historische Wirklichkeit daran zu messen und vergleichend zu deuten. Mit der Bildung und Modifizierung solch idealtypischer Konstruktionen ist jedoch die vielzitierte "Theoriebedürftigkeit"[30] der Geschichtswissen-

---

[29] Max Weber: Die "Objektivität" sozialwissenschaftlicher und sozialpolitischer Erkenntnis, in: Ders.: Gesammelte Aufsätze zur Wissenschaftslehre, Hrsg. Johannes Winckelmann, 7. Aufl., Tübingen 1988, S. 191

[30] Vgl. Reinhart Koselleck: Über die Theoriebedürftigkeit der Geschichtswissenschaft, in: Werner Conze (Hrsg.): Theorie der Geschichtswissenschaft und Praxis des Geschichtsunterrichts, Stuttgart 1972, S. 10–28; wiederabgedruckt in: Th. Schieder/K. Gräubig (Hrsg.): Theorieprobleme, S. 37–59

schaft keineswegs behoben, doch kann daran schon der Geschichtsstudent exemplarisch die Notwendigkeit expliziten Theoretisierens erfahren − als Voraussetzung für die ständige Vermittlung von Geschichte und Theorie, von historisch-verstehender und systematisch-erklärender Analyse.

b) Grundkategorien

Historische Kategorien − verstanden als allgemeinste Aussage- und Begriffsformen − dienen als "Denkregister" (J. G. Droysen) bzw. Deutungsmuster zur rationalen Erschließung und Erklärung historischer Wirklichkeit. Entsprechend bezeichnen sie "allgemeine zeitliche Zusammenhänge von Sachverhalten, aufgrund deren sie allererst als geschichtliche Sachverhalte erkennbar werden"[31]. Daneben ist für die Geschichtswissenschaft − wie für alle Geistes- und Sozialwissenschaften − die kategoriale Unterscheidung zwischen Anspruch und Wirklichkeit, Teil und Ganzem, Subjekt und Objekt, Ursache und Wirkung (Kausalitätsprinzip), Mehrdimensionalität und Wechselwirkung, Multiperspektivität (Spektrum) und Standpunktbezogenheit zur sachlichen Analyse und Darstellung unentbehrlich.[32]

Die Kategorien aus dem Bereich herkömmlicher Geschichtswissenschaft gewinnen erst durch dialektisches Denken einen neuen, tieferen Sinn: Alles historische Geschehen vollzieht sich in der Spannung zwischen Beharren und Veränderung, Dauer und Wandel, Kontinuität und Diskontinuität, Fortschritt und Tradition (oder auch Rückschritt), Entwicklung (mit ihrem Gegenüber: Individualität), Evolution und Revolution, machmal auch Devolution (Gegenläufigkeit von Entwicklungen), schließlich zwischen Ereignis, Prozeß und Struktur, sowie Raum und Zeit. Dazu heißt es noch bei Johann Gustav Droysen: "Aber diese allgemeinsten Anschauungen Raum und Zeit sind leer, solange sie nicht einen diskreten Inhalt dadurch bekommen, daß

---

[31] J. Rüsen: Rekonstruktion, S. 81
[32] Vgl. noch Max Webers grundlegenden Kategorienaufsatz: "Über einige Kategorien der verstehenden Soziologie", in: Ders.: Gesammelte Aufsätze, S. 427−488

wir sie durch das Nebeneinander und Nacheinander der Einzelheiten bestimmen und füllen. Das Nacheinander und Nebeneinander bestimmen heißt die Einzelheiten in Raum und Zeit unterscheiden, heißt nicht bloß sagen, daß sie sind, sondern was sie da sind."[33] So wichtig situative Konkretion für das historische Zeit-Raum-Verständnis ist, so wenig kann sie diese metahistorische Kategorie allein ausfüllen. Denn die kategoriale Beschränkung auf "Einzelheiten in Raum und Zeit" reduziert den Geschichtsverlauf auf eine eindimensionale Zeitabfolge mehr oder minder zufallsbedingter Einzelerscheinungen, deren individueller Sinnzusammenhang nur verstehender Interpretation, nicht aber kausaler Erklärung zugänglich ist. Historisches Geschehen läßt sich jedoch sinnvoll nur aus einem spannungsreichen Handlungs- und Wirkungszusammenhang von situativen Ereignissen, längerfristigen Prozessen und dauerhaften, doch veränderbaren Strukturen begreifen (vgl. auch S. 137 ff.).

Dem neueren Verständnis von Geschichte als "Historische Sozialwissenschaft"[34], d. h. als einer an der historischen Dimension orientierten Sozialwissenschaft, dienen die Grundkategorien: Arbeit, Macht, Herrschaft, Interesse, Ideologie, Gesellschaft(-formation), Klassen, Konflikt, Rolle, Status, Mobilität, Stratifikation (Schichtung), Sozialstruktur, Partizipation und Emanzipation. Diese Kategorien sind teilweise den systematischen Sozialwissenschaften, teilweise der historisch-materialistischen Gesellschaftsgeschichte entlehnt und in ein sozio-historisches Kategoriensystem transponiert, um eine umfassende Analyse und Interpretation von gesellschaftlichen Prozessen, materiellen Grundstrukturen und sozialen (Klassen-)Verhältnissen zu ermöglichen. Eine solche gesamtgesellschaftliche, genauer: gesellschaftsgeschichtliche Betrachtung bedeutet nach Manfred Hahn "nicht die gern behauptete Beleidigung des Individuums, aber die Absage an die Geschichte isolierter Individuen und die Hinwendung zu Kollektiven, die in dem Ganzen

---

[33] J. G. Droysen: Historik, S. 9 (in Abwandlungen S. 326 und 410)
[34] Vgl. dazu die Einführungsschrift von Hans-Ulrich Wehler: Geschichte als Historische Sozialwissenschaft, 3. Aufl., Frankfurt/M. 1980

verfaßt sind, zu Prozessen, deren Subjekt Kollektive sind"[35]. Danach wird also das überkommene Individualitätsprinzip, im traditionellen Verständnis noch bestimmende Kategorie, in einen gesellschaftlichen Gesamtrahmen gestellt, um der Verflochtenheit individuellen Handelns mit materiellen Produktionsstrukturen, sozialen Bewegungen und politischen Gruppierungen Rechnung zu tragen – ohne allerdings die kategorialen Wechselbeziehungen zwischen Individuum und Kollektiv sowie zwischen Persönlichkeit und Sozialstruktur geringzuschätzen. Insgesamt manifestiert sich darin die bewußte Abkehr moderner Historiographie von der traditionellen personen- und ereignisgeschichtlichen Darstellung und die Hinwendung zur struktur- und gesellschaftsgeschichtlichen Betrachtungsweise.

c) Periodisierung

Ein herkömmliches Instrument historischer Analyse ist die Periodisierung: Als Gliederung historischer Epochen und Prozesse dient sie vor allem der chronologischen Durchdringung komplexer Geschehensverläufe. Darüber hinaus hilft sie bei der praktischen Strukturierung von Arbeitsthemen, indem sie die Fülle historischer Phänomene in überschaubare Zeitabschnitte unterteilt und in einen zeitlich(-sachlichen) Gliederungszusammenhang stellt.[36]

Als Leitlinie zur Erarbeitung einer Periodisierung fungieren bei tradierter Vorgehensweise – je nach Thematik – universal- oder nationalgeschichtliche Epochen und Zäsuren, Kontinuitäten und Diskontinuitäten, Traditionen und Brüche. Innerhalb

---

[35] Manfred Hahn: Historiker und Klassen. Zur Grundlegung einer Geschichte der bürgerlichen Gesellschaft, Frankfurt/New York 1976, S. 77

[36] Zur einführenden Lektüre: Vgl. Ursula A. J. Becher: Art. "Periodisierung", in: Handbuch der Geschichtsdidaktik, Hrsg. Klaus Bergmann u. a., 3. Aufl., Düsseldorf 1985, S. 93–98; dazu die Übersicht "Neuere Vorschläge zur Epochendatierung und Epochenkennzeichnung", in: Wolfgang Zorn: Einführung in die Wirtschafts- und Sozialgeschichte des Mittelalters und der Neuzeit. Probleme und Methoden, 2. Aufl., München 1974, S. 116–121

dieses zeitlichen Orientierungsrahmens gewinnt dann jedes Untersuchungsthema seine Eigenbedeutung. Dazu nennt das Einführungswerk Wilhelm Bauers noch die drei Grundsätze: "1. Jede Periode muß objektiv, d. h. aus den geschichtlichen Tatsachen oder Anschauungen der Zeit selbst gewonnen sein ... 2. Jede Periode muß ein in sich natürliches, wohlabgerundetes und abgegrenztes Ganzes bilden ... 3. Die Gesichtspunkte für die Scheidung nach Perioden müssen einheitlicher Natur sein ..."[37] Doch lassen sich Einteilungskriterien nicht allein aus dem historischen Gegenstand ableiten; vielmehr sind sie abhängig vom erkenntnisleitenden Bearbeitungsinteresse. Daher kann sich die zeitliche Gliederung eines Arbeitsthemas nicht einfach aus der begrenzten Materialbasis ergeben, sondern muß sich – wie dies Jürgen Kocka in dem eingangs erwähnten Bezugsrahmen fordert – an übergeordneten theoretischen Gesichtspunkten und Zusammenhängen orientieren. Das sei an einem Beispiel verdeutlicht: "Frauenarbeit und Frauenemanzipation um die Jahrhundertwende" ist das Thema einer Examensarbeit, die sich vornehmlich auf die amtlichen Berufserhebungen aus den Jahren 1882, 1895 und 1907 stützt, die Zeit danach aber wegen vermeintlich fehlender Materiallage ganz ausspart – mithin nicht berücksichtigt, daß die deutsche Frauenbewegung des späten 19. Jahrhunderts – als Teil der sozialen Bewegung betrachtet – erst mit dem Ersten Weltkrieg einen vorläufigen Abschluß fand; wobei noch zu fragen wäre, ob nicht diese Zäsur unter dem Aspekt der Frauenarbeit im Kriege besser erst mit Kriegsende anzusetzen wäre. Das Beispiel deutet zugleich an, daß die an der politischen Geschichte orientierte Periodisierung bei historischen Großkonflikten oft auch sozial- oder wirtschaftshistorische Themenbereiche tangiert. Daher erscheint es überaus problematisch, wenn das bereits erwähnte wirtschaftsgeschichtliche Periodisierungsbeispiel den Ersten Weltkrieg vom Zeitalter des Imperialismus abtrennt und somit jede ökonomisch bedingte Kontinuität und Kausalität auflöst (vgl. S. 117).

Gegen die meist vorherrschende europazentrierte Periodisierung wird zu Recht eingewandt, daß sie außereuropäische Völ-

---

[37] W. Bauer: Studium der Geschichte, S. 115

ker und Kulturen nicht genügend berücksichtige.[38] So erscheint gerade die aus humanistischer Bildungstradition herrührende Epocheneinteilung − Altertum, Mittelalter, Neuzeit − als universalgeschichtliche Periodisierung problematisch, ist aber noch fest im allgemeinen Geschichtsverständnis verwurzelt. Die alternative sozialgeschichtliche Periodisierung − Urgeschichte, Hochkulturen, moderne Welt − vernachlässigt jedoch, ebenso wie die tradierte Epocheneinteilung, die sog. "Gleichzeitigkeit des Ungleichzeitigen" (E. Bloch) in universalgeschichtlichen Prozessen: So halten sich ältere Epochenmerkmale noch jeweils (über-)regional in jüngeren Epochen, so daß es zur Koexistenz, oft aber zur Konfrontation unterschiedlicher Epochen- und Sozialstrukturen kommt. Die wirtschaftsgeschichtliche Periodisierung − vorindustrielle, industrielle, evtl. noch nachindustrielle Gesellschaft − thematisiert zwar den Zukunftsaspekt als zulässige wie notwendige Kategorie der Geschichte, wirkt sonst aber nicht überzeugend, denn sie reduziert die sog."vorindustrielle" Epoche zum bloßen Vorstadium der Industrialisierung. Das marxistische Strukturierungsschema − Urgesellschaft, Sklavenhaltergesellschaft, Feudalismus, Kapitalismus, Sozialismus und Kommunismus − basiert auf der Annahme einer gesetzmäßigen Stufenfolge der sozial-ökonomischen Gesellschaftsformationen, wobei unterstellt wird, daß alle Völker und Nationen − früher oder später − diese Entwicklungsstufen gesetzmäßig durchlaufen und nur in Ausnahmefällen von der strikten Stufenfolge abweichen können. Diesen generellen Nachweis bleibt das marxistische Periodisierungsschema aber im weltgeschichtlichen Rahmen schuldig und erscheint daher aus undogmatischer Sicht nur als heuristisches Schema verwendbar.

Die angedeuteten Schwierigkeiten solcher Periodisierungsversuche sprechen jedoch nicht grundsätzlich gegen eine zeitli-

---

[38] Sehr anregend Bodo von Borries: Abschied von Euro- und Ethnozentrismus? Zu Bedeutung und Gestaltung von Unterricht über Kolonialgeschichte, in: GPD, 15. Jg. (1987), S. 179−194; vgl. noch Ernst Schulin (Hrsg.): Universalgeschichte (NWB, Bd. 72), Köln 1974

che Gliederung. Allerdings weist der Historiker Winfried Schulze darauf hin, daß die moderne Geschichtswissenschaft immer mehr dazu tendiere, unabhängig von tradierten Epocheneinteilungen problemorientierte Prozeßanalysen in den Blickpunkt des Forschungsinteresses zu stellen; denn fast alle modernen Forschungskonzepte seien Prozeßbegriffe – Modernisierung, Industrialisierung usw. – und daraus folge: "daß in der konkreten Forschung viel eher vom Problem der 'Prozessualisierung' als von 'Periodisierung' gesprochen werden sollte. So ergäbe sich die Chance, Gegenstände in ihrer historischen Veränderung zu erkennen und sich nicht durch Epochengrenzen ablenken zu lassen."[39]

d) Historische Begriffe

Historische Begriffe sollen Erscheinungen der Vergangenheit für ein gegenwärtiges Sprach- und Geschichtsverständnis "begreifbar" machen – sind also nicht nur sprachliches Verständigungsmittel, sondern auch Ziel jeder begriffskritischen Erkenntnisbildung (d. h. einen untersuchten Gegenstand "auf den Begriff" bringen). Die Notwendigkeit abstrahierender Begrifflichkeit ist in der modernen Historiographie unbestritten, weil nicht durch "dichte Beschreibung" (C. Geertz) oder narrative Darstellung zu ersetzen. Doch unverkennbar dominieren in der Geschichtswissenschaft noch sog. "Individualbegriffe" – die auf einer relativ niedrigen Abstraktionsstufe angesiedelt sind (z. B. "Alexanderreich", "Renaissance", "Westfälischer Friede").[40]

---

[39] W. Schulze: Neuere Geschichte, S. 22
[40] Zur einführenden Lektüre: Vgl. Joachim Rohlfes: Beobachtungen zur Begriffsbildung in der Geschichtswissenschaft, in: Eberhard Jäkkel/Ernst Weymar (Hrsg.): Die Funktion der Geschichte in unserer Zeit, Stuttgart 1975, S. 59–73; sowie Reinhart Koselleck: Sozialgeschichte und Begriffsgeschichte, in: Wolfgang Schieder/Volker Sellin (Hrsg.): Sozialgeschichte in Deutschland. Entwicklungen und Perspektiven im internationalen Zusammenhang, Bd. 1: Die Sozialgeschichte innerhalb der Geschichtswissenschaft, Göttingen 1986, S. 89–109

Überwiegend entstammen historische Begriffe der Zeit selbst, wurden also von Zeitgenossen gebraucht (z. B. "Revolution", "industrielle Revolution", "Konservative", "Weltpolitik"), oder sie werden zur Charakterisierung von geschichtlichen Entwicklungen und Sachverhalten erst nachträglich geprägt (z. B. "Hellenismus", "Völkerwanderung"/"invasion des barbares", "Souveränität", "Absolutismus"). Ältere Individualbegriffe änderten ihre Bedeutung – aus einem Herrschereigennamen wurde ein Herrschertitel (bekanntes Beispiel: "Caesar" – "Kaiser"/ "Zar") oder ein Allgemeinbegriff zur Kennzeichnung von Herrschaftsformen (z. B. "Caesarismus", "Bonapartismus", "Stalinismus"). Andere Allgemeinbegriffe sind eng mit dem Entstehen von Gruppierungen verknüpft – "Protestantismus" (von der "protestatio" reformatorisch gesinnter Reichsstände auf dem Reichstag in Speyer von 1529), "Liberalismus" (von der spanischen Verfassung von Cadiz, 1812), "Chartisten" (von der People's Charta, 1837). Schließlich veränderten sich Begriffe sprachlich und weisen in der Urform auf den historischen Ursprung von Gruppierungen und Bewegungen – "Ketzer" aus (griech.) "Katharoi" = "Die Reinen"; "Geusen" aus (franz.) "gueux" = "Bettler"; umgekehrt vollzogen manche ältere Begriffe einen Bedeutungswandel, ohne daß sich die Worte verändert hätten (z. B. "Demokratie", "Staat", "Republik").

Mit dieser Aufzählung ist das Spektrum historischer Begriffsbildung keineswegs umrissen. Doch soviel wird daran deutlich: Der Historiker muß sich umfassend über Herkunft und Entwicklung von historisch-empirischen Begriffen orientieren, um sich deren Zeit- und Standortgebundenheit zu vergegenwärtigen.[41] So enthalten empirische Begriffe latente Interpretationen, implizite Bewertungen und verschleierte Ideologien. Eine begriffskritische Analyse und wissenschaftliche Weiterentwicklung historischer Begrifflichkeit gehört daher zu jeder geschichtswissenschaftlichen Arbeit. Dabei sollten also histori-

---

[41] Zur Information über historische Begriffe unentbehrlich: Otto Brunner/Werner Conze/Reinhart Koselleck (Hrsg.): Geschichtliche Grundbegriffe. Historisches Lexikon zur politisch-sozialen Sprache in Deutschland, 7 Bde. und 1 Reg.-Bd., Stuttgart 1972/1992

sche Begriffe gerade nicht vorschnell auf ihre Individualität heruntergestuft werden; denn nach Reinhart Koselleck belehren uns Begriffe "nicht nur über die Einmaligkeit vergangener Bedeutungen (für uns), sondern enthalten strukturale Möglichkeiten, thematisieren Gleichzeitigkeiten im Ungleichzeitigen, die nicht auf die reine Zeitabfolge der Geschichte reduziert werden können"[42]. Bei der thematischen Konkretisierung genereller Begriffe und Kategorien (z. B. "Gesellschaft", "Revolution", "Imperialismus") ist aber jeweils genau die Modifizierung zu treffen, die den untersuchten Sachverhalt angemessen widerspiegelt. Sonst kommt es leicht zu Verzeichnungen oder gar vergröbernden Aussagen.

Gleichwohl stößt auch noch so ernsthaftes Bemühen um sachangemessene Begrifflichkeit bei polemisch eingefärbten Begriffen ("Sozialfaschismus", "Totalitarismus", "Monopolkapitalismus") auf schwer überwindbare (Sprach-)Barrieren.[43] Bisweilen hilft dann noch die explizit ausgewiesene und differenzierte Anwendung historisch-politischer Begriffe. So läßt sich der vielzitierte Vorwurf des "Separatismus", z. B. gegen Konrad Adenauer seit den 20er Jahren, durch den korrekten Gebrauch der beiden Schlüsselbegriffe "Autonomie" und "Souveränität" versachlichen: Zunächst gilt es, den Unterschied zwischen Autonomie und Souveränität einerseits, den Inhalt der politischen Intention Adenauers in der konkreten Situation andererseits exakt festzuhalten und daraus die korrekten terminologischen Konsequenzen zu ziehen: Nach dem Ersten Weltkrieg gab es im Rheinland unterschiedliche Strömungen – Loslösung (Sezession) des Rheinlandes vom Deutschen Reich überhaupt mit dem Ziel, einen formal souveränen (unabhängigen), tatsächlich aber von Frankreich abhängigen Staat zu gründen; sowie Loslösung des Rheinlandes von Preußen zu einem autonomen Bundesland innerhalb des Reiches. Die erste Strömung läßt sich

---

[42] Reinhart Koselleck: Darstellung, Ereignis und Struktur, in: Gerhard Schulz (Hrsg.): Geschichte heute. Positionen, Tendenzen und Probleme, Göttingen 1973, S. 314

[43] Vgl. auch den Abschnitt "Begriffs- und Wortwahl", unten S. 149–152; sowie Karl Dietrich Bracher: Zeitgeschichtliche Kontroversen. Um Faschismus, Totalitarismus, Demokratie, 4. Aufl., München 1980

(positiv-wohlwollend) als Unabhängigkeitsbewegung, (kritisch-distanzierend) als Sezessionismus oder (polemisch-aggressiv) als Separatismus bezeichnen; die Vertreter der zweiten Strömung tragen die korrekte Bezeichnung "Autonomisten". Aufgrund bestehender Quellenlage war K. Adenauer 1919 und 1923 für die Schaffung eines neuen Landes Rheinland außerhalb Preußens, aber innerhalb des Reiches, war also "Autonomist" und nicht "Sezessionist", daher auch nicht "Separatist".[44] Entsprechende begriffliche Trennschärfe muß auch — ungeachtet vorschneller tagespolitischer Klassifizierungen — für gegenwärtige Autonomiebestrebungen und Freiheitsbewegungen in Osteuropa und der sog. "Dritten Welt" gelten.

e) Historische Mechanismen

Die Bezeichnung "historische Mechanismen" steht für relativ konstante, d. h. im Prinzip überdauernde oder wiederkehrende Handlungsbedingungen und Wirkungszusammenhänge, ist aber noch kein festumrissener Terminus wie der sinnverwandte Begriff "historische Gesetzmäßigkeiten", und bedeutet hier vor allem das regelhafte resp. "gesetzmäßige" Ineinandergreifen von Ereignissen, Prozessen und Strukturen.[45]

Grundlegend für jede historische Analyse ist das Begriffspaar "Struktur" und "Prozeß": "Struktur" (vom Lat.: "struere" = "errichten", "bauen") ist das moderne Gegenstück zum älteren Begriff "Gefüge" oder "Ordnung" und bezeichnet das überindividuelle und überdauernde innere Geflecht kollektiver (Sozial-)

---

[44] Vgl. Karl Dietrich Erdmann: Adenauer in der Rheinlandpolitik nach dem Ersten Weltkrieg, Stuttgart 1966; dagegen Henning Köhler: Adenauer und die rheinische Republik. Der erste Anlauf 1918–1924, Opladen 1986

[45] Vgl. dazu Christoph Friedrich: Aus Geschehen wird Geschichte. "Ereignis", "Struktur" und "Prozeß" in der Geschichtswissenschaft, in: Funk-Kolleg Geschichte, Bd. 1, Hrsg. Werner Conze/Karl-Georg Faber/August Nitschke, Frankfurt/M. 1981, S. 288–310; sowie Karl-Georg Faber/Christian Meier (Hrsg.): Historische Prozesse (Beiträge zur Historik, Bd. 2), München 1978 (ein entsprechender Band über historische Strukturen innerhalb dieser jetzt abgeschlossenen Reihe liegt merkwürdigerweise nicht vor)

Gebilde mit ihren Herrschafts- und Wechselbeziehungen. "Struktur" ist daher eine unentbehrliche Kategorie für jeden historischen Querschnitt, beinhaltet aber auch die Analyse der "langen Zeitabläufe" (F. Braudel). "Prozeß" (vom Lat.: "procedere" = "voranschreiten") ist die moderne, dialektisch gewendete Variante von "Entwicklung", zielt stärker auf das komplizierte und spannungsreiche Aufeinander- und Gegeneinanderwirken zahlreicher Faktoren in einer langfristigen Entwicklung (z. B. Zivilisations-, Industrialisierungs-, Demokratisierungsprozeß). "Prozeß" betont daher die dynamische Dimension im Zeitkontinuum, ist grundlegend für jeden komplexeren historischen Längsschnitt. Doch erst beides – "Struktur" und "Prozeß", systematisierender Querschnitt eher statischen Charakters und entwicklungsgeschichtlich orientierter Längsschnitt eher dynamischen Charakters – ermöglicht eine umfassende und befriedigende Analyse historischen Geschehens. Ein anschauliches Beispiel für überdauernde Bedingungs- und Wirkungszusammenhänge von historischen Prozessen und gesellschaftlichen Strukturen nennt Norbert Elias:

"Der gesellschaftliche Prozeß, die Tatsache, daß eine Gesellschaft mit vielen relativ gleich großen Macht- und Besitzeinheiten bei starkem Konkurrenzdruck zur Vergrößerung einiger Weniger und schließlich zu einer Monopolbildung tendiert, ist von … Zufällen weitgehend unabhängig; sie können eine beschleunigende oder verlangsamende Wirkung auf diesen Prozeß haben. Aber gleichgültig, wer der Monopolist ist, daß es früher oder später zu einer solchen Monopolbildung kommt, hat – mindestens unter den bisherigen Aufbaubedingungen der Gesellschaft – einen sehr hohen Grad von Wahrscheinlichkeit. Man würde diese Feststellung vielleicht in der Sprache der exakten Naturwissenschaft ein 'Gesetz' nennen." [Und dazu erläuternd:] "Allgemeine Gesetzmäßigkeiten, wie der Monopolmechanismus und alle anderen allgemeinen Beziehungsgesetzmäßigkeiten, … stellen nicht das Endziel oder die Krönung der geschichtlich-gesellschaftlichen Forschungsarbeit dar, sondern die Einsicht in solche Gesetzmäßigkeiten ist fruchtbar als ein Mittel zu einem anderen Endziel, als Mittel der Orientierung des Menschen über sich und seine Welt. Ihr Wert liegt einzig in ihrer Funktion für den Aufschluß des geschichtlichen Wandels."[46]

---

[46] Norbert Elias: Über den Prozeß der Zivilisation. Soziogenetische und psychogenetische Untersuchungen, Bd. 2: Wandlungen der Ge-

Ein weiterer grundlegender Mechanismus ergibt sich aus dem universalen historischen Phänomen der "Expansion": Für Bildung und Zerfall von imperialen Machtstrukturen und Expansionsprozessen sind ökonomische Motive, und wenn nur auf vergleichsweise primitiver Ebene, in allen historischen Epochen unabweisbar – Kontrolle von Land für agrarische Produktion, von Handels- und Verkehrswegen zur Machtausdehnung; Unterwerfung von Menschen zur ökonomischen Ausbeutung, zur Vergrößerung des Rekrutierungspotentials für militärische Zwecke, z. B. für Eroberungs- und Plünderungskriege. Bei der historischen Analyse von Expansionsprozessen und imperialen Machtstrukturen ist jedoch stets das komplexe Ineinandergreifen von internen und externen Faktoren zu berücksichtigen: Der ersten staatlichen Zusammenfassung zu nationalen oder imperialen Strukturen gingen interne Konflikte zwischen den Herrschenden voraus, die sich entweder unter der Bedrohung von außen defensiv oder mit der Aussicht auf Machtausweitung durch Eroberung offensiv zusammenschlossen. Der historische Mechanismus blieb aber gleich: Ableitung innerer Spannungen und Konflikte nach außen. Sobald der militärische und ökonomische "Erfolg" früher oder später aufhörte, zerfiel auch die Einigkeit. Der Zusammenhang zwischen dem Scheitern einer Expansion und dem Aufbrechen innergesellschaftlicher (Klassen-) Konflikte ist unübersehbar.

Damit wird zugleich deutlich, daß der historische Expansionsmechanismus von elementaren sozialen Mechanismen abhängt – und wesentlich in der Struktur eines gesellschaftlichen Herrschafts- und Klassenverhältnisses begründet liegt, wie sich auch am Beispiel des deutschen "Sozialimperialismus" zeigen läßt (ohne dabei die Begriffe "Expansion" und "Imperialismus" gleichsetzen zu wollen): Zur Stabilisierung des imperialistischen Herrschaftssystems lenkte die etablierte preußisch-deutsche Klasse innergesellschaftliche Spannungen, die sich aus umwälzenden Veränderungen der ökonomischen Basis infolge des industriekapitalistischen Modernisierungsprozesses ergaben, an

sellschaft. Entwurf zu einer Theorie der Zivilisation, 15. Aufl., Frankfurt/M. 1990, S. 134 f. und 471 f. (Anm. 81)

die Peripherie und setzte sie in eine krisendynamische Außenpolitik um.[47] Die Kenntnis solcher Mechanismen hilft dem Historiker, die sonst nur schwer überschaubaren Ereignisse und Vorgänge in der Geschichte kritisch zu hinterfragen und auf grundlegende gesellschaftliche Antriebskräfte, Prozesse und Strukturen zurückzuführen.

f) Vergleichende Verfahren

Die Forderung nach Generalisierung konkretisiert sich in historischen Vergleichen: "Die zunehmende Vergleichung ersetzt das fehlende Experiment, läßt die Abstufung gradueller Zunahme gewisser kausaler Faktoren erkennen, konstatiert die Wahrscheinlichkeit gleicher Ursachen, gibt allein das Mittel an die Hand, die großen sozialen und wirtschaftlichen Bewegungen und Veränderungen mit einiger Wahrscheinlichkeit vorauszusehen."[48] Die Geschichtswissenschaft ist daher besonders bei makrohistorischen Deutungen auf vergleichende Verfahren angewiesen; doch gehört die komparative Forschung – außerhalb der meist quantitativ-vergleichenden Sozial- und Wirtschaftsgeschichte – noch zu den weniger entwickelten Bereichen.[49] Gleichwohl sind einige grundsätzliche Überlegungen möglich: Vergleichende Verfahren lassen sich nur auf inhaltlich Vergleichbares, d. h. meist Ähnliches bzw. Analoges anwenden. Entsprechend fragen sie nach Übereinstimmung und/oder Verschiedenheit der Vergleichsobjekte. Danach ist ein Vergleich methodisch nur möglich, soweit ein gemeinsamer Vergleichspunkt bzw. -maßstab ("tertium comparationis") gegeben ist, der sich auf hi-

---

[47] Vgl. noch Willibald Gutsche: Monopole, Staat und Expansion vor 1914. Zum Funktionsmechanismus zwischen Industriemetropolen, Großbanken und Staatsorganen in der Außenpolitik des Deutschen Reiches 1897 bis Sommer 1914, Berlin 1986

[48] Gustav Schmoller: Über einige Grundfragen der Sozialpolitik und der Volkswirtschaftslehre, S. 319, zitiert nach: Winfried Schulze: Soziologie und Geschichtswissenschaft. Einführung in die Probleme der Kooperation beider Wissenschaften, München 1974, S. 39

[49] Vgl. Jürgen Kocka: Probleme einer europäischen Geschichte in komparativer Absicht, in: Ders.: Geschichte und Aufklärung. Aufsätze, Göttingen 1989, S. 21–28

storisch aufweisbare Sinneinheiten und Wirkungszusammenhänge, nicht eben auf äußere Ähnlichkeiten der Vergleichsobjekte beziehen soll.

Sinnvolle Vergleiche von Ähnlichem (entsprechend Verschiedenem) sind denkbar auf der gleichen Zeitebene, z. B. bei Prozeßverläufen − Reformation in England, Skandinavien, Deutschland; Entwicklung bürgerlicher und sozialistischer Parteien; Industrialisierung in Europa und in den USA − oder auf der Ebene eines Strukturprinzips, z. B. quer durch verschiedene Epochen − Großreiche in der Antike, im Mittelalter und in der Neuzeit; Sklaverei in der Antike und in der Neuzeit; Stände/Parlamente in Spätmittelalter/früher Neuzeit und Parlamente in der jüngeren Neuzeit. Ob synchroner oder diachroner Vergleich, immer aber ist die Vergleichbarkeit von Prozeß- und Strukturmerkmalen zu beachten und durch explizite Kategorien und empirisch überprüfbare Kriterien herzustellen.[50] Dabei sind stets verbindende wie trennende Faktoren herauszuarbeiten, die oft sogar nur gemeinsame Prinzipien modifizieren. Gerade deren inhaltliche Nähe kann Spannungen erzeugen, die leicht den Blick für die historische Realität trüben. Eine vertiefende Analyse, verbunden mit einem Perspektivenwechsel, läßt dann unter Umständen erkennen, daß es − über den konträren Gegenstand hinaus − übergeordnete Gemeinsamkeiten geben kann. So streiten Parteien und Interessengruppen oft nur scheinbar um Prinzipien. Tatsächlich handelt es sich nur um Nuancen eines Prinzips oder um die vermeintlich beste Methode seiner Umsetzung in die politische Praxis.

In der Debatte um den Ersten Weltkrieg ist der Konflikt zwischen den Annexionisten (3. OHL, Alldeutsche) und der Regierung um Bethmann Hollweg ("Mitteleuropa") ein gutes Beispiel: Hinter der schrillen Polemik, fortgesetzt in der historisch-

---

[50] Vgl. dazu Hans-Jürgen Puhle: Theorien in der Praxis des vergleichenden Historikers, in: J. Kocka/Th. Nipperdey (Hrsg.): Theorie und Erzählung, S. 119−136; sowie Franz Hampl/Ingomar Weiler (Hrsg.): Vergleichende Geschichtswissenschaft. Methode, Ertrag und ihr Beitrag zur Universalgeschichte (Erträge der Forschung, Bd. 88), Darmstadt 1978

politischen Debatte nach dem Ersten Weltkrieg, über Befürwortung oder Ablehnung konkreter Annexionsziele, schält sich die grundsätzliche Gemeinsamkeit beider Gruppierungen heraus – Machtsteigerung des Reichs nach außen, wozu beide Seiten der Kontroverse allerdings unterschiedliche Konsequenzen nach innen zogen – die Annexionisten chauvinistisch-reaktionäre, die flexibleren Expansionisten konservativ-gemäßigtere Konsequenzen. Beide Richtungen waren jedoch davon überzeugt, daß jeweils die eigene Position und Durchsetzungsmethode für das Reich die "bessere" sei, während die der Gegenseite den Interessen des Reichs nur schade. Entsprechende Analogien finden sich bei genauerer Betrachtung auch in zeitgeschichtlichen wie tagespolitischen Ereignissen und Vorgängen.

Bei aller Nützlichkeit vergleichender Verfahren sind ihre Grenzen dort angezeigt, wo historische Erscheinungen mehr oder minder willkürlich aus jeweiligen Prozeß- oder Strukturzusammenhängen herausgelöst und nur formale Analogien konstruiert werden – eben dies ist auch das Fazit Hans-Ulrich Wehlers aus dem sog. "Historikerstreit"[51]:

"Wird der geschichtswissenschaftliche Vergleich ... ernstgenommen, mithin nicht von vornherein in den Dienst durchsichtiger politischer Zwecke gestellt, müssen bei einem synchronen Vergleich die Vergleichsgrößen 'stimmig' sein. Deutschland muß, heißt das in diesem Zusammenhang, in erster Linie mit westlichen Ländern verglichen, an den politischen Normen, den rechts- und verfassungsstaatlichen Traditionen, den Werten des Christentums, des Humanismus und der Aufklärung – kurz: an dem mühsam erreichten zivilisatorischen Evolutionsniveau des okzidentalen Kulturkreises, dem es angehört, gemessen werden. Entscheidet man sich dagegen für den ungleich schwierigeren diachronen Vergleich, ist höchste Wachsamkeit geboten. Die Gemetzel, welche die Stammeskrieger Idi Amins oder die Roten Khmer Pol Pots mit modernen Waffen vollzogen haben, sind für einen Vergleich mit der industrialisierten Vernichtungsmaschinerie des 'Dritten Reiches' denkbar ungeeignet. Aber Pol Pot und andere barbarische Diktatoren schienen jetzt geradezu zupaß zu kommen, um die Allgegenwart des Terrors, als anthropologische Kon-

---

[51] Vgl. dazu den Sammelband: "Historikerstreit". Die Dokumentation der Kontroverse um die Einzigartigkeit der nationalsozialistischen Judenvernichtung, München 1987

stante, gegen die Singularität des Nationalsozialismus ausspielen zu können."[52]

Historisch-kritisches Vergleichen ist eben nicht identisch mit ideologischem Gleichsetzen. Überhaupt sind historisch-politische Verfassungs- und Gesellschaftsvergleiche erst sinnvoll und ertragreich, wenn sie über die ideenpolitische Analyse hinausreichen und die jeweils konkreten Entstehungs- und Entwicklungsbedingungen der Verfassungs- bzw. Gesellschaftswirklichkeit mit einbeziehen (vgl. dazu Klausurthema "Bonn/Weimar", S. 50 ff.).

g) Verstehensprinzip und Erklärungsverfahren

Einem erkenntnistheoretisch zentralen Problem muß sich jeder Geschichtsstudent stellen, und je bewußter er das tut, um so eher kann er die Spannung zwischen zwei unvereinbar erscheinenden methodischen Gegensätzen lösen und in der praktischen Forschungsarbeit umsetzen: Gemeint sind die beiden Prinzipien historischen Erkennens − "Verstehen" und "Erklären". Diese beiden grundlegenden Prinzipien sollen abschließend noch einmal zusammenfassend dargestellt werden, weil auch der Geschichtsstudent bei seiner Forschungsarbeit stets vor dem Problem steht, beide Verfahren so anzuwenden, daß sie sich gegenseitig für eine umfassende historische Analyse ergänzen.[53]

Die moderne Geschichtswissenschaft unterscheidet bei der Methodenkonzeption zwischen Sinnverstehen ("Hermeneutik") und empirischer Kausalerklärung ("Szientistik" bzw. "Analytik").[54] Die in den traditionellen historischen Geisteswissen-

---

[52] Hans-Ulrich Wehler: Entsorgung der deutschen Vergangenheit? Ein polemischer Essay zum "Historikerstreit", München 1988, S. 168

[53] Für diesen Abschnitt danke ich meinem Kollegen Stephan Fuchs, der den Beitrag − hervorgegangen aus dem im Vorwort erwähnten gemeinsamen Projekt "Kaiserreich und Erster Weltkrieg" − für die erste Auflage erarbeitet hatte. Der Abschnitt wurde nunmehr von mir für den vorliegenden didaktischen Zweck umgestaltet.

[54] Vgl. dazu Karl-Otto Apel: Szientistik, Hermeneutik, Ideologiekritik. Entwurf einer Wissenschaftslehre in erkenntnisanthropologischer Sicht, in: Th. Schieder/K. Gräubig (Hrsg.): Theorieprobleme, S. 1−36

schaften ("Historismus") des 19. Jahrhunderts ausgebildete Erkenntnisform hermeneutischen Sinnverstehens[55], ursprünglich nur als subjektives Vermögen der intuitiven "Einfühlung" in die Zeitverbundenheit der geschichtlichen Akteure konzipiert, ist vor allem von Max Weber für die methodische Begründung der historischen Handlungswissenschaften systematisiert worden. Aufgabe der verstehenden Methode ist nach M. Weber die "Erfassung des *Sinnzusammenhangs,* in den, seinem subjektiv gemeinten Sinn nach, ein aktuell verständliches Handeln hineingehört"[56].

Hermeneutisch angeleitetes Sinnverstehen zielt darauf ab, historisches Geschehen aus den kulturell vermittelten symbolischen Motiven, Vorstellungen und pragmatischen Interessen der handelnden Akteure heraus zu interpretieren. Demnach werden historische Ereignisse und Prozesse anhand der geschichtlichen Quellen aus der Perspektive der jeweils Beteiligten rekonstruiert. Der interpretierende, "verstehende" Historiker fragt also danach, wie die Handelnden selbst ihre Situation gedeutet, welche Motive und Absichten sie selbst ihren Handlungen zugeschrieben haben − kurz: er interpretiert Geschichte so, wie es die historischen Akteure selbst tun. Dieser methodische Ansatz, für lange Zeit das in der Geschichtswissenschaft allein praktizierte Verfahren, hat für den konkreten Forschungsprozeß bedeutsame Folgen: Es wird implizit ein philosophisches Geschichtsbild unterstellt, das den Geschichtsprozeß als allseits transparenten, von den Individuen vollständig beherrschbaren und ihnen stets durchsichtigen Sinn-Zusammenhang (miß-)versteht.

Mit einem weiteren Problem des hermeneutischen Verfahrens ist der Historiker nicht nur geschichtsphilosophisch, sondern auch in seiner praktischen Forschungsarbeit ständig konfron-

---

[55] Grundlegend für Geschichte des Historismus, Hermeneutik und verstehende Methode: Hans-Georg Gadamer: Wahrheit und Methode. Grundzüge einer philosophischen Hermeneutik, 6. Aufl., Tübingen 1990

[56] Max Weber: Wirtschaft und Gesellschaft. Grundriß der verstehenden Soziologie. Studienausgabe, Hrsg. Johannes Winckelmann, 5. Aufl., Tübingen 1976, S. 4

144

tiert: Die geschichtlichen Akteure können sich – bewußt oder unbewußt – über die wirklichen Motive ihres Handelns täuschen; sie können ihren situativen Handlungskontext falsch interpretieren und die sinnstiftenden, handlungsorientierenden Wertmuster der kulturellen Überlieferung unangemessen deuten. Mithin kann sich in den historischen Quellen ein irriges Selbstverständnis einzelner Individuen und sozialer Gruppen niederschlagen, das mit den Mitteln der philologisch-hermeneutischen Textkritik im engeren Sinn nicht allein mehr zu dechiffrieren ist. In diesen Fällen bindet sich der ausschließlich hermeneutisch interpretierende Historiker an die ideologisch verzerrten Selbstzeugnisse der Handelnden. Er verfügt dann über kein gesichertes kritisches Verfahren, um den Wahrheitsgehalt solcher Selbstdeutungen verläßlich überprüfen zu können.[57]

Das folgende historiographische Beispiel verdeutlicht, daß die Erklärungskraft historischer Urteile und die Objektivität sinnverstehender Interpretationen durch eine allzu ausschließlich hermeneutische Bindung an das Selbstbild geschichtlicher Akteure erheblich beeinträchtigt, sogar aufgehoben werden kann: In seiner Polemik gegen die schon mehrfach erwähnte "Fischer-These", wonach die deutsche Reichsleitung während des Ersten Weltkriegs expansionistische Kriegsziele verfolgt habe, argumentiert der Historiker Golo Mann, daß allein schon die charakterlichen Eigenschaften des damaligen Reichskanzlers Bethmann Hollweg einen kriegszielpolitischen Expansionismus seitens der Reichsleitung überhaupt nicht ermöglicht hätten: "Die Frage wäre hier, wie ein Politiker eigentlich zu beurteilen sei. Nach den allgemeinen Vorstellungen, die er im Laufe der Jahre mit seiner Person verband, nach dem Typus, den er prägte, den Assoziationen rings um seinen Namen, oder aber nach diesem oder jenem geheimen Schriftsatz, unter den er, ein ehrenhafter, von der Geschichte jammervoll überforderter Bürokrat, in einem Moment der Schwäche seinen Namen setzte ... Er war konziliant und schwach, zu schwach, um ganz wahrhaf-

[57] Vgl. zu dieser Problematik Jürgen Habermas: Theorie des kommunikativen Handelns, Bd. 1: Handlungsrationalität und gesellschaftliche Rationalisierung, Frankfurt/M. 1981, S. 152–203

tig zu sein, gutmütig und beifallsüchtig, er wollte sich oben halten und es allen recht machen."[58]

Aus diesem Beispiel wird ersichtlich, wie das Prinzip historischen Verstehens zu einem personalistischen Geschichtsbild, zu einer nachträglichen Rechtfertigung, gar apologetischen Entschuldigung der "Großen Männer" in der Geschichte und zu einer bloß psychologisierenden Charakterstudie führen kann. Nachdrücklich demonstriert das Zitat – wenn auch vom Autor anders intendiert – die forschungspraktische Relevanz, die methodische Fragen für den professionellen Historiker wie für den Geschichtsstudenten besitzen: Eine unzureichende Methodenreflexion führt gleichsam "unter der Hand" zu bestimmten Vor-Urteilen über die Bedeutung historischer Sachverhalte. Aus diesen Gründen darf sich die historische Methode nicht in der hermeneutischen Explikation von subjektiv sinnhaften Handlungsmotiven erschöpfen: "Der Historiker wird sich … bei seinen Erklärungen nicht auf eine das hermeneutische Sinnverständnis einschließende Logik des Handelns beschränken können. Denn der historische Zusammenhang geht nicht in dem auf, was die Menschen wechselseitig intendieren. Die motivierten Handlungen sind in einem naturwüchsigen Kontext verschlungen, der durch subjektiv vermeinten Sinn vermittelt, aber nicht gestiftet ist. Daher kann sich der Historiker nicht auf die 'Innenseite der Ereignisse' beschränken …; er muß auch den kausalen Zusammenhang analysieren, in den die Intentionen verstrickt sind."[59] Der Geschichtsstudent muß daher wie jeder historisch arbeitende Wissenschaftler bemüht sein, das eher individualisierende Verstehensprinzip durch generalisierende Erklärungsverfahren zu ergänzen, wie sie vor allem in der Soziologie entwickelt und inzwischen auch in der Historischen Sozialwissenschaft forschungspraktisch umgesetzt worden sind.[60]

---

[58] Golo Mann: Der Griff nach der Weltmacht, in: Ernst Wilhelm Lynar (Hrsg.): Deutsche Kriegsziele 1914–1918. Eine Diskussion, Frankfurt/Berlin 1964, S. 189 f.

[59] Jürgen Habermas: Zur Logik der Sozialwissenschaften. Materialien, Frankfurt/M. 1970, S. 116

[60] Vgl. dazu Ernst Topitsch (Hrsg.): Logik der Sozialwissenschaften, 6. Aufl., Köln/Berlin 1970; sowie Reinhard Rürup (Hrsg.): Histori-

Im Gegensatz zum hermeneutischen Sinnverstehen zielen solche empirischen Kausalerklärungen nicht auf eine Rekonstruktion der geschichtlichen Wirklichkeit aus den sinnhaften Handlungsperspektiven der Akteure, sondern auf objektive Strukturen und Prozesse, die individuelles und soziales Handeln ursächlich bestimmen. Die empirische Analyse von ökonomischen Strukturen und gesellschaftlichen (Klassen-)Verhältnissen, sozialen Konflikten und politischen Revolutionen überfordert das hermeneutische Sinnverstehen, das nur kulturell überlieferten Sinn und subjektiv bewußte Handlungsmotive interpretieren kann. Weil die sozialökonomischen Grundstrukturen der Gesellschaft nicht in den Interpretationen aufgehen, die sich die Menschen von ihnen machen, weil sie als "materielle" Ursachen die Ebene dessen überschreiten, was den einzelnen als Handlungsmotiv sinnhaft gegenwärtig ist, können sie nur mit den objektivierenden Methoden kausaler Erklärung angemessen analysiert werden. Das sei wiederum an einem Beispiel aus dem Bereich des Ersten Weltkriegs verdeutlicht. Der Wirtschaftshistoriker Gerd Hardach führt den Ausbruch des Ersten Weltkriegs auf die imperialistische Krisendynamik des kapitalistischen Welthandels zurück: "Die Exportrivalität der führenden Industriemächte zeigt, daß das äußerlich stabile und aus liberaler Sicht harmonische weltwirtschaftliche System erheblichen Spannungen ausgesetzt war. Ein Konfliktbereich von mindestens ebenso großer Bedeutung war die steigende Rivalität der Großmächte um die wirtschaftliche Ausbeutung der Welt, die ... mit dem Begriff des 'Imperialismus' der ganzen Epoche den Namen gegeben hat. Die nicht-industrialisierten 'Primärländer' waren als Rohstoffquellen, als Absatzmärkte für Industriewaren und als Einflußsphäre für Kapitalexporte in die kapitalistische Weltwirtschaft integriert."[61]

Solche objektiv wirksamen Struktur- und Prozeßfaktoren, die den beteiligten Akteuren – wie aus dem obigen Zitat hervorgeht

---

sche Sozialwissenschaft. Beiträge zur Einführung in die Forschungspraxis, Göttingen 1977

[61] Gerd Hardach: Der Erste Weltkrieg 1914–1918 (Geschichte der Weltwirtschaft im 20. Jahrhundert, Bd. 2), München 1973, S. 14

– gar nicht als Sinnmotive bewußt wurden, können auch nicht hermeneutisch interpretiert, sondern nur kausal-empirisch analysiert werden; denn sie stellen eben "materielle" Ursachenkomplexe dar. Wie diese zu analysieren sind, wurde im einzelnen bereits dargelegt; doch welche Erkenntnismöglichkeiten wie Risiken sich damit verbinden können – das hat gleichermaßen die Studie George Hallgartens[62] über den Vorkriegsimperialismus gezeigt: "Hier werden die offiziellen Beweggründe der Politiker gewissermaßen ignoriert und statt dessen die nachweisbaren Bedürfnisse der an Absatzmärkten interessierten Großindustrie als Kausalfaktoren eingesetzt."[63] Beides – Handlungsmotive wie Ursachenkomplexe – kann der Historiker jedoch nur berücksichtigen, wenn er hermeneutisches Sinnverstehen und kausalanalytisches Erklären in seiner Forschungs- und Deutungspraxis miteinander kombiniert und dadurch monokausale Argumentationen umgeht. Zum einen kann er es dann vermeiden, die geschichtliche Wirklichkeit in die scheinbare Transparenz eines subjektiv bewußt erzeugten und sprachlich verfügbaren Sinnzusammenhanges, letztlich in ideelle "Kultur" aufzulösen. Zum anderen umgeht er die Gefahr, die objektiven sozialen und ökonomischen Verhältnisse isoliert, ohne ihren bestimmenden Einfluß auf das Handeln der gesellschaftlichen Individuen und Gruppen zu untersuchen. Um nicht schon durch unreflektiertes Methodenbewußtsein spätere, in der Forschungsarbeit auftretende inhaltliche Fehlurteile und einseitige Deutungen zu präjudizieren, muß der Geschichtsstudent beiden methodischen Prinzipien ihr relatives Recht einräumen. Nur eine historische Methodenkonzeption, die Erklärungsverfahren und Verstehensprinzip gleichermaßen einbezieht, kann dem Idealismus einer übertriebenen Hermeneutik ebenso begegnen wie dem Objektivismus ausschließlich empirischer, kausaler Analysen.

---

[62] Vgl. George W. F. Hallgarten: Imperialismus vor 1914. Die soziologischen Grundlagen der Außenpolitik europäischer Großmächte vor dem Ersten Weltkrieg, 2 Bde., 2. Aufl., München 1963

[63] K.-O. Apel: Szientistik, in: Th. Schieder/K. Gräubig (Hrsg.): Theorieprobleme, S. 32

IV. Fachsprache und Darstellungsformen

Die Anfertigung wissenschaftlicher Arbeiten dient nicht nur der eigenen Selbstverständigung und Ausbildung, sondern erfüllt im Wissenschaftsprozeß auch eine wichtige didaktisch-kommunikative Funktion: Die Ergebnisse der Untersuchung müssen dem Leser verständlich dargestellt und alle wissenschaftlichen Aussagen intersubjektiv überprüfbar sein – als Voraussetzung geschichtswissenschaftlichen Arbeitens überhaupt. Daher werden im folgenden neben Fachsprache und Darstellungsformen auch eingehend Zitiertechniken behandelt.

1. Historische Fachsprache

Der Zwang oder die Chance für den Historiker, sich möglichst (allgemein-)verständlich und gegenstandsnah auszudrücken, leitet zur Sprache der Historie über: Geschichtswissenschaftliche Darstellungen sollen sprachlich präzis gehalten sein, denn eine ungenaue oder redundante Diktion irritiert den Leser und behindert den Lern- und Kommunikationsprozeß.[1]

a) Begriffs- und Wortwahl

Jede wissenschaftliche Kommunikation verlangt nach sachangemessener Begrifflichkeit. In der Geschichtswissenschaft sind besonders Begriffe aus dem Bereich von Theorie und Methode eng definiert (z. B. Quellenbegriff, Verstehensbegriff). Sonst entstammen geschichtswissenschaftliche Begriffe überwiegend der politisch-sozialen Umgangs- und Quellensprache. Es ist daraus nach Theodor Schieder zu schließen, "daß die Geschichtswissenschaft in ihrer Begrifflichkeit und in ihrem Wortschatz keine ihr eigene Fachsprache entwickelt hat, ja daß, abgesehen von einigen zentralen Begriffen, eine gewisse Beliebigkeit in der Verwendung von Begriffen anderer Wissenschaften und

---

[1] Vgl. dazu Kapitel "Zur Sprache der Historie", in: Karl-Georg Faber: Theorie der Geschichtswissenschaft, 5. Aufl., München 1982, S. 147–182; sowie Wolfgang J. Mommsen: Die Sprache des Historikers, in: HZ, Bd. 238 (1984), S. 57–81

der Literatur festzustellen ist"[2]. Inzwischen zeichnet sich jedoch die geschichtswissenschaftliche Fachliteratur durch einen zunehmenden Anteil sozialwissenschaftlicher Begrifflichkeit aus. So sehr aber die moderne Geschichtswissenschaft auf die Übernahme generalisierender Begriffe, Kategorien und Konstrukte aus den systematischen Sozialwissenschaften angewiesen sein mag, "so wenig" kann sie auch als Historische Sozialwissenschaft "mit zeitlich nicht genauer bestimmten Kategorien und Bezügen anfangen"[3]. Der Historiker muß daher auch weiterhin in der Lage sein, sozialwissenschaftliche Begriffe und Modelle auf ihren Geltungssinn "in der Zeit" zu befragen und wenn nötig: in einem zeitlich definierten Rahmen zu verwenden. Daraus läßt sich jedoch für die Anfertigung geschichtswissenschaftlicher Arbeiten kein selbstgefälliger Verzicht auf abstrahierende und generalisierende Begrifflichkeit ableiten. Nur kommt es nicht darauf an, den wissenschaftlichen Anspruch der Untersuchung durch allzu komplizierte Wortverbindungen, gar modernistische (neologistische) Sprachschöpfungen hervorzuheben. Wissenschaftliches Reflexions- und Ausdrucksvermögen bemißt sich nach anderen Kriterien: "klare, möglichst eindeutige und Mißverständnisse verhindernde Ausdrucksformen zu wählen, also benutzte Zentralbegriffe, die nicht eindeutig festgelegt sind, zu definieren (auch wenn es umständlich ist)."[4] Darauf kommt es vor allem an.

Wichtige Arbeitsbegriffe sollten bereits in der Einleitung problematisiert, spätestens im theoretisch-begrifflichen Rahmenkapitel definiert sein; doch ist es nicht sinnvoll, die Arbeit mit einer bloßen Aneinanderreihung von einzelnen Begriffserklärungen einzuleiten. Die Definition von untergeordneten Begriffen erfolgt erst in den Kapiteln, in denen mit ihnen gearbeitet werden

---

[2] Th. Schieder/K. Gräubig (Hrsg.): Theorieprobleme, Einleitung des Mitherausgebers Schieder, S. 32

[3] R. Rürup (Hrsg.): Historische Sozialwissenschaft, Einleitung des Herausgebers, S. 8

[4] Jürgen Kocka: Deutsche Identität und historischer Vergleich. Nach dem "Historikerstreit", in: Aus Politik und Zeitgeschichte. Beilage zu "Das Parlament", B 40–41/88, S. 17 (vgl. dort auch einige Regeln des geschichtswissenschaftlichen Diskurses)

soll. Bei entlehnten Definitionen ist genau zu unterscheiden, ob es sich um eine extensive oder restriktive Begriffsbestimmung handelt. Konsequent beherzigt, könnte die jeweils korrekte Unterscheidung mancherlei Unklarheiten und Mißverständnisse vermeiden, gerade in wissenschaftlichen Prüfungsarbeiten. Erlaubt sei daher noch ein Hinweis auf weitere Fehlerquellen: Benutzte Fachbegriffe sind nicht eindeutig bestimmt, einmal definierte Begriffe nicht konsequent beibehalten, suggestive oder ideologieträchtige Begriffe nicht "hinterfragt" (z. B. Begriffe und Bezeichnungen wie "Kolonialerwerbungen", "Mutterland", "Schutztruppen"). Selbst unverfängliche Begriffe und Bezeichnungen, unbedacht in einen anderen historischen Zusammenhang gestellt, können sich unversehens ins Gegenteil verkehren: "Fabrikant", "Referendar", "Rentner" sind nur einige Beispiele dafür.[5]

Grundsätzlich darf sich aber der Historiker seine Begriffs- und Wortwahl nicht von der in Quellen benutzten Sprache aufzwingen lassen. Das wird zwar am Beispiel propagandistischer und faschistischer Quellentexte sehr schnell deutlich, doch ist eine suggestive Quellensprache nicht immer gleich als solche auf Anhieb erkennbar. Insofern liegt hier ein "Übersetzungsproblem subtilster Art" (Th. Schieder) vor: So hat schon ein scheinbar harmloses Wort wie "Erfolg" seine Tücken. "Erfolg" ist meist relativ – nämlich im Verhältnis zum "Mißerfolg" der Gegenseite zu sehen. "Erfolg" suggeriert unterschwellig eine Identifizierung mit der Seite des "Erfolgs". Daher sollten Sie stets nach der Legitimierung politisch-sozialen Handelns fragen und zwischen "Erfolg" einer Person/Gruppe einerseits und gesellschaftlichen Auswirkungen andererseits unterscheiden. Wer sol-

---

[5] Vgl. W. Zorn: Wirtschafts- und Sozialgeschichte, S. 30: "Ein berühmtes Beispiel ist der Titel 'Referendar', heute ein Beamtenanwärter im Vorbereitungsdienst, im fränkischen Frühmittelalter der höchste Hofbeamte der Königskanzlei. 'Gulden' ist im 15. Jh. eine Goldmünze, im 17. Jh. eine Silbermünze. Noch im 18. Jh. bedeutet für die Wirtschaftsgeschichte 'Fabrik' u. U. ein loses Verlagsunternehmen von Heimhandwerkern, noch im 19. Jh. 'Fabrikant' einen Facharbeiter, 'Rentner' noch bei Lenin einen reichen, privatisierenden Kapitalzinsverzehrer."

che Unterscheidungen nicht trifft, muß sich darüber im klaren sein, daß er – gewollt oder ungewollt – mit der referierten Quellenaussage identifiziert wird. Ebenso problematisch werden Begriffe und Bezeichnungen, wenn sie bereits – nicht immer ohne weiteres erkennbar – negative Wertungen enthalten, zumindest für die so Bezeichneten: Angehörige des Islam empfinden die Bezeichnung "Mohammedaner" (mit Ableitungen wie "Mohammedanismus", "mohammedanisch", vor allem in älterer Literatur) als Abwertung ihres Monotheismus. Die korrekte Bezeichnung ist "Muslim" (entsprechend "muslimisch", "islamisch"). Auch hat die historisch negativ belegte Bezeichnung "Judentum" für Juden selbst einen pejorativen, antisemitischen Beiklang. Die einzig korrekte Bezeichnung ist "Judenheit" (im Engl.: "Jewry"). Im Umgang mit diesen und ähnlichen Fällen gilt daher der Grundsatz, daß eine pejorative Quellensprache im Wortlaut des Zitats zwar nicht verändert, aber in eigener Resümierung und Kommentierung auch nicht verwendet werden darf und durch angemessene Begriffs- und Wortwahl zu ersetzen ist.

b) Aussagen und Hypothesen

Besondere Sorgfalt ist auf die sprachlich korrekte Unterscheidung von quellenkritisch abgesicherten Tatsachenaussagen und noch unbewiesenen Annahmen (Hypothesen) zu verwenden, denn über den Status von Aussagen darf es beim Leser keinen Zweifel geben. Da aber die quellenkritisch ermittelten Fakten nicht bloß aneinandergereiht, sondern interpretierend zu Zusammenhängen zusammengefügt werden müssen, um so als Geschichten dargestellt werden zu können, dürfen historische Aussagen über Fakten *und* Zusammenhänge ruhigen Gewissens in objektivierender Form erscheinen, ohne ständige Betonung eigener subjektiver Darstellung und Bewertung ("m. E.", "wohl"). Doch sind allzu apodiktische Formulierungen ("unvermeidlich", "notgedrungen", "zwangsläufig") zu vermeiden, schon weil sie umfassende Kenntnis des untersuchten Sachverhalts voraussetzen und bei übersehenen Ausnahmen oder Einschränkungen die Aussagekraft der Arbeit beeinträchtigen. Die Grenzen der Reichweite historischer Aussagen müssen daher eindeutig fixiert und intersubjektiv überprüfbar sein.

Ohne an dieser Stelle das umstrittene Postulat der sog. Werturteilsfreiheit[6], d. h. die Freihaltung wissenschaftlichen Erkennens von Werturteilen, übergehen zu wollen, aber ohne hier auf die einstigen Debatten[7] darüber eingehen zu können, ist mit den vorstehenden Bemerkungen der Objektivitätsanspruch nicht aufgegeben; er stellt sich indes in einem modifizierten Sinne: "Objektivität der historischen Erkenntnis heißt, daß man ihr allgemein zustimmen kann, weil sie im Prinzip von jedem zu jeder Zeit auf ihre Geltungsansprüche hin überprüft werden kann."[8] Entsprechend der hier geforderten intersubjektiven Überprüfbarkeit historischer Erkenntnis sind wissenschaftliche Vermutungen von quellenkritisch gestützten Aussagen deutlich abzuheben ("anscheinend", "vermutlich", "wahrscheinlich"). Begründete Hypothesen sollen Lücken in der historischen Erkenntnis durch logische Annahmen überbrücken; sie sind begründet, insoweit sie auf empirisch plausiblen Indizien beruhen ("hypotheses non fingo"). Folglich dürfen eigene Arbeitshypothesen – bis zu ihrer Überprüfung im analytischen Prozeß der Bestätigung (Verifizierung) bzw. Widerlegung (Falsifizierung) – nicht als empirisch gesicherte Sachaussagen erscheinen und sich schon gar nicht "unter der Hand" in feste Behauptungen verwandeln. Hiergegen ist nach Auffassung Jürgen Kockas im jüngsten "Historikerstreit" vielfach verstoßen worden – und als Fazit daraus gilt es: "zwischen dem, was möglicherweise geschah (und als theoretisch möglich gedacht werden kann) und dem, was wirklich geschah (und empirisch belegt oder doch empirisch wahrscheinlich gemacht worden ist), scharf zu unter-

---

6 Vgl. M. Weber: "Objektivität", in: Ders.: Gesammelte Aufsätze, S. 146–214 (für das Wertfreiheitspostulat i. e. S. vgl. S. 500)

7 Vgl. Hans Albert/Ernst Topitsch (Hrsg.): Werturteilsstreit (Wege der Forschung, Bd. 175), 2. Aufl., Darmstadt 1979; vgl. auch Reinhart Koselleck/Wolfgang J. Mommsen/Jörn Rüsen (Hrsg.): Objektivität und Parteilichkeit in der Geschichtswissenschaft (Beiträge zur Historik, Bd. 1), München 1977

8 Jörn Rüsen: Historische Vernunft. Grundzüge einer Historik I: Die Grundlagen der Geschichtswissenschaft, Göttingen 1983, S. 117

scheiden und den Leser über diesen Unterschied nicht im unklaren zu lassen."[9]

c) Stilistische Gestaltung

Zur stilistischen Gestaltung gehört insbesondere der reflektierte Gebrauch des Tempus bei der Darstellung historischer Sachverhalte: Präteritum – Vergangenheitsform – als angemessenes Regel-Tempus für Geschichte. Das Präsens ist üblich in deskriptiven Passagen (z. B. bei statistischen Beschreibungen), ebenso in argumentierenden Textpassagen, die sich mit Quelleninterpretationen oder Forschungsaussagen befassen. Beim Referieren von Forschungsmeinungen ist indes auf den korrekten Gebrauch des Konjunktivs zu achten. Der umgangssprachliche Ersatz durch "würde"-Konstruktion gilt in der wissenschaftlichen Literatur als verpönt. Tempusprobleme entstehen immer dann, wenn aus einem laufenden (Erzähl-)Text heraus Quellen- und Tabelleninterpretationen betrieben oder Literaturmeinungen referiert werden sollen. In solchen (Zweifels-)Fällen empfiehlt es sich, jeweils bei einem Tempuswechsel mit einem neuen Absatz zu beginnen. Ein besonderes Stilproblem ergibt sich, wenn Sie als Autor von sich selbst sprechen: Die früher übliche, objektivierend gemeinte Wirform ("Wir sind der Auffassung, …") wird inzwischen als unangemessene Vereinnahmung des Lesers empfunden. Auch die neutralisierende Form der dritten Person ("Der Verfasser gibt zu bedenken, …") wirkt umständlich und unzeitgemäß, so daß die – sparsam eingesetzte – Ichform vorzuziehen ist, zumal sie sich diskret vermitteln läßt ("Hierzu ist festzustellen, …"). Für die weitere Stilgestaltung genügt das Kriterium der Lesbarkeit.[10] Dazu folgen hier nur in gestraffter Form einige auffällige Beispiele: Überflüssige Passivsätze (anstelle des schlichteren und dynamischeren Aktivs), "amtsdeutsche" Partizipalkonstruktionen ("anbelangend", "bezugnehmend", "dahingehend"), wiederholte Genitivreihungen

---

[9] J. Kocka: Deutsche Identität und historischer Vergleich, S. 18

[10] Vgl. dazu ggf. die "stilistischen Ratschläge" bei Eckhardt Meyer-Krentler: Arbeitstechniken Literaturwissenschaft, München 1990, S. 28–38

("Die Geschichte der Lage der Arbeiter ..."), übermäßiger Gebrauch von substantivierten Verben (Nominalstil), zu häufiger Ersatz für "und" ("sowohl ... als auch") oder "oder" ("entweder ... oder"), tautologe Ausdrücke wie Pleonasmen ("aber doch", "bereits schon") und überlange Aufzählungen machen den Stil immer schwerfällig – so auch diesen Satz. Auch gehören rhetorische Fragen ("Und wie reagierte der Kanzler?"), floskelhafte Wendungen ("Nach Canossa ging er nicht!"), suggestive Formeln ("der weiße Revolutionär"), überflüssige Regiebemerkungen ("Bevor ich auf seine Demission eingehe, ..."), Epitheta ornantia (schmückende Beiwörter) und Füllwörter ("ja", "freilich", "gewiß") besser nicht in eine schriftliche Arbeit. Sonst aber "kompensiert" die historische Fachsprache "den Verzicht auf stilistische Gefälligkeit zumeist mit dem Vorzug größerer Exaktheit"[11].

d) Sprachkritische Übungen

Zur sprach- und ideologiekritischen Bearbeitung der nachstehenden Übungsbeispiele (zum Themenkomplex: "Imperialismus und Erster Weltkrieg") sind jeweils die behandelten Frageschemen aus den Kapiteln "Kritisches Lesen" (S. 22 f.) sowie "Literatur- und Quellenauswertung" (S. 98) heranzuziehen: Um sich des Problems der sprachlichen Präsentation von (fremden wie eigenen) Forschungsergebnissen bewußt zu werden, sollten die ausgewählten historiographischen Textauszüge vor allem auf die Dialektik von manifesten wie latenten Aussageinhalten und formalen Sprachmustern untersucht werden. Dabei sind zunächst appellative und emphatische Äußerungen, euphemistische (beschönigende) Wortwahl und metaphorische Wendungen, unbewiesene Behauptungen und monokausale Argumentationen, unlogische und scheinrationale Schlußfolgerungen, schließlich eurozentrische und ideologieverdächtige Wertauffassungen als solche kenntlich zu machen. Der methodische Zugang zur sprachkritischen Dechiffrierung von historischen Textaussagen erfolgt also am besten von den extremen Stellen

---

[11] J. Rohlfes: Begriffsbildung, in: E. Jäckel/E. Weymar (Hrsg.): Funktion der Geschichte, S. 68

her: "Gerade die auf Grund ihrer formalen Struktur oder ihrer Argumentation aus dem stimmigen Verlauf eines Textes herausfallenden Elemente sind oft besonders aussagekräftig und haben oft eine Schlüsselfunktion für die gesamte Textstruktur."[12]

Daran anschließen könnte sich eine sprachwissenschaftliche Argumentations- und Kontextanalyse, die vertiefend nach der Bedeutung von Begriffen, Sprechakten und Argumenten im Text und Kontext fragt und mit deren Hilfe die Inhalte und Argumentationsmuster auf ihre legitimatorische Tendenz hin untersucht werden könnten.[13] Dazu müßten Ihnen jedoch die Texte komplett vorliegen, so daß es hier genügen mag, wenn Sie die Auszüge daraufhin befragen, ob es sich um ideologisch gefärbte Aussagen in dem Sinne handelt, als daß die dargestellten Vorgänge und referierten Ansichten in einem historisch-politischen Rechtfertigungszusammenhang erscheinen. Die Frage nach der legitimatorischen Funktion von Wissenschaftspositionen ist allerdings nicht unumstritten; doch weist z. B. der Geschichtsdidaktiker Bodo von Borries zum Abschluß seiner hier interessierenden Untersuchung über Kolonialgeschichte in der Geschichtsschreibung überzeugend darauf hin: "Die Vermutung, Historiographie könne gänzlich von gesellschaftlichen Interessen und ideologischen Strömungen unabhängig sein, wäre naiv. Wenn 'Geschichtswissenschaft' aber überhaupt einen Sinn haben soll, dann muß der Versuch zur Distanznahme, zum Perspektivenwechsel, zur Ideologiekritik, zum Abwägen von Kontroversen, zur differenzierten Argumentation und zum Ertragen von Belastungen erkennbar sein."[14]

---

[12] Hans-Joachim Lißmann/Hans Nicklas/Änne Ostermann: Empirische Ideologiekritik als Beitrag zur Gesellschaftsanalyse, in: Friedensanalysen. Für Theorie und Praxis, Bd. 3, Frankfurt/M. 1976, S. 190 (vgl. dort auch Frageschema zur Analyse latenter Textinhalte)

[13] Vgl. dazu Fritz Pasierbsky: Krieg und Frieden in der Sprache. Eine sprachwissenschaftliche Textanalyse, Frankfurt/M. 1983

[14] Bodo von Borries: "Hochmut", "Reue" oder "Weltbürgersinn"? Zur Kolonialepoche in historischen Überblicksdarstellungen und allgemeinem Geschichtsbewußtsein, in: Renate Nestvogel/Rainer Tetzlaff (Hrsg.): Afrika und der deutsche Kolonialismus (Hamburger Beiträge zur öffentlichen Wissenschaft, Bd. 2), Berlin/Hamburg 1987, S. 175

1. "Die Besitznahme der deutschen Kolonien war im wesentlichen friedlich vor sich gegangen, häufig durch Verträge mit den einheimischen Stammeshäuptlingen. Die Verwaltung – im Rahmen eines gründlichen, freilich sehr bürokratischen Regiments – sorgte für das Wohl der Eingeborenen, die den deutschen Kolonialherren eine besondere Treue, etwa im Ersten Weltkrieg und noch später bewahrten. Investitionen wurden nicht gescheut; sie erwiesen sich gerade bei den deutschen Kolonien, die zu den wirtschaftlich ärmsten Gebieten gehörten, als sehr notwendig und fruchtbar. All diese humanitären Aspekte ändern jedoch nichts an der Tatsache, daß auch die Deutschen den afrikanischen Raum grundsätzlich als berechtigte Siegesprämie für die stärkere Rasse betrachteten. Als es 1904 bis 1907 zu Aufständen in Deutsch-Südwestafrika kam, wußte man ihnen nur härteste Gewalt entgegenzusetzen" (Geschichtliches Werden IV, Bamberg 1971, S. 15 – hier und im folgenden mit verkürztem Belegnachweis, da nur zur Demonstration).

2. "Der Krieg in Südwestafrika war nicht zuletzt deswegen so folgenreich, weil die Deutschen hier einen hochentwickelten Gegner vor sich hatten. Längst mit dem Christentum, der Schrift und europäischer Kleidung vertraut, dazu mit modernen Feuerwaffen ausgerüstet, fühlten sich diese Afrikaner den Deutschen ebenbürtig oder überlegen. Mehr noch als die ähnlich angepaßten Duala waren sie daher in der Lage, auf die deutsche Kolonialpolitik Einfluß zu nehmen. Doch geschah diese Einflußnahme bezeichnenderweise vor allem dadurch, daß die Eingeborenen dem 'Mutterland' exorbitante Kosten verursachten. Nur über das Budgetrecht des Reichstags war nämlich eine Partizipation der deutschen politischen Öffentlichkeit an kolonialpolitischen Entscheidungen überhaupt möglich. Die Kolonien unterstanden ja nur in dieser Hinsicht der regelmäßigen Gesetzgebung des Reichstags; ansonsten wurden sie mit kaiserlichen Verordnungen regiert" (HJb, 97–98/1978, S. 401).

3. "Die neuesten Forschungen haben die Politik der in den Kolonien unmittelbar wirksamen Interessengruppen eingehend untersucht und in ihrer Schärfe und Vielfalt bisher wohl

nicht geahnte Interessenkollisionen nachgewiesen. Die zahlreichen dunklen Flecken der deutschen Kolonialherrschaft in Afrika erscheinen dadurch keineswegs in hellerem Lichte. Mit dem größer werdenden historischen Abstand beginnt man indes auch die positiven Seiten des Kolonialismus zu erkennen. Nach einer erst jüngst geäußerten Auffassung hat die Kolonialherrschaft den betroffenen Völkern nicht nur die politische Versklavung, sondern auch die geistige Befreiung gebracht. In diesem Sinne konnte kürzlich ein afrikanischer Forscher schreiben, daß der Kolonialismus 'the most important liberating factor' gewesen sei, 'that the African mind has experienced in historical times' " (VSWG, 58/1971, S. 481).

4. "Untersucht man die Wirtschafts- und Sozialverhältnisse im Ersten Weltkrieg, stößt man unweigerlich auf die Frage, ob Deutschland sich vor dessen Ausbruch dafür gerüstet hatte. Ein Ja auf diese Frage würde den Art. 231 des Versailler Vertrages bestätigen, wonach Deutschland die Alleinschuld am Kriegsausbruch trage. Zwar wollte diese von den Alliierten aufgestellte Behauptung weniger die moralische Schuld Deutschlands vor der Weltöffentlichkeit feststellen als vielmehr einen Scheingrund für die Belastung des Deutschen Reiches mit Wiedergutmachungen und Reparationen finden und u. a. die Wegnahme der deutschen Kolonien rechtfertigen. Jene Feststellung des Art. 231 ist inzwischen von der Geschichtsschreibung widerlegt worden. Es ließ sich nachweisen, daß Deutschland keine Kriegsvorbereitungen getroffen hatte. Die hierzu notwendige sorgfältige Quellenprüfung der Vorkriegsgeschichte, an der sich neben den deutschen auch französische, englische und amerikanische Historiker beteiligten, führte dazu, daß nunmehr die Zeit vor dem Ausbruch des Ersten Weltkrieges heute 'zu den bestbezeugten Episoden der Weltgeschichte gehört' " (Wirtschafts- und Sozialgeschichte Deutschlands, München 1967, S. 405 f.).

5. "Seit jeher hat man von einem 'Ausbrechen' des Ersten Krieges gesprochen. Für den Beginn des Zweiten hat der Schweizer Historiker Walter Hofer den Begriff der 'Entfesselung' vorgeschlagen und durchgesetzt. Beide Worte sind nützlich zum Verständnis der Sachen und ihres Unterschiedes …

Dem 'Ausbruch' und der 'Entfesselung' entsprach der Verlauf beider Kriege. Der Ausbruch war eine freudige Explosion ungeheurer, lange aufgespeicherter Energien. Der Erste Krieg war mit einem Schlag ganz da und geriet dann ins Stocken. Die Entfesselung war eine allmähliche, zwei Jahre lang fast ganz von dem kontrolliert, der 'entfesselt' hatte. Das gleiche gilt für die Kriegsziele. Von dem imperialistischen Geschwätz der Alldeutschen vor 1914, von dem Grübeln dieses oder jenes deutschen Financiers über eine zu erstrebende, unter deutscher Führung stehende wirtschaftliche Union Europas gehen ganz unsichere Fäden zu den deutschen Kriegszielen von 1917. Diese wurden erst in der Fieberglut des Krieges ausgeheckt, und nie war sich die Nation, waren sich die verschiedenen Führungsgruppen einig darüber. Dagegen war 1939 nicht der Krieg mit einem Schlag da, wohl aber das deutsche Kriegsziel, und war es längst gewesen. Es stand schon in 'Mein Kampf'" (Deutsche Geschichte 1919–1945, Frankfurt/M. 1961 u. ö., S. 197 ff.).

Bearbeitungshinweise:
(1) Gegenbeispiele: Zu 1. Helgard Patemann: Lernbuch Namibia. Ein Lese- und Arbeitsbuch, Wuppertal 1984, S. 73 ff.; zu 2. Hans-Ulrich Wehler: Krisenherde des Kaiserreichs 1871–1918. Studien zur deutschen Sozial- und Verfassungsgeschichte, 2. Aufl., Göttingen 1979, S. 99 f.; zu 3. Helmut Bley: Die Auswirkungen der Kolonialherrschaft in Afrika, in: Renate Nestvogel/Rainer Tetzlaff (Hrsg.): Afrika und der deutsche Kolonialismus (Hamburger Beiträge zur öffentlichen Wissenschaft, Bd. 2), Berlin/Hamburg 1987, S. 183 ff.; zu 4. Fritz Fischer: Krieg der Illusionen. Die deutsche Politik von 1911 bis 1914, 2. Aufl., Düsseldorf 1970, S. 663 ff.; zu 5. Wolfram Wette: Militarismus und Pazifismus. Auseinandersetzung mit den deutschen Kriegen. Mit einem Vorwort von Fritz Fischer (Geschichte und Frieden, Bd. 3), Bremen 1991, S. 232 ff.
(2) Methodendiskussion: Bodo von Borries: Geschichtslernen und Geschichtsbewußtsein. Empirische Erkundungen zu Erwerb und Gebrauch von Historie, Stuttgart 1988; Werner Ingendahl: Sprechen und Schreiben. Studienbuch zur Didaktik der sprachlichen Äußerung, Heidelberg 1975; Kurt Lenk (Hrsg.): Ideologie. Ideologiekritik und Wissenssoziologie, 9. Aufl., Frankfurt/New York 1984; Hans-Joachim Lieber: Ideologie. Eine historisch-systematische Einführung, Paderborn u. a. 1985; Fritz Pasierbsky: Krieg und Frieden in der Sprache. Eine sprachwissenschaftliche Textanalyse, Frankfurt/M. 1983; Jürgen Rit-

sert: Inhaltsanalyse und Ideologiekritik. Ein Versuch über kritische Sozialforschung, Frankfurt/M. 1972

2. Tabellarische und graphische Darstellung

Mit zunehmender Hinwendung der geschichtswissenschaftlichen Forschung zu generalisierenden Kategorien und Verfahren erfüllen auch statistische und graphische Darstellungen in historischen Arbeiten nicht mehr nur illustrative Funktionen, sondern sollen auch Prozeß- und Struktureinsichten vermitteln.[15]

a) Statistische Zahlenangaben

Die Verwendung von Zahlen erfolgt nach gleichen Grundsätzen, die auch für Quellenzitate gelten: Alle statistischen Zahlen sind daher nach ihrem Ursprung zu befragen und exakt zu belegen. Bei mehrschichtigen Bezugsgrößen − wie Sozialproduktrechnungen − sind nähere Erläuterungen erforderlich, z. B. die Unterscheidungen: Bruttosozialprodukt zu Marktpreisen, Nettosozialprodukt zu Faktorkosten usw. Als zitierfähige Zahlenwerke gelten insbesondere (geschichts-)wissenschaftliche Datenhandbücher und Zeitreihenstudien sowie amtliche Statistiken (z. B. die Statistischen Jahrbücher für das Deutsche Reich bzw. für die Bundesrepublik). Doch ist mit dem Wort "amtlich" nicht auch eine größere Aussagekraft historischer Statistik[16] gemeint; denn selbst bei neueren amtlichen Statistiken erfordern ungenaue Schätzungen, wechselnde Begriffsbildungen und veränderte Berechnungsmethoden eine kritische Distanz zu den

---

[15] Zur einführenden Lektüre: François Furet: Die quantitative Geschichte und die Konstruktion der historischen Tatsache, in: Marc Bloch/Fernand Braudel/Lucien Febvre [u. a.]: Schrift und Materie der Geschichte. Vorschläge zur systematischen Aneignung historischer Prozesse, Hrsg. Claudia Honegger, Frankfurt/M. 1977, S. 86−107

[16] Vgl. dazu die quellenkundliche Einführung von Wolfram Fischer/Andreas Kunz (Hrsg.): Grundlagen der Historischen Statistik von Deutschland. Quellen, Methoden, Forschungsziele (Schriften des Zentralinstituts für sozialwissenschaftliche Forschung der FU Berlin, Bd. 65), Opladen 1991

scheinbar objektiven Zahlenangaben. Nur als Beispiel sei auf das schwierige Berechnungsproblem uneinheitlichen Gebietsumfangs – infolge der "Kleinstaaterei" im 19. Jahrhundert und der beiden Weltkriege in diesem Jahrhundert – gerade bei deutschen Statistiken verwiesen, das jeden intertemporalen und interregionalen Vergleich stark beeinträchtigt und auch durch die Berechnung von "Pro-Kopf-Angaben" nur unbefriedigend gelöst werden kann. Entgegen herkömmlicher Auffassung sprechen statistische Zahlen also nicht "für sich selbst", sondern sind stets zu kommentieren (vgl. noch Bibliographie: Statistische Quellenwerke).

b) Tabellarische Beschreibung

Die Anlage von Tabellen in wissenschaftlichen Arbeiten soll methodisch fundiert und formal eindeutig sein, um Mißverständnisse und Interpretationsfehler auszuschließen. So erhält jede Tabelle eine präzise Überschrift mit sachlicher, räumlicher und zeitlicher Abgrenzung. Die nähere Erklärung des Zahlenmaterials erfolgt im Tabellenkopf und in Vorspalten. Damit wird zugleich die Leitidee des gesamten Tabelleninhalts fixiert. Etwaige Anmerkungen zu einzelnen Zahlenangaben sind zur Vermeidung von Mißverständnissen mit kleinen Buchstaben zu versehen und ans Tabellenende, aber noch innerhalb des Tabellenrahmens zu setzen. Die Quellenangaben stehen unmittelbar unter dem Tabellenrand (ggf. mit zusätzlichen Erläuterungen, z. B. "berechnet nach:", "zusammengestellt nach:", "entnommen aus:").

Für die Aufbereitung und Auswertung von Tabellen gelten allgemeine Grundsätze: Das statistische Material wird stets entsprechend der vorgängigen historischen Fragestellung aufbereitet, in die jeweils zweckmäßigste Tabellenform gebracht und besondere Erscheinungen (z. B. Extremwerte) kurz erläutert. Was aus der Tabelle ohne weiteres erkennbar ist, muß jedoch nicht mehr im Text erklärt werden, sondern kann unmittelbar in die Interpretation mit einfließen. Da absolute Zahlen in der Regel nur geringen Erklärungswert haben, sind sie möglichst in Verhältniszahlen umzusetzen, so daß auch relative Entwicklungs-

Beispiel einer (Arbeits-)Tabelle:

Tabelle 1: Der Außenhandel des Deutschen Reichs mit ehem. Kolonien, 1900–1913 (in Mill.M/in %)

Kolonien	Ein- und Ausfuhr des Dt. Reichs (in Mill.M)					
	Einfuhr			Ausfuhr		
	1900	1906	1913	1900	1906	1913
Ostafrika	1,1	6,8	14,6	3,9	6,2	16,5
Südwestafrika	0,3	0,4	7,6	5,1	24,6	20,9
Kamerun	4,3[a]	10,0	13,1	8,5[a]	5,8	12,0
Togo	–	2,1	7,3	–	2,6	2,6
Kiautschou	0,1	0,2	0,4	5,6	4,0	2,6
Südseekolonien[b]	0,8	1,0	10,3	0,9	1,4	2,5
Insgesamt	6,6	20,5	53,3	24,0	44,6	57,1
In % der Gesamt-einfuhr/-ausfuhr	0,1	0,3	0,5	0,5	0,7	0,6
Gesamteinfuhr/-aus-fuhr des Dt. Reichs[c]	5,8	8,0	10,8	4,6	6,4	10,1

[a] Angaben 1900: zusammengefaßte Werte für Kamerun und Togo
[b] Südseekolonien: 1. Neu-Guinea, Marshall-Inseln, Karolinen, Palau und Marianen, 2. Samoa-Inseln (insb. Upolu und Sawaii)
[c] Wertangaben für Gesamteinfuhr/-ausfuhr des Dt. Reichs in Mrd.M

Quellen (berechnet und zusammengestellt nach): Statistisches Jahrbuch für das Deutsche Reich, Hrsg. Kaiserliches Statistisches Amt, Berlin 1901/14; Jg. 1901, S. 219 ff.; Jg. 1907, S. 373 ff., Anh.-S. 46; Jg. 1914, S. 467 ff., Anh.-S. 57

und Veränderungstendenzen erkennbar werden. Die Auswertung der statistischen Ergebnisse schließt mit der Frage nach aufweisbaren historischen Ursachen und Wirkungen. Bei der Interpretation sollten Sie aber umsichtig vorgehen, weil einzelne Tabellen und Zeitreihen die historische Wirklichkeit nur ausschnitthaft widerspiegeln können. Überdies sind historische Statistiken oft an Sonderbedingungen des aufbereiteten Materials gebunden. So bezieht sich die im vorliegenden Arbeitsbuch mehrfach zitierte deutsche Außenhandelsstatistik bis zum Jahre 1905 nicht auf das Gebiet des Deutschen Reichs, sondern auf das deutsche Zollgebiet, also im wesentlichen unter Ausschluß der Freihäfen. Dieser Mangel nimmt sich aber noch vergleichsweise geringfügig aus gegenüber dem weniger bekannten Umstand, daß die Wertangaben in den amtlichen Statistiken bis zu diesem Zeitpunkt ausschließlich auf Schätzungen eines sog. Handelsstatistischen Beirats basieren. Erst mit der Umstellung Anfang 1906 beruhen die ausgewiesenen Werte zunehmend auf Angaben der Im- und Exporteure.[17] Dies hat jedoch nach Walther G. Hoffmann zur Folge, "daß bis 1905 die wirklichen Exportwerte und -preise niedriger und die Importwerte und -preise höher sind als die offiziell angegebenen"[18]. Auch sind bei der vergleichenden Benutzung von Außenhandelsstatistiken einzelner Länder[19] beträchtliche Unterschiede zu den deutschen Begriffsabgrenzungen (z. B. "Generalhandel", "Gesamteigenhandel", "Spezialhandel") zu verzeichnen, so daß es zu gravierenden Abweichungen in der statistischen Erfassung der jeweils ein- bzw. ausgeführten Handelsgüter kommt. Solche Entstehungs- und Vergleichsbedingungen begrenzen die Reichweite und Regelhaftigkeit statistischer Ergebnisse und sind daher bei der Interpretation entsprechend zu berücksichtigen.

c) Graphische Darstellung

Zur notwendigen Verdeutlichung quantitativer Sachverhalte dienen graphische Schaubilder (z. B. Diagramme, Trendkurven, Histogramme usw.). Da sie Entwicklungs- und Schwankungsverläufe eindrucksvoller als tabellarische Darstellungen zu er-

---

[17] Vgl. dazu die Erläuterungen im Statistischen Jahrbuch für das Deutsche Reich, Jg. 1914, Hrsg. Kaiserliches Statistisches Amt, Berlin 1914, S. 180

[18] Walther G. Hoffmann u. a.: Das Wachstum der deutschen Wirtschaft seit der Mitte des 19. Jahrhunderts, Berlin/Heidelberg/New York 1965, S. 529

[19] Vgl. für den hier behandelten Zeitraum: Paul Hermberg (Bearb.): Der Kampf um den Weltmarkt. Handelsstatistisches Material, Hrsg. Institut für Weltwirtschaft und Seeverkehr an der Universität Kiel, Jena 1920, S. 26−35

kennen geben, sind sie nicht nur Illustrationsmittel, sondern auch Erkenntnismittel für historisch-statistische Beziehungen und Zusammenhänge. Bei der Übertragung von Tabelleninhalten in die Form eines graphischen Schaubilds sind jedoch methodische Grundsätze zu beachten, damit es nicht unbewußt zu Verzeichnungen, gar optischen Täuschungen kommt. Dazu nennt die Statistikerin Ingeborg Esenwein-Rothe am Beispiel von Diagrammen einige wichtige Regeln:

"1. Jedes Diagramm muß in sich vollständig sein. Das wird durch eine informative Überschrift und durch sachgerechte Angaben über die den Größenverhältnissen zugrundeliegenden Maßeinheiten erreicht, sowie durch eine Anweisung (Legende), wie die verwendeten Formen, Farben oder Schraffuren zu deuten (zu 'lesen') sind.

2. Um den Tabelleninhalt zutreffend abbilden zu können, muß deutlich auf Leitwerte der Vorspalte Bezug genommen werden. In den meisten Darstellungsformen kann dies dadurch erreicht werden, daß die Grundlinie des Diagramms (die Abszisse) in Einheiten der Vorspalte aufgeteilt wird."[20]

Graphische Darstellungen sind daher stets so anzulegen, daß sie die spezifischen Merkmale der Daten, auf die es bei der Interpretation ankommt, klar zum Ausdruck bringen. Dies gilt auch für die Darstellung "räumlich-quantitativ" verteilter Gegenstände und Sachverhalte, also für Kartogramme, sowie für die Gestaltung von Geschichtskarten. Entsprechend ihrem Modellcharakter spiegelt die Geschichtskarte die historische Wirklichkeit aber nicht in allen Einzelheiten und Eigenschaften wider, sondern vermittelt — in der Spannung zwischen erfahrbarer und darstellbarer Wirklichkeit — nur eine spezifische Interpretation von Geschichte. Daher sollten in eigener Arbeit von vornherein nur solche Sachverhalte und Gegenstände kartographiert sein, die unmittelbar mit dem Darstellungsteil korrespondieren und wesentliche Gesichtspunkte näher verdeutlichen.[21]

---

[20] Ingeborg Esenwein-Rothe: Die Methoden der Wirtschaftsstatistik, Bd. 1, Göttingen 1976, S. 59

[21] Kurze und prägnante Erläuterungen bei H. Quirin: Mittelalterliche Geschichte, S. 207−217; vgl. noch Günther Franz: Historische Kartographie. Forschung und Bibliographie, 3. Auf., Hannover 1980

Um aber zu vermeiden, daß dabei individuelle Wertmaßstäbe gleichsam "unter der Hand" mit einfließen, sollten stets Auswahlkriterien und Darstellungsprinzipien hinreichend begründet sein. Da kartographische Darstellungen vor allem auf der symbolischen Zeichensprache beruhen, muß auch hier die Legende die verwendeten Symbole und Färbungen eindeutig und übersichtlich ausweisen. Zeichenerklärung und Maßstab sind innerhalb des Kartenrandes anzugeben. Sind die Karten nicht selbst angefertigt worden, so ist der Name des Zeichners mit dem Vermerk: "Entworfen von X, gezeichnet von Y" unter dem Kartenrand anzuführen (vgl. noch Bibliographie: Historische Atlanten).

Beispiel eines graphischen Schaubildes:

Abbildung 1: Die Entwicklung des primären Sektors in der Industrialisierung (Entwicklungsmodell nach Jean Fourastié)

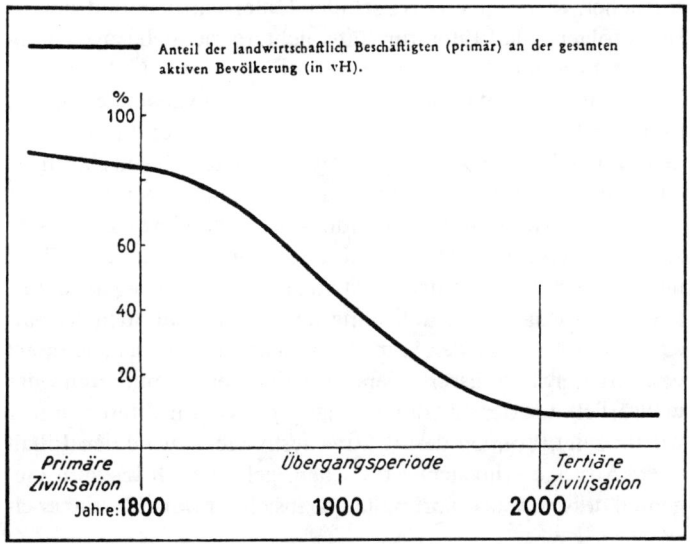

Quelle (entnommen aus): Jean Fourastié: Die große Hoffnung des zwanzigsten Jahrhunderts, a. d. Franz., 2. Aufl., Köln 1969, S. 120

165

3. Zitiertechnik und wissenschaftlicher Apparat

Die sichere Beherrschung der Zitiertechnik und des wissenschaftlichen Apparats gehört zum unentbehrlichen Handwerk des Historikers − und berührt zudem die Grundlagen seiner Arbeitsethik. Daher wird im folgenden eine detaillierte Beschreibung der wichtigsten Konventionen und eine eigene Einübung durch die Praxis schriftlicher Arbeiten nötig.

a) Quellen- und Literaturzitate

Zitate sind wörtliche Übernahmen aus Quellen oder Literatur und erfüllen im wesentlichen zwei Funktionen: Sie sind Beweismittel und daneben stilistisches Hilfsmittel. Quellenzitate dienen als Beweisstücke für die eigene Argumentation. Zitate aus der Literatur sind Belegmittel für die Interpretation eines historischen Sachverhalts durch fremde Autoren. Das ist ein grundsätzlicher, nicht zu verwechselnder Unterschied − und daraus ist zu folgern, daß Literaturzitate nicht an die Stelle eigener Interpretation und Argumentation treten dürfen. Als stilistisches Hilfsmittel sind Zitate möglichst sparsam zu verwenden, da sie in dieser Funktion lediglich zur illustrierenden und pointierenden Darstellung dienen. Allerdings wird eine wissenschaftliche Abhandlung nicht gänzlich darauf verzichten können.[22]

Bei der Auswahl und Verwendung von Zitaten sollten Sie sich zunächst vergegenwärtigen, daß es sich hierbei um Textstücke handelt, die zwar aus dem Textganzen herausgelöst, bei denen aber die Textualität, d. h. die innertextlichen Relationen der Sätze zueinander, und der Sinnzusammenhang mit dem Kontext gewahrt werden müssen. Denn wie sich bei permutierten oder willkürlich aus dem Zusammenhang gerissenen Zitaten immer wieder zeigt, können derart "traktierte" Textstücke den Inhalt einer Aussage erheblich verfälschen, gelegentlich bis zum Gegenteil dessen, was ursprünglich beabsichtigt war.[23] Um aber ei-

---

[22] Ein übersichtlicher "Funktionskatalog" zur sinnvollen Verwendung von Zitaten findet sich bei P. Borowsky u. a.: Geschichtswissenschaft I, S. 186−188

[23] Vgl. Elisabeth Ströker: Über die mehrfache Bedeutung der Rede von

nen wissenschaftlich korrekten Umgang mit Zitaten zu gewähr-
leisten, gelten in der Geschichtswissenschaft folgende Regeln:
Bei wörtlichen Zitaten dürfen keinerlei Veränderungen vorgenommen werden; bei wörtlichen Teilzitaten ist auf die syntakti-
sche Einheit des gesamten Satzes zu achten. Eigene Hinzufügungen (z. B. syntaktisch erforderliche Ergänzungen) oder Hinweise auf Weglassungen (z. B. von Kursiv- und Sperrdruck) und
auf Druckfehler u. ä. [sic!] erscheinen in eckigen Klammern.
Wörtliche Zitate sind in Anführungszeichen ("…") zu setzen,
Zitate in einem Zitat nur zu apostrophieren ('…'). Die Auslas-
sung einzelner Wörter oder ganzer Satzteile – sofern für die Zi-
tataussage nicht von Belang – ist durch drei Punkte anzuzeigen.
Längere Zitate lassen sich durch eingerückten, einzeiligen
Schriftsatz hervorheben, sollten jedoch Ausnahmen bleiben
(z. B. als Ausgangspunkt für eine wichtige Quellenanalyse, zur
Unterstützung der eigenen Argumentation bei einer strittigen
Forschungsfrage o. ä.).

Eine allzu häufige Verwendung von Zitaten führt jedoch
leicht zu bloßer Aneinanderreihung von Quellen- und Literatur-
aussagen ("Zitateritis"). Statt ausgedehnten Zitierens empfehlen
sich referierende Zusammenfassungen. Beim Referieren fremder Literaturmeinungen muß jedoch die Grenze zwischen Referat und eigenem Urteil deutlich bleiben. Wird im Einzelfall aus
"zweiter Hand" zitiert, so ist stets erst die Originalstelle anzuführen, ergänzt um den Vermerk "zitiert nach: …" Solche Sekun-
därzitate sollen nicht die eigene Lektüre des Originalwerks ersparen, lassen sich jedoch bei Archivalien oder sonst schwer zu-
gänglichen Werken nicht immer vermeiden. Fremdsprachige
Zitate sind in der Regel zu übersetzen oder knapp zu resümie-
ren. Im Zweifelsfall empfiehlt es sich, das Zitat in der Original-
sprache als Anmerkung zu wiederholen. Der Sinn solch strikter
Konventionen: Herkunft und Art der Verwendung von Zitaten

Ganzen und Teilen. Bemerkungen zum sogenannten hermeneutischen Zirkel, in: Karl Acham/Winfried Schulze (Hrsg.): Teil und
Ganzes. Zum Verhältnis von Einzel- und Gesamtanalyse in Ge-
schichts- und Sozialwissenschaften (Beiträge zur Historik, Bd. 6),
München 1990, S. 285 f.

müssen dem Leser schon bei der Lektüre deutlich sein, sonst ist eine rationale wissenschaftliche Kommunikation nicht möglich. Deshalb muß es sich jeder Historiker zur Aufgabe machen, sorgfältig mit Zitaten aus Quellen und Literatur umzugehen.

Beispiel eines Quellenzitats:

Als vordringliche Aufgabe der "Weltpolitik" sah es der Kanzlerberater an: "Die deutsche Politik muß dem Circulus vitiosus entrinnen. Sie kann nicht für reine Kontinentalpolitik optieren ... Es ist klar, daß die weltpolitische Bewegungsfreiheit des Deutschen Reiches desto größer ist, je unabhängiger von der Konstellation der Mächte seine kontinentale Stellung ist. Daher gilt es zunächst, das Deutsche Reich von dem 'Cauchemar des coalitions' [im Orig. hervorgehoben – E. F.] zu befreien, der Bismarck bedrückte ... Die deutsche öffentliche Meinung hat diesen Zusammenhang zwischen der militärischen Stellung Deutschlands auf dem Kontinent und seiner weltpolitischen Bewegungsfreiheit noch nicht durchweg begriffen."[24]

b) Anmerkungen, Exkurse

Anmerkungen belegen die Herkunft aller zitierten und referierten Informationen oder sonstwie nicht eigenständig entwikkelter Gedanken. Im einzelnen erfüllen sie folgende Funktionen: a) Nachweis von Zitaten (in direkter wie indirekter Rede) aus Quellen und Literatur, b) Querverweis auf einzelne Kapitel oder Abschnitte innerhalb der eigenen Darstellung, sowie c) Hinweis auf ergänzende Details, die den Fluß der Darstellung stören würden. Dazu sind grundsätzlich zwei Formen von Anmerkungen möglich – als leserfreundliche Fußnoten am "Fuße" der jeweiligen Textseite oder geschlossen als Anmerkungsblock am Ende des gesamten Textteils (sog. Anmerkungsapparat). Im Textteil selbst werden Anmerkungen durch Fußnoten- bzw. Anmerkungsziffern angezeigt.[25] Die laufende Ziffer wird um 1/2 Zeile hochgestellt – ggf. mit einem rechtsseitigen Klammerzeichen versehen – und vom nachfolgenden Wort

---

[24] J. J. Ruedorffer [d. i. Kurt Riezler]: Grundzüge der Weltpolitik in der Gegenwart, Stuttgart/Berlin 1914, S. 106 f.

[25] Anmerkungstexte werden engzeilig geschrieben und – sofern als Fußnoten placiert – durch einen Trennstrich bzw. Leerraum vom Haupttext abgesetzt (siehe hier und Anlage I).

durch Leeranschlag getrennt. Die Numerierung der Anmerkungsziffern erfolgt wahlweise auf jeder Seite neu oder jeweils für einzelne Hauptteile/Kapitel oder auch fortlaufend für die ganze Arbeit.

Für den sinnvollen und sparsamen Gebrauch des Anmerkungsapparates gilt die Grundregel: daß ein Text auch ohne Anmerkungen zwar nicht belegt, doch in sich voll verständlich sein muß. Mithin sind alle zum Textverständnis nötigen Elemente in den Darstellungsteil zu übernehmen und lediglich ergänzende Details in den Anmerkungsteil zu verweisen. Um aber dem Leser eine Nachprüfung von Zitaten zu ermöglichen, sind alle Übernahmen aus Quellen und Literatur in einem formalisierten Verfahren nachzuweisen.[26] Auch die sinngemäße Wiedergabe fremden Gedankenguts ist zu belegen (z. B. durch Voransetzung des Kürzels "vgl." bei der Literaturangabe). Ist die eigene Argumentation belegt, so fällt ein etwaiger Irrtum oder Zitierfehler weniger ins Gewicht, denn er korrigiert sich meist im anschließenden Diskurs – wie folgendes Beispiel aus dem "Historikerstreit" zeigt: "Der Mühe der Zitatenkontrolle haben sich anscheinend weder Hillgruber noch Hildebrand unterzogen, noch gar die Historikerkollegen, die den Vorwurf der Zitatenfälschung weitergereicht haben. Sonst wäre ihnen der einzige sinnentstellende Fehler, der mir tatsächlich unterlaufen ist, kaum entgangen ... Wie sehr die globale Beschuldigung als Vorwand dient, zeigt der Umstand, daß keiner der Historiker diesen einzigen nachweisbaren Fehler erwähnt. Hingegen halten die drei oder vier spezifischen Beschuldigungen, die ich in den verschiedenen Texten gefunden habe, einer Nachprüfung nicht stand."[27] Das Beispiel verweist jedoch zugleich darauf, daß Nachprüfbarkeit nur *ein* Wissenschaftlichkeitskriterium ist und nicht dazu dienen darf, um mit einem formalen Streit über Zitate und Belegnachweise eine Ebene der Auseinandersetzung zu suchen, auf der über die strittige Sache selbst nicht mehr offen diskutiert werden kann. Auch die bisweilen bei kontroversen

---

[26] Vgl. dazu den Abschnitt "Zitierschemata und Belegbeispiele", unten S. 170–176

[27] Jürgen Habermas: Eine Art Schadensabwicklung (Kleine Politische Schriften VI), Frankfurt/M. 1987, S. 149

Themen beobachtbare Praxis, unbequeme Befunde und Positionen gleichsam "herabsetzend" in den Anmerkungsapparat zu verlagern, widerspricht den Regeln des (geschichts-)wissenschaftlichen Diskurses.

Zu den übrigen Funktionen des Anmerkungsapparats läßt sich knapp festhalten: Querverweise dienen zur raschen Orientierung des Lesers, um ihn auf korrelierende Begriffe und angrenzende Bereiche aufmerksam zu machen; sie sind aber kein Aushilfsmittel für den Autor, um nachträglich Schwächen in der Gliederungsstruktur oder auch in der Darstellungsweise zu beheben. Ergänzende Hinweise auf Details, die den Fluß der Darstellung stören könnten, sollen sich stets auf den jeweiligen Gedankengang im Haupttext beziehen und dabei auf Epitheta verzichten. Gerät jedoch eine erläuternde Anmerkung mit zusätzlicher Sachinformation zu lang, so ist sie am besten als Exkurs auszuweisen und in den Darstellungsteil zu übernehmen oder ans Ende der Arbeit zu stellen. Exkurse sind sozusagen überdimensionierte Anmerkungen, die ausgegliedert werden, weil sie mehr oder weniger vom eigentlichen Thema wegführen, ohne daß der Autor auf sie verzichten möchte. Sie sollten aber stets bedenken, daß der Exkurs ein Aushilfsmittel darstellt und dem kundigen Leser möglicherweise Schwächen in der formalen Bewältigung des Stoffes anzeigt.

c) Zitierschemata und Belegbeispiele

Allgemeinverbindliche Zitierrichtlinien gibt es nicht, dafür aber die Grundsätze: Einheitlichkeit, Klarheit und Überprüfbarkeit der Quellen- und Literaturangaben. Die folgenden Hinweise und Beispiele wollen nur einige Möglichkeiten zweckmäßigen Zitierens bzw. Belegens zeigen. Sie orientieren sich dabei an der vorherrschenden Zitierweise "Zitat-Anmerkung". Als einprägsam gilt dazu das *Grundschema:* Vor- und Nachname des Verfassers, Titel einschl. etwaiger Untertitel, Erscheinungsort und -jahr, zitierte Seitenzahl. Zu diesem Grundschema − mit seinen nachstehenden Varianten − wird abschließend noch die bibliographische Zitierweise ("Autor-Jahr-Schema") vorgestellt.

(1) Zitieren aus selbständigen Schriften

Bei *Verfasserschriften* wird unmittelbar nach dem obigen Grundschema verfahren. Dazu dienen im einzelnen folgende Erläuterungen:

– Name des Verfassers: Anzugeben sind Vor- und Nachname; Titel und akademische Grade bleiben unerwähnt. Sind mehrere Personen als Verfasser genannt, so gilt die vorgefundene Reihenfolge. Bei mehr als drei Autoren reicht die Angabe des ersten Verfassers mit dem Zusatz "u. a." (und andere); bei anonymen Werken tritt an die Stelle des Autors die Abkürzung "N. N." (nomen nominandum) oder "o. V." (ohne Verfasserangabe).

– Titel des Buches: Grundlage für die komplette Titelangabe (einschl. etwaiger Untertitel) ist das Titelblatt, also nicht der sog. "Schmutztitel" auf dem Deckblatt. Hat sich in späteren Auflagen der Titel gegenüber früheren Ausgaben verändert, so empfiehlt sich die Angabe des ursprünglichen Titels mit den nachträglichen Abänderungen.

– Reihentitel: Ist die Schrift innerhalb einer wissenschaftlichen Reihe erschienen, so sind Reihentitel und -nummer in Klammern hinzuzufügen. Auf die Angabe von Verlegerserien, die meist nur zur Kennzeichnung des Verlagsprogramms dienen, kann verzichtet werden.

– Bandzahl: Handelt es sich um einen Teilband innerhalb eines mehrbändigen Werks, so ist die betreffende Bandzahl anzugeben (wahlweise in arabischen oder römischen Ziffern).

– Auflage: Die erste Auflage bleibt unerwähnt; jede weitere Auflage ist möglichst mit den vorliegenden Ergänzungen anzuführen (z. B. 3., überarb. Aufl.).

– Erscheinungsort: Der Verlagsort ist in der Regel auf dem Titelblatt oder dessen Rückseite vermerkt. Bei mehr als drei Verlagsorten reicht die Angabe des erstgenannten Orts mit dem Zusatz "u. a." (und anderswo). Findet sich kein Erscheinungsort, so wird die Angabe "o. O." (ohne Ortsangabe) erforderlich. Läßt sich der Verlagsort jedoch anderweitig erschließen (Vorwort, Copyright), so wird er in eckige Klammern gesetzt.

– Erscheinungsjahr: Fehlt auf dem Titelblatt oder dessen Rückseite das Erscheinungsjahr, so wird die Angabe "o. J." (ohne

Jahresangabe) erforderlich. Läßt sich das Erscheinungsjahr indirekt erschließen, so erscheint es entsprechend in eckigen Klammern, evtl. mit einem Fragezeichen, z. B. Bremen o. J. [1936?].

– Seitenzahl: Erstreckt sich die zitierte Textstelle über die nachfolgende Seite, so erfordet dies den Zusatz "f." (folgende Seite) hinter der zitierten Seitenzahl. Bei mehreren Seiten erfolgt eine Verdoppelung ("ff.").

Beispiele:

[1] Georg G. Iggers, Neue Geschichtswissenschaft. Vom Historismus zur Historischen Sozialwissenschaft. Ein internationaler Vergleich, a. d. Amerik., München 1978, S. 60

[2] Otto Brunner. Neue Wege der Sozialgeschichte. Vorträge und Aufsätze (1956); seit 2. Aufl. u. d. T.: Neue Wege der Verfassungs- und Sozialgeschichte, 3. Aufl., Göttingen 1980, S. 49 f.

[3] Jürgen Kocka: Klassengesellschaft im Krieg. Deutsche Sozialgeschichte 1914–1918 (Kritische Studien zur Geschichtswissenschaft, Bd. 8), 2., durchges. und erg. Aufl., Göttingen 1978, S. 138 ff.

Zu *Hochschulschriften* gehören Habilitationen und Dissertationen. Habilitationsschriften ("Habil.-Schr.") unterliegen dem Publikationszwang; sie werden nach Drucklegung wie normale Verfasserschriften behandelt. Auch bei gedruckten Dissertationen ist die gesonderte Zitierung der maschinenschriftlichen Fassung entbehrlich (vgl. Beispiel 3). Ungedruckte Dissertationen erhalten jedoch den Zusatz: Diss. (Masch.-Schr.), Universitätsort und Promotionsjahr. Nicht zu den Hochschulschriften gehören: Diplom-, Magister- und Staatsexamensarbeiten; sie gelten zudem als nicht "zitierfähig" (d. h. nicht veröffentlicht).

Beispiele:

[1] Volker Hartmann, Die deutsche Kulturgeschichtsschreibung von ihren Anfängen bis Wilhelm Heinrich Riehl, Diss. (Masch.-Schr.), Marburg/Lahn 1971, S. 76

[2] Ingeborg Salzbrunn. Studien zum deutschen historischen Zeitschriftenwesen von der Göttinger Aufklärung bis zur Herausgabe der "Historischen Zeitschrift" (1859), Masch.-Schrift, Phil. Diss. Münster 1967, S. 98 f.

[3] Heinz-Gerhard Haupt: Nationalismus und Demokratie. Zur Geschichte der Bourgeoisie im Frankreich der Restauration, Frankfurt/M. 1974, S. 268 ff.

(2) Zitieren aus unselbständigen Schriften

Für *Beiträge in Sammelwerken* gilt das Grundschema in modifizierter Form: Vor- und Nachname des Verfassers, Titel des Einzelbeitrags, Titel des Sammelwerks (eingeleitet durch "in:"), Name des Herausgebers (auch in umgekehrter Reihenfolge: also Hrsg./Titel), Auflage, Erscheinungsort und -jahr, zitierte Seitenzahl. Auch Beiträge in Festschriften und Tagungsberichten sowie Handbuchartikel und Aufsätze in Zeitschriften gehören zu den unselbständig erschienenen Schriften. Zeitschriftenaufsätze werden hier jedoch wegen einiger Varianten gesondert aufgeführt.

Beispiele:

[1] Reinhart Koselleck, Über die Theoriebedürftigkeit der Geschichtswissenschaft, in: Werner Conze (Hrsg.), Theorie der Geschichtswissenschaft und Praxis des Geschichtsunterrichts, Stuttgart 1972, S. 15

[2] Karl H. Kaufhold. Wirtschaftsgeschichte und ökonomische Theorien, in: Geschichte heute. Positionen, Tendenzen und Probleme, Hrsg. Gerhard Schulz, Göttingen 1973, S. 256 f.

[3] Dietrich Beyrau: Intelligenz und Dissens in der Sowjetunion, in: Ders./ Wolfgang Eichwede (Hrsg.): Auf der Suche nach Autonomie. Kultur und Gesellschaft in Osteuropa (Forschungen zu Osteuropa, Bd. [2]), Bremen 1987, S. 21 ff.

Bei *Zeitschriftenaufsätzen* sind folgende Angaben nötig: Vor- und Nachname des Verfassers, Titel des Aufsatzes, Name der Zeitschrift (eingeleitet durch "in:"), Jahrgangs- oder Bandnummer (und in Klammern die Jahreszahl), zitierte Seitenzahl. Die Heftangabe ist bei fortlaufender Seitenzählung eines Jahrgangs entbehrlich. Bekannte Fachzeitschriften lassen sich mit Hilfe von Siglen abkürzen (z. B. HZ = Historische Zeitschrift). Bei Zeitungsartikeln wird an Stelle der Jahrgangs- bzw. Bandnumerierung die laufende Ausgabennummer mit Datumsangabe genannt. Rezensionen bzw. Rezensenten erhalten den Zusatz "Rez." (vgl. Beispiel 3).

Beispiele:

[1] Gerhard Oestreich, Die Fachhistorie und die Anfänge der sozialgeschichtlichen Forschung in Deutschland, in: HZ, Bd. 208 (1969), S. 320

[2] Dieter Groh. Strukturgeschichte als "totale" Geschichte? [Habilita-

tionsvortrag, gehalten am 8. 7. 1970 vor der Philosophisch-histori-
schen Fakultät der Universität Heidelberg], in: VSWG, Bd. 58 (1971),
S. 289 f.

[3] Hans-Christoph Schröder (Rez.): Roger Fletcher: Revisionism and
Empire. Socialist Imperialism in Germany 1897–1914, London 1984,
in: GG, 14. Jg. (1988), S. 263 ff.

(3) Zitieren aus gedruckten und ungedruckten Quellen

Bei *Quelleneditionen* sind gegenüber dem Grundschema einige Besonderheiten zu beachten: Bezeichnung der Quelle, Titel
der Quellenedition (eingeleitet durch "abgedruckt in:"), Vor-
und Nachname des Bearbeiters oder Herausgebers (mit dem
Zusatz "Bearb." bzw. "Hrsg."), Auflage der Edition, Erscheinungsort und -jahr, Quellennummer und/oder zitierte Seitenzahl. Quellenzitate sind nur aus zuverlässigen, d. h. zumeist
neuesten textkritischen Editionen zu belegen. Bei edierten
Nachlaßsammlungen wird der Urhebername vorangestellt. Ge-
setze und Verordnungen werden titel- und datumsgetreu aus
amtlichen Gesetzesblättern (oder Gesetzessammlungen) nachgewiesen (vgl. Beispiel 3).

Beispiele:

[1] Rede Robespierres im Nationalkonvent über die Grundsätze der revo-
lutionären Regierung vom 25. Dez. 1793 (4. Nivôse II), auszugsweise
abgedruckt in: Die Französische Revolution. Eine Dokumentation,
Hrsg. Walter Grab, München 1973, S. 215

[2] Bericht Quiddes über die Unterredung mit Bethmann Hollweg vom
16. 11. 1915, abgedruckt in: Ludwig Quidde. Der deutsche Pazifismus
während des Weltkrieges 1914–1918. Aus dem Nachlaß Ludwig Quiddes hrsg. von Karl Holl u. M. v. Helmut Donat (Schriften des Bundesarchivs, Bd. 23), Boppard/Rh. 1979, Beil.-Nr. 9, S. 256 f.

[3] Gesetz gegen die gemeingefährlichen Bestrebungen der Sozialdemokratie vom 21. 10. 1878, Reichs-Gesetzblatt, 1878, S. 351 ff.

Bei *Archivalien* sind Quellenangaben besonders präzise und
ausführlich anzubringen, weil eine nochmalige Überprüfung
zeitraubend und schwierig ist. Unerläßlich sind jedoch Angaben
zur Entstehung und Überlieferung eines Dokuments (in dieser
Reihenfolge): Art der Quelle, Urheber, evtl. Adressat, Entste-
hungsort und -zeit, Fund- oder Aufbewahrungsort, Archivbe-
stand und genaue Signatur. Hierauf ist sorgfältig zu achten, um

nicht das Quellenzitat durch unvollständigen Quellenbeleg zu beeinträchtigen.

Beispiele:

[1] Denkschrift des RdI betr. Fragen der wirtschaftlichen Mobilmachung, Ende August 1913, DZA I Potsdam, Reichskanzlei (Stammakten) I, Nr. 1268
[2] Brief Bethmann Hollwegs an Hindenburg vom 20. 1. 1916, DZA II Merseburg, Rep. 77, Tit. 1884, Bd. 1, Bl. 13 f.
[3] Bericht Lerchenfelds vom 14. 6. 1918 über die Verhandlungen mit Burian, Geh. Staatsarchiv München, Politisches Archiv, VII. Reihe, Nr. 16, Gesandtschaft Berlin, 2. Vjhr. 1918, Bl. 69 ff.

(4) Mehrfaches und bibliographisches Zitieren

Bei *mehrfachem Zitieren eines Titels* erfordert nur der Erstbeleg die vollständige Titelaufnahme; vom zweiten Mal an reicht die Verfasserangabe mit einem Kurztitel und zitierter Seitenzahl. Abkürzungen wie "loc. cit." (loco citato) bzw. "a. a. O." (am angegebenen Ort) sind informationslos und schaffen überdies Unklarheiten, z. B. wenn von einem Verfasser mehrere Arbeiten zitiert werden oder wenn Namensgleichheit mehrerer Autoren vorliegt (Fischer, Mommsen, Ritter). Die Abkürzungen "ibid." (ibidem) bzw. "ebd." (ebenda) sind nur verwendbar, wenn sie sich direkt auf die zitierte Textstelle in der unmittelbar vorangegangenen Anmerkung beziehen.

Beispiele:

[1] Ludwig Pohle: Die Entwicklung des deutschen Wirtschaftslebens im letzten Jahrhundert (1904), 6. Aufl. u. d. T.: Das deutsche Wirtschaftsleben seit Beginn des 19. Jahrhunderts; neu bearb. und erg. von Max Muß, Leipzig/Berlin 1930, S. 25
[2] L. Pohle: Wirtschaftsleben, S. 49
[3] Ebd.

Beim *bibliographischen Zitieren* handelt es sich um ein stark reduziertes, bibliographiebezogenes Zitieren. Entgegen sonst üblicher Zitierweise wird hierbei nur der Nachname des Autors, das Erscheinungsjahr und die zitierte Seitenzahl genannt – und dem jeweiligen Zitat unmittelbar als Klammerausdruck nachgestellt (vgl. Beispiel, S. 42). Dem Leser wird allerdings zugemutet, die jeweiligen Titelangaben aus der anhängenden Bibliographie zu erschließen. Die Verwendung des sog. Autor-Jahr-Schemas setzt daher eine überschaubare und homogene Literaturbasis voraus (wie z. B. bei Rezensionen und Literaturberichten). Bei quellenorientierten Arbeiten erscheint es jedoch weniger zweckmäßig, da sich die meisten Quellengattungen nicht in das Kurzschema einfügen lassen.

4. Verzeichnisse und Anhänge

Verzeichnisse und Anhänge sind ein wichtiges Orientierungsmittel für den Leser, um sich einen verläßlichen Überblick über die vom Autor verarbeiteten Materialien zu verschaffen. Bei wissenschaftlichen Abschlußarbeiten gibt das Quellen- und Literaturverzeichnis zugleich verbindliche Auskunft über alle tatsächlich verwendeten Hilfsmittel.

a) Abkürzungsverzeichnis

Abkürzungen im Darstellungsteil sollen – um der besseren Lesbarkeit willen – möglichst sparsam verwendet werden; als zweckmäßig erweisen sie sich jedoch im Anmerkungsapparat. Dazu finden Sie die gebräuchlichsten Abkürzungen und Zeitschriften-Siglen nachstehend abgedruckt. Die in eigener Arbeit verwendeten Abkürzungen müssen auch in einem (alphabetisch geordneten) Verzeichnis erscheinen – nicht aber umgangssprachliche Abkürzungen, deren Kenntnis beim Leser vorausgesetzt werden kann. Das Abkürzungsverzeichnis ist dem Quellen- und Literaturverzeichnis am besten voranzustellen.

(1) Gebräuchliche Abkürzungen[28]

Abb.	Abbildung	Abh.	Abhandlung
Abdr.	Abdruck	Abs.	Absatz

---

[28] Vgl. auch Kurt Dülfer (Bearb.): Gebräuchliche Abkürzungen des 16.–20. Jahrhunderts (Veröffentlichungen der Archivschule Marburg, Bd. 1), 2. Aufl., Marburg 1971; sowie Klaus Schubert: Internationales Abkürzungslexikon. Politik-Wirtschaft-Gesellschaft, München 1978

Abt.	Abteilung	Komm.-Bd.	Kommentarband
Anh.	Anhang	Masch.-Schr.	Maschinenschrift
Anm.	Anmerkung	Ms./Mss.	Manuskript/e
Art.	Artikel	N.F.	Neue Folge
Aufl.	Auflage	N.N.	nomen nominandum
Ausg.	Ausgabe		"der zu nennende
Bd./Bde.	Band/Bände		[unbekannte] Name"
Bearb.	Bearbeiter	o.J.	ohne Jahresangabe
bearb.	bearbeitet	o.O.	ohne Ortsangabe
Begr.	Begründer	o.V.	ohne Verfasserangabe
begr.	begründet	Reg.	Register
Beibl.	Beiblatt	Reg.-Bd.	Registerband
Beih.	Beiheft	Rez.	Rezensent, Rezension
Beil.	Beilage	S.	Seite
Bl./Bll.	Blatt/Blätter	Sd.-Bd.	Sonderband
Diss.	Dissertation	Sig.	Signatur
ebd.	ebenda	Slg.	Sammlung
eingel.	eingeleitet	Sp.	Spalte
erg.	ergänzt	Tab.	Tabelle
Erg.-Bd.	Ergänzungsband	TB/Tb.	Taschenbuch
erw.	erweitert	Tl./Tle.	Teil/e
f./ff.	folgende Seite/n	u.a.	und andere,
fortgef.	fortgeführt		unter anderem,
H.	Heft		und anderswo
Habil.-Schr.	Habilitationsschrift	u.d.T.	unter dem Titel
Hg./Hrsg.	Herausgeber	u.gl.T.	unter gleichem Titel
hg./hrsg.	herausgegeben	u.L.v.	unter Leitung von
i.E.	im Erscheinen	u.M.v.	unter Mitarbeit von
i.V.m.	in Verbindung mit	u.ö.	und öfter
J.	Journal	verb.	verbessert
Jb./Jbb.	Jahrbuch/-bücher	Verf./Vf.	Verfasser
Jg./Jgg.	Jahrgang/-gänge	Verz.	Verzeichnis
Jh./Jhdt.	Jahrhundert	vgl.	vergleiche
Kap.	Kapitel	Z./Zs.	Zeitschrift

(2) Abkürzungen internationaler Organisationen[29]

ASEAN	Association of Southeast Asian Nations (Verband Südostasiatischer Nationen)
CIEC	Conference on International Economic Co-operation

---

[29] Zur weiteren Orientierung siehe Paul Spillner: Internationales Wörterbuch der Abkürzungen von Organisationen, 3 Tle., 2. Aufl., München/Berlin 1970/72

	(KIWZ: Konferenz für internationale wirtschaftliche Zusammenarbeit)
CSCE	Conference on Security and Co-operation in Europe (KSZE: Konferenz für Sicherheit und Zusammenarbeit in Europa)
ECA	Economic Commission for Africa (UN-Wirtschaftskommission für Afrika)
ESCAP	Economic and Social Commission for Asia and the Pacific (UN-Wirtschafts- und Sozialkommission für Asien und den Pazifik)
ECE	Economic Commission for Europe (UN-Wirtschaftskommission für Europa)
ECLA	Economic Commission for Latin America (UN-Wirtschaftskommission für Latein-Amerika)
ECOSOC	Economic and Social Council (UN-Wirtschafts- und Sozialrat)
EEC	European Economic Community (EWG: Europäische Wirtschaftsgemeinschaft)
EFTA	European Free Trade Association (Europäische Freihandelsassoziation)
FAO	Food and Agriculture Organization (Welternährungsorganisation)
GATT	General Agreement on Tariffs and Trade (Allgemeines Zoll- und Handelsabkommen)
IDA	International Development Assoziation (Internationale Entwicklungsorganisation)
ILO	International Labour Organization (IAO: Internationale Arbeitsorganisation)
IMF	International Monetary Fund (IWF: Internationaler Währungsfonds)
OAS	Organization of American States (Organisation Amerikanischer Staaten)
OAU	Organization of African Unity (Organisation für Afrikanische Einheit)
OECD	Organization for Economic Co-operation and Development (Organisation für wirtschaftliche Zusammenarbeit und Entwicklung)
OPEC	Organization of Petroleum Exporting Countries (Organisation erdölexportierender Länder)
UNCTAD	United Nations Conference on Trade and Development (Welthandelskonferenz)

UNESCO	United Nations Educational, Scientific and Cultural Organization (UN-Organisation für Erziehung, Wissenschaft und Kultur)
UNIDO	United Nations Industrial Development Organization (UN-Organisation für industrielle Entwicklung)
UNO	United Nations Organization (Vereinte Nationen)

(3) Bibliographische Abkürzungen (Siglen)[30]

ADB	Allgemeine Deutsche Biographie
AfS	Archiv für Sozialgeschichte
AHR	The American Historical Review
CIP	Cataloguing in Publication
EA	Europa-Archiv
EHR	The English Historical Review
FSGA	Freiherr vom Stein-Gedächtnisausgabe
GD	Geschichtsdidaktik
GG	Geschichte und Gesellschaft
GP	Die Große Politik der Europäischen Kabinette
GPD	Geschichte, Politik und ihre Didaktik
GWU	Geschichte in Wissenschaft und Unterricht
HdSt	Handwörterbuch der Staatswissenschaften
HdSW	Handwörterbuch der Sozialwissenschaften
HJb	Historisches Jahrbuch
HPB	Das Historisch-Politische Buch
HRG	Handwörterbuch zur deutschen Rechtsgeschichte
HZ	Historische Zeitschrift
IBR	Internationale Bibliographie der Rezensionen
IBZ	Internationale Bibliographie der Zeitschriftenliteratur
IWK	Internationale wissenschaftliche Korrespondenz zur Geschichte der deutschen Arbeiterbewegung
JCH	The Journal of Contemporary History
JEEH	The Journal of European Economic History
JEH	The Journal of Economic History

---

[30] Vgl. Otto Leistner: Internationale Titelabkürzungen von Zeitschriften, Zeitungen, wichtigen Handbüchern, Wörterbüchern, Gesetzen usw. [ITA], 3. Aufl., Osnabrück 1981

JIH	The Journal of Interdisciplinary History
JMH	The Journal of Modern History
JSH	The Journal of Social History
KZfSS	Kölner Zeitschrift für Soziologie und Sozialpsychologie
MEGA	Marx-Engels-Gesamtausgabe
MGH	Monumenta Germaniae Historica
MWG	Max Weber-Gesamtausgabe
NDB	Neue Deutsche Biographie
NHB	Neue Historische Bibliothek
NPL	Neue Politische Literatur
NWB	Neue Wissenschaftliche Bibliothek
RH	Revue Historique
SOWI	Sozialwissenschaftliche Informationen für Unterricht und Studium
UTB	Uni-Taschenbücher
VfZG	Vierteljahrshefte für Zeitgeschichte
VSWG	Vierteljahrschrift für Sozial- und Wirtschaftsgeschichte
ZfG	Zeitschrift für Geschichtswissenschaft

b) Quellen- und Literaturverzeichnis

Das Quellen- und Literaturverzeichnis soll grundsätzlich nur, aber auch alle tatsächlich verwendeten Quellen und Titel der Literatur nachweisen, jeweils getrennt nach (ungedruckten und gedruckten) Quellen sowie nach Fachliteratur (resp. Darstellungen). Eine weitere Unterteilung nach Quellengattungen (z. B. Akten, Memoiren, Publizistik) und Darstellungsformen (z. B. Gesamtdarstellungen, Monographien, Aufsätze) ist bei Seminar- bzw. Hausarbeiten entbehrlich, jedoch bei größeren Forschungsarbeiten häufig geübte Praxis. Der Begriff der "Sekundärliteratur", in der Literaturwissenschaft sinnvoll, ist in der Geschichtswissenschaft widersprüchlich und daher auch nicht als bibliographisches Unterteilungskriterium verwendbar.

Bei ungedruckten Quellen empfiehlt sich die Reihenfolge – staatliche, kommunale, private Bestände, zuletzt Nachlässe. Ausgiebig zitierte Archivalien sind am besten nach Aktengruppen aufzuführen, entsprechend der Registrierweise in den Archiven. Für gedruckte Quellen und Literaturangaben gelten jeweils dieselben Grundsätze wie für das Zitieren. Allerdings sind hier der besseren Übersicht halber die Nachnamen der Autoren bzw. Herausgeber voranzustellen und in alphabetischer Reihenfolge anzuordnen. Für die Einreihung von Sachtiteln (bei anonymen Werken und Vielverfasserschriften) bieten sich sinnvollerweise die eingangs skizzierten "RAK"-Bestimmungen an (vgl. S. 63 f.). Auch bekannte Aktenpublikationen werden gemeinhin unter ihrem Editionstitel eingeordnet. Zeitschriftentitel lassen sich mit Hilfe von Siglen abkürzen. In diesem Fall ist ein entsprechendes Abkürzungsverzeichnis voranzustellen. Unerwähnt bleiben archivische, bibliographische und lexikalische Hilfsmittel – es sei denn: sie sind selbst Gegenstand der Untersuchung.

Beispiel eines Quellen- und Literaturverzeichnisses (Auszug):

I. Quellen

1. Ungedruckte Quellen

DZA I Potsdam	Reichskanzlei (Stammakten) I, Gruppe 11 (Handel und Gewerbe), Nr. 403–407: Mitteleuropäischer Wirtschaftsbund (5 Bde.)
Staatsarchiv Hamburg	Senatskriegsakten, Bestand Wz 72: Erörterungen der Friedensbedingungen (2 Pakete)
Archiv der Handelskammer Hamburg	Bestand V 145, Nr. 3: Akten betr. Hansabund – Rede Jacob Rießers in Mannheim am 9. 1. 1910, Flugblatt Nr. 10 des Hansabundes

2. Gedruckte Quellen

Behnen, Michael (Hrsg.)	Quellen zur deutschen Außenpolitik im Zeitalter des Imperialismus 1890–1911 (FSGA, Abt. B, Bd. 26), Darmstadt 1977
Geiss, Imanuel (Bearb.)	Julikrise und Kriegsausbruch 1914. Eine Dokumentensammlung, 2 Bde., Hannover 1963/64
Hermberg, Paul (Bearb.)	Der Kampf um den Weltmarkt. Handelsstatistisches Material, Hrsg. Institut für Weltwirtschaft und Seeverkehr an der Universität Kiel, Jena 1920
Reichsamt des Innern (Bearb.)	Die Handelsverträge des Deutschen Reichs, Berlin 1906; Erg.-Bd.: Berlin 1915

Albertini, Luigi	The Origins of the War of 1914, a.d. Ital., 3 Bde., 2. Aufl., London 1966; Nachdruck: Westport/Ct. 1980
Bade, Klaus J.	Literaturbericht: Imperialismusforschung und Kolonialhistorie, in: GG, 9. Jg. (1983), S. 138–150
Fischer, Fritz	Krieg der Illusionen. Die deutsche Politik von 1911 bis 1914, 2. Aufl., Düsseldorf 1970
Hallgarten, George W. F.	Imperialismus vor 1914. Die soziologischen Grundlagen der Außenpolitik europäischer Großmächte vor dem Ersten Weltkrieg, 2 Bde., 2. Aufl., München 1963
Hardach, Gerd	Der Erste Weltkrieg (Geschichte der Weltwirtschaft im 20. Jahrhundert, Bd. 2), München 1973
Kennedy, Paul M.	The Rise of Anglo-German Antagonism 1860–1914, London 1980
Poidevin, Raymond	Les relations économiques et financières entre la France et l' Allemagne de 1898 à 1914, Paris 1969
Schöllgen, Gregor (Hrsg.)	Flucht in den Krieg? Die Außenpolitik des kaiserlichen Deutschland, Darmstadt 1991

c) Dokumenten- und Tabellenanhänge

In den sog. Dokumentenanhang gehören größere, zumeist ungedruckte oder sonstwie schwer zugängliche Quellenstücke, auf die sich der Autor im Darstellungsteil zentral bezieht und die dem Leser die Möglichkeit bieten sollen, die Argumentation und Schlüsse des Verfassers am Originaltext zu überprüfen. Die beigefügten Quellenstücke sind jeweils mit Kopfregest und genauer Herkunftsangabe zu versehen und wahlweise nach chronologischen oder thematischen Gesichtspunkten in einem gesonderten Dokumentenanhang zusammenzustellen. Etwas schwieriger gestaltet sich die einheitliche Placierung von Tabellen, denn dafür haben sich in empirischen Arbeiten drei unterschiedliche Maximen entwickelt: "1. alle relevanten Tabellen in den fortlaufenden Text einfügen; 2. alle Tabellen in einen Anhang, auf den dann an der jeweiligen Textstelle verwiesen wird; 3. wenige wichtige Tabellen in den fortlaufenden Text, den Rest in den Anhang."[31] Welche der drei Formen im Einzelfall zu bevorzugen ist, hängt zunächst von der Zielgruppe, der Darstellungsform (Aufsatz, Monographie, Abschlußarbeit) und dem Umfang des erstellten Tabellenmaterials ab; doch sollten Sie dabei stets auch bedenken, daß Anhänge oft nur kursorisch gelesen werden. In Zweifelsfällen bietet sich daher die dritte Form gleichsam als Kompromißlösung zwischen Autor und Adressatenkreis an.

5. Manuskriptgestaltung und Textverarbeitung

Den abschließenden Bemerkungen zur Textverarbeitung seien einige allgemeine Hinweise zur Manuskriptgestaltung vorangestellt: Bei Seminar- bzw. Hausarbeiten reicht meist ein Umfang von ca. 15−20 Seiten (im Format DIN A 4, 1 1/2zeilig, Anmerkungen 1zeilig − siehe dazu Musterseite in Anlage I). Für Abschlußarbeiten gelten in einzelnen Bundesländern umfangmäßige Begrenzungen, z. B. in Bremen maximal 60 Seiten bei Einzelarbeiten. Die Endfassung des Manuskripts wird mit Titelblatt und Inhaltsverzeichnis versehen. Das Titelblatt enthält in übersichtlicher Form den Veranstaltungstitel, die Semesterangabe, den Titel der Arbeit, schließlich Name und Anschrift sowie Studienfächer und -semester des Verfassers. Bei Abschlußarbeiten sind wiederum besondere Empfehlungen der Prüfungsämter zu beachten. Mit Ausnahme des Titelblatts werden alle Manuskriptseiten fortlaufend numeriert und die jeweiligen Seitenzahlen für die einzelnen Gliederungspunkte in das Inhaltsverzeichnis übertragen. Beim Inhaltsverzeichnis handelt es sich also in der Hauptsache um die Gliederung der Arbeit; ergänzend dazu werden mit jeweiliger Seitenangabe genannt: Anmerkungsapparat (sofern die Anmerkungen nicht als Fußnoten erscheinen), Abkürzungsverzeichnis, Quellen- und Literaturverzeichnis sowie Dokumenten- und Tabellenanhänge. Das Inhaltsverzeichnis gehört an den Anfang, alle anderen Verzeichnisse sowie Anhänge stehen in der genannten Reihenfolge am Ende der Arbeit.

---

[31] Jürgen Friedrichs: Methoden empirischer Sozialforschung, 14. Aufl., Opladen 1990, S. 400

Schließlich ist die Arbeit vor Abgabe noch sorgfältig auf Fehler durchzusehen; etwaige Korrekturen können zur Not handschriftlich vorgenommen werden. Dafür ist jedoch die Kenntnis von Korrekturzeichen erforderlich (abgedruckt im Duden).[32]

Mit den Hinweisen zur formalen Manuskriptgestaltung werden die Vorzüge der (elektronischen) Textverarbeitung sinnfällig. Zwar ist die Anfertigung wissenschaftlicher Arbeiten auch weiterhin auf konventionelle Weise möglich, doch stellt die Textverarbeitung am Personal Computer (PC) bei größeren Abschlußarbeiten eine beträchtliche Arbeitserleichterung dar. Wer noch nicht am PC arbeitet, aber dessen Einsatz erwägt, dem sollen die folgenden Bemerkungen einige Anwendungsmöglichkeiten aufzeigen: Ist ein Text erst einmal eingegeben, wird für jede neue Version nicht auch ein komplettes Neutippen nötig. Alle weiteren Arbeitsschritte wie Ergänzungen und Streichungen, Umstellungen und Umformulierungen sowie Schlußkorrekturen werden am Rohtext vorgenommen und bei Bedarf neu ausgedruckt. Damit ist der Text im Unterschied zum herkömmlichen Manuskript jederzeit lesbar und erleichtert so die weitere Bearbeitung wie Beratung von außen. Auch wird die Textgestaltung vor allem dadurch erleichtert, daß Anmerkungen nicht mehr mühsam in die jeweiligen Textseiten eingepaßt werden müssen; denn Textverarbeitungsprogramme errechnen automatisch, wieviele Textzeilen mit den dazugehörigen Anmerkungen auf eine Seite passen und drucken den Text entsprechend aus. Das ist eine nicht zu unterschätzende Erleichterung in der Schlußphase des Arbeitsprozesses. Ebenso lassen sich am PC erstellte Tabellen und Schaubilder an gewünschter Stelle in den Text einfügen oder nachträglich verschieben. Denn neuere Textverarbeitungsprogramme erlauben auch den Zugriff auf andere Anwenderprogramme (z. B. Tabellenkalkulation, Graphikprogramme). Überzogene Erwartungen an die Technik sollten Sie

---

[32] Vgl. dazu auch Ewald Standop: Die Form der wissenschaftlichen Arbeit, 13. Aufl., Heidelberg/Wiesbaden 1990; sowie Klaus Poenicke: Duden. Wie verfaßt man wissenschaftliche Arbeiten? Ein Leitfaden vom ersten Semester bis zur Promotion, 2. Aufl., Mannheim/Wien/ Zürich 1988

damit jedoch nicht verbinden. So sind z. B. die Rechtschreib-
prüfungs- und Silbentrennungsfunktionen der Textverarbeitungsprogramme nicht ausgereift genug, um sich darauf verlas-
sen zu können; allenfalls dienen sie dem technisch ungeübten
Schreiber zur Tippfehlerkontrolle.[33]

Bei der Auswahl eines Textverarbeitungsprogramms ist – neben der Kostenfrage – vor allem darauf zu achten, ob das Programm durch Begleitmaterial und Fachliteratur gut erschlossen
ist und eine qualifizierte Betreuung erlaubt. In der Funktionali-
tät unterscheiden sich die bekannteren Programme nur marginal.
Bereits preiswerte Programme bieten eine Vielzahl von Funktionen, die man bei herkömmlichen Schreibmaschinen vermißt.
Vor allem beim Redigieren zeigen sich die Vorteile des PC: Korrekturen im Text, Umstellung ganzer Passagen, Lösch-, Kopier-
und Verschiebeoperationen sind hier problemlos möglich.
Ebenso gehören umfangreiche Funktionen zur Zeichen-, Ab-
satz- und Seitenformatierung mittlerweile zum Standardreper-
toire von Textverarbeitungsprogrammen. Daher sollten nicht
besondere Einzelfunktionen eines Programms für dessen Nutzung ausschlaggebend sein, sondern der Verbreitungsgrad im
persönlichen oder beruflichen Umfeld. Es ist dabei auch an die
Möglichkeit zu denken, für den Endausdruck der Arbeit einen
leistungsfähigeren als den eigenen Drucker zu nutzen (Bekann-
tenkreis, Universität).

Mit dem Einstieg in die PC-Textverarbeitung sollte jedoch
möglichst nicht bis zur Abschlußarbeit gewartet werden; denn
erfahrungsgemäß sind mit der Einübung in ungewohnte Techniken auch größere Anfangsschwierigkeiten verbunden. So weiß
mancher PC-Benutzer davon zu berichten, daß er seinen mühsam eingegebenen Text auf ihm "unerklärliche" Weise wieder
verloren hat. Es ist daher ratsam, auf sorgfältige Sicherung und
Kennzeichnung eines entstehenden Textes zu achten. Aus Si-

---

[33] Vgl. das einführende Kapitel "Einsatz von Personalcomputern bei
der wissenschaftlichen Arbeit", in: U. v. Alemann/E. Forndran: Methodik der Politikwissenschaft, S. 145–150; vgl. noch Helmut
Schanze/Manfred Kammer: Textverarbeitung: Eine Einführung.
Grundlagen und Anwendungen, München 1986

cherheitsgründen wird die Neubearbeitung des Rohtextes doppelt abgespeichert – auf der Festplatte und auf einer Diskette. Dabei kann es allerdings leicht zu Verwechslungen kommen, wenn die einzelnen Textversionen nicht in ihrem jeweiligen Status gekennzeichnet sind. Textverarbeitungsprogramme bieten jedoch die Möglichkeit, zusätzlich zur Textdatei Kurzinformationen und -kommentare zu speichern (z. B. Überarbeitungsdatum, Schlüsselworte, Kurzkommentare). Diese Funktion ist für methodisches Arbeiten unentbehrlich, um einzelne Versionen von Kapiteln und Unterkapiteln auch zu einem späteren Zeitpunkt eindeutig identifizieren zu können. Im übrigen verführen Textverarbeitungsprogramme leicht dazu, all ihre technischen Gestaltungsfunktionen auszunutzen. Doch sollen wissenschaftliche Texte optisch nicht überfrachtet, d. h. nicht mit mehreren Schriftarten oder gar "effektheischenden" Stilmitteln versehen werden. Vielmehr empfiehlt sich die Beschränkung auf nur eine gängige Schrifttype, die für Überschriften und Hervorhebungen als Fett- bzw. Kursivdruck sparsam variiert wird. Für Anmerkungen kann statt des sonst üblichen engzeiligen Schriftsatzes ein kleinerer Schriftgrad gewählt werden.

Über die Erfassung und Gestaltung von Texten hinaus bietet der PC weitere Einsatzmöglichkeiten, die hier zwar erwähnt, aber nicht mehr behandelt werden: Literaturverwaltung auf Basis von Datenbankprogrammen, Literaturrecherche per Telephonleitung mit Hilfe von sog. Modems oder Akustikkopplern sowie das Einlesen (Scannen) von Texten und Schaubildern sind technisch möglich, ob aber auch allesamt für ein Geschichtsstudium nötig – das sei dahingestellt.[34]

---

[34] Vgl. ggf. noch das Kapitel "Literatursuche mit Hilfe EDV-organisierter Informationsdienste", in: Reinhard Horn/Wolfram Neubauer: Fachinformation Politikwissenschaft. Literaturhinweise, Informationsbeschaffung und Informationsverarbeitung, München u. a. 1987, S. 127–159; sowie das "Verzeichnis deutscher Datenbanken, Datenbankbetreiber und Informationsvermittlungsstellen" (s. S. 69, Anm. 20)

V. Auswahlbibliographie zur Neueren Geschichte

Vorbemerkung: Die vorliegende Bibliographie ist als praktische Arbeits- und Orientierungshilfe für Literaturstudium und Lehrveranstaltungen gedacht. Im Unterschied zu den meisten Bibliographien, die durch ihre Tendenz zur Vollständigkeit, gelegentlich auch durch fehlende Übersichtlichkeit, nicht immer zum Literaturstudium anregen, beschränkt sich diese Studienbibliographie auf eine überschaubare Literaturauswahl zu wesentlichen Teilbereichen der Neueren Geschichte (einschl. Sozial- und Wirtschaftsgeschichte). Allgemeine Auswahlkriterien sind: a) Es muß sich um grundlegende Literatur handeln, d. h. sie muß fachlich fundiert sein und nicht nur Teilaspekte ansprechen; b) sie soll möglichst allgemeinverständlich sein, vor allem Anfängern das Literaturstudium ermöglichen; und c) sie muß in der Seminarpraxis auch tatsächlich eine Rolle spielen. Dieses Kriterium gilt insbesondere für die kaum mehr überschaubare Vielfalt von Bibliographien, Handbüchern und Nachschlagewerken.

Insgesamt will die Bibliographie den neueren Forschungsstand repräsentieren und einen angemessenen Einblick in die jeweiligen Teilbereiche ermöglichen, daneben aber auch einen gewissen Überblick über ältere Standardwerke vermitteln – soweit diese für ein vertieftes Literatur- und Quellenstudium noch von Bedeutung sind. Wer sich detaillierter über Teilepochen und Teildisziplinen informieren möchte, sei auf die in der Anmerkung genannten Bücherverzeichnisse verwiesen.[1] Um den Charakter der Studienbibliographie als praktische Arbeitshilfe zu dokumentieren, sind außerdem weiterführende Orientierungsmittel, Ergänzungsseiten und Signaturspalten ausgewiesen. Damit verbindet sich für Studienanfänger wie für Tutoren der ausdrückliche Hinweis, daß diese Bibliographie auch tatsächlich als praktisches Arbeitsinstrument genutzt werden sollte.

---

[1] Vgl. Winfried Baumgart: Bücherverzeichnis zur deutschen Geschichte. Hilfsmittel, Handbücher, Quellen, 8. Aufl., München 1990; Norbert Brockmeyer/Ernst F. Schultheiß: Studienbibliographie Alte Geschichte, Wiesbaden 1973; Peter-Johannes Schuler: Grundbibliographie Mittelalterliche Geschichte, Stuttgart 1990

1. Einführungen

Bauer, Wilhelm
Einführung in das Studium der Geschichte, 2. Aufl., Tübingen 1928;
Nachdruck: Frankfurt/M. 1991

Beutin, Ludwig
Einführung in die Wirtschaftsgeschichte (1958); neu bearb. von Hermann Kellenbenz u. d.T.: Grundlagen des Studiums der Wirtschaftsgeschichte, Köln/Wien 1973

Boelcke, Willi A.
Wirtschafts- und Sozialgeschichte. Einführung, Bibliographie, Methoden, Problemfelder, Darmstadt 1987

Borowsky, Peter/Vogel, Barbara/Wunder, Heide
Einführung in die Geschichtswissenschaft, 2 Bde., Bd. 1: Grundprobleme, Arbeitsorganisation, Hilfsmittel, 5. Aufl., Opladen 1989;
Bd. 2: Materialien zu Theorie und Methode, 2. Aufl., Opladen 1980

Boshof, Egon/Düwell, Kurt/Kloft, Hans
Grundlagen des Studiums der Geschichte. Eine Einführung, 3. Aufl.,
Köln/Wien 1983

Eckermann, Walther/Mohr, Hubert u. a. (Hrsg.)
Einführung in das Studium der Geschichte, 4. Aufl., Berlin 1986

Kirn, Paul
Einführung in die Geschichtswissenschaft (1947); neu bearb. von Joachim Leuschner (Sammlung Göschen, Bd. 270), 6. Aufl., Berlin/New York 1972

Opgenoorth, Ernst
Einführung in das Studium der neueren Geschichte, 3. Aufl., Paderborn u. a. 1989

Schieder, Theodor
Geschichte als Wissenschaft. Eine Einführung, 2. Aufl., München 1968

Schmidt, Jörg
Studium der Geschichte. Eine Einführung aus sozialwissenschaftlicher und didaktischer Sicht, München 1975

Schulze, Winfried
Einführung in die Neuere Geschichte, Stuttgart 1987

Zorn, Wolfgang
Einführung in die Wirtschafts- und Sozialgeschichte des Mittelalters und der Neuzeit, 2. Aufl., München 1974

*

Zur weiteren Orientierung: Vgl. Winfried Schulze: Neuere "Einführungen" in die Geschichtswissenschaft, in: GG, 2. Jg. (1976), S. 520–536

Ergänzungen

2. Theorie und Methode

Beiträge zur Historik Signatur
Studiengruppe "Theorie der Geschichte" [wechselnde Herausgeber],
6 Bde., München 1977/90

Bernheim, Ernst
Lehrbuch der historischen Methode und der Geschichtsphilosophie,
6. Aufl., Leipzig 1908; Nachdruck: New York 1960

Droysen, Johann Gustav
Historik. Vorlesungen über Enzyklopädie und Methodologie der Geschichte, Hrsg. Rudolf Hübner, 8. Aufl., München/Wien 1977

Engelberg, Ernst (Hrsg.)
Probleme der Geschichtsmethodologie, Berlin 1972

Faber, Karl-Georg
Theorie der Geschichtswissenschaft, 5. Aufl., München 1982

Groh, Dieter
Kritische Geschichtswissenschaft in emanzipatorischer Absicht.
Überlegungen zur Geschichtswissenschaft als Sozialwissenschaft,
Stuttgart u. a. 1973

Kocka, Jürgen
Sozialgeschichte. Begriff-Entwicklung-Probleme, 2. Aufl., Göttingen
1986

Meran, Josef
Theorien in der Geschichtswissenschaft. Die Diskussion über die
Wissenschaftlichkeit der Geschichte (Kritische Studien zur Ge-
schichtswissenschaft, Bd. 66), Göttingen 1985

Rüsen, Jörn
Historische Vernunft. Grundzüge einer Historik I; ders.: Rekonstruktion der Vergangenheit. Grundzüge einer Historik II; ders.: Lebendige Geschichte. Grundzüge einer Historik III, 3 Bde., Göttingen
1983/89

Schieder, Theodor/Gräubig, Kurt (Hrsg.)
Theorieprobleme der Geschichtswissenschaft (Wege der Forschung,
Bd. 378), Darmstadt 1977

Schulze, Winfried
Soziologie und Geschichtswissenschaft. Einführung in die Probleme
der Kooperation beider Wissenschaften, München 1974

Wehler, Hans-Ulrich
Geschichte als Historische Sozialwissenschaft, 3. Aufl., Frankfurt/M.
1980

*

Zur weiteren Orientierung: Vgl. Helmut Berding: Bibliographie zur Ge-
schichtstheorie (Arbeitsbücher zur modernen Geschichte, Bd. 4), Göttingen 1977

3. Historiographie

Faulenbach, Bernd Signatur
Ideologie des deutschen Weges. Die Geschichte in der Historiographie zwischen Kaiscrreich und Nationalsozialismus, München 1980

Fueter, Eduard
Geschichte der neueren Historiographie, München/Berlin 1911; Nachdruck: München/Berlin 1968

Iggers, Georg G.
Deutsche Geschichtswissenschaft. Eine Kritik der traditionellen Geschichtsauffassung von Herder bis zur Gegenwart, a.d. Amerik., 3. Aufl., München 1976

Iggers, Georg G.
Neue Geschichtswissenschaft. Vom Historismus zur Historischen Sozialwissenschaft. Ein internationaler Vergleich. Mit Beiträgen von Norman Baker und Michael Frisch, a.d. Amerik., München 1978

Kuczynski, Jürgen
Zur Geschichte der Wirtschaftsgeschichtsschreibung (Studien zu einer Geschichte der Gesellschaftswissenschaften, Bd. 8), Berlin 1978

Meinecke, Friedrich
Werke, Bd. 3: Die Entstehung des Historismus, Hrsg. Carl Hinrichs, 2. Aufl., München 1965

Schieder, Wolfgang/Sellin, Volker (Hrsg.)
Sozialgeschichte in Deutschland. Entwicklungen und Perspektiven im internationalen Zusammenhang, 4 Bde., Göttingen 1986/87

Schulin, Ernst
Traditionskritik und Rekonstruktionsversuch. Studien zur Entwicklung von Geschichtswissenschaft und historischem Denken, Göttingen 1979

Schulze, Winfried
Deutsche Geschichtswissenschaft nach 1945, München 1989

Stern, Fritz (Hrsg.)
Geschichte und Geschichtsschreibung. Möglichkeiten, Aufgaben und Methoden. Texte von Voltaire bis zur Gegenwart, a.d. Amerik., München 1966

Wehler, Hans-Ulrich
Historische Sozialwissenschaft und Geschichtsschreibung. Studien zu Aufgaben und Traditionen der deutschen Geschichtswissenschaft, Göttingen 1980

*

Zur weiteren Orientierung: Vgl. Hans-Ulrich Wehler (Hrsg.): Deutsche Historiker, 9 Bde., Göttingen 1971/82

Ergänzungen

4. Geschichtsdidaktik

Bergmann, Klaus/Rüsen, Jörn (Hrsg.) Signatur
Geschichtsdidaktik: Theorie für die Praxis (Geschichtsdidaktik, Bd. 4), Düsseldorf 1978

Borries, Bodo von
Geschichtslernen und Geschichtsbewußtsein. Empirische Erkundungen zu Erwerb und Gebrauch von Historie, Stuttgart 1988

Gies, Horst [Hrsg.]
Geschichtslehrerausbildung in der Bundesrepublik Deutschland (Dortmunder Arbeiten zur Schulgeschichte und zur historischen Didaktik, Bd. 7), Bochum 1986

Huhn, Jochen
Politische Geschichtsdidaktik. Untersuchungen über politische Implikationen der Geschichtsdidaktik in der Weimarer Republik und in der Bundesrepublik Deutschland, Kronberg 1975

Jeismann, Karl-Ernst
Geschichte als Horizont der Gegenwart. Über den Zusammenhang von Vergangenheitsdeutung, Gegenwartsverständnis und Zukunftsperspektive, Hrsg. Wolfgang Jacobmeyer/Erich Kosthorst, Paderborn 1985

Kuhn, Annette
Einführung in die Didaktik der Geschichte, 3. Aufl., München 1980

Leidinger, Paul u. a. (Hrsg.)
Geschichtsunterricht und Geschichtsdidaktik vom Kaiserreich bis zur Gegenwart. Festschrift des Verbandes der Geschichtslehrer Deutschlands, Stuttgart 1988

Mütter, Bernd/Quandt, Siegfried (Hrsg.)
Historie-Didaktik-Kommunikation. Wissenschaftsgeschichte und aktuelle Herausforderungen (Geschichte − Grundlagen und Hintergründe, Bd. 1), Marburg 1988

Rohlfes, Joachim
Geschichte und ihre Didaktik, Göttingen 1986

Schulz-Hageleit, Peter
Wie lehrt man Geschichte heute? Vorschläge und Materialien für ein umstrittenes Fach, 2. Aufl., Heidelberg 1977

Süssmuth, Hans (Hrsg.)
Geschichtsdidaktische Positionen. Bestandsaufnahme und Neuorientierung, Paderborn u. a. 1980

*

Zur weiteren Orientierung: Vgl. Klaus Bergmann u. a. (Hrsg.): Handbuch der Geschichtsdidaktik, 3. Aufl., Düsseldorf 1985 (Nachdruck i. E.)

Ergänzungen

5. Gesamtdarstellungen

Abendroth, Wolfgang   Signatur
    Sozialgeschichte der europäischen Arbeiterbewegung, Frankfurt/M.
    1965 u. ö.

Bleicken, Jochen/Gall, Lothar/Jacobs, Hermann (Hrsg.)
    Oldenbourgs Grundriß der Geschichte, bisher erschienen: ca.
    25 Bde., München 1979 ff.

Braudel, Fernand
    Sozialgeschichte des 15.–18. Jahrhunderts, a. d. Franz., 3 Bde., München 1985/86

Broszat, Martin/Heiber, Helmut (Hrsg.)
    Dtv-Weltgeschichte des 20. Jahrhunderts, 12 Bde., München 1966/69
    u. ö.

Fischer-Weltgeschichte
    Wiss. Leitung: Jean Bollack, 36 Bde., Frankfurt/M. 1965/82 u. ö.

Halphen, Louis/Sagnac, Philippe (Hrsg.)
    Peuples et civilisations. Histoire générale, 21 Bde., Paris 1926/57 u. ö.

Hobsbawm, Eric J.
    Industrie und Empire. Britische Wirtschaftsgeschichte seit 1750, a. d.
    Engl., 2 Bde., Frankfurt/M. 1969 u. ö.

Holborn, Hajo
    Deutsche Geschichte in der Neuzeit, a. d. Amerik., 3 Bde., München
    1970/71

Mottek, Hans u. a.
    Wirtschaftsgeschichte Deutschlands. Ein Grundriß, 3 Bde., Berlin
    1957/74

Nipperdey, Thomas
    Deutsche Geschichte 1800–1866; ders.: Deutsche Geschichte 1866–
    1918, 3 Bde., München 1983/92

Sombart, Werner
    Der moderne Kapitalismus. Historisch-systematische Darstellung
    des gesamteuropäischen Wirtschaftslebens von seinen Anfängen bis
    zur Gegenwart, 3 Bde., München/Leipzig 1916/27; Nachdruck: München 1987

Wehler, Hans-Ulrich
    Deutsche Gesellschaftsgeschichte, 4 Bde., 2. Aufl., München 1989
    (z. T. in Vorb.)

*

Zur weiteren Orientierung: Einzelne Länderdarstellungen verzeichnet
Gerhard Meyer: Wege zur Fachliteratur Geschichtswissenschaft, München u. a. 1980

Ergänzungen

6. Neuere Monographien

Böhme, Helmut Signatur
Deutschlands Weg zur Großmacht. Studien zum Verhältnis von Wirtschaft und Staat während der Reichsgründungszeit 1848–1881, 2. Aufl., Köln 1972

Bracher, Karl Dietrich
Die Auflösung der Weimarer Republik. Eine Studie zum Problem des Machtverfalls in der Demokratie, 5. Aufl., Villingen 1971; Nachdruck: Düsseldorf 1984

Fischer, Fritz
Griff nach der Weltmacht. Die Kriegszielpolitik des kaiserlichen Deutschland 1914/18, 4. Aufl., Düsseldorf 1971; Nachdruck der Sonderausgabe (1967): Kronberg/Ts. 1977

Kocka, Jürgen
Klassengesellschaft im Krieg. Deutsche Sozialgeschichte 1914–1918 (Kritische Studien zur Geschichtswissenschaft, Bd. 8), 2. Aufl., Göttingen 1978

Landes, David S.
Der entfesselte Prometheus. Technologischer Wandel und industrielle Entwicklung in Westeuropa von 1750 bis zur Gegenwart, a.d. Engl., Köln 1973

Moore, Barrington
Soziale Ursprünge von Diktatur und Demokratie. Die Rolle der Grundbesitzer und Bauern bei der Entstehung der modernen Welt, a.d. Amerik., Frankfurt/M. 1974 u.ö.

Rosenberg, Hans
Große Depression und Bismarckzeit. Wirtschaftsablauf und Politik in Mitteleuropa (Veröffentlichungen der Historischen Kommission zu Berlin, Bd. 24), Berlin 1967

Soboul, Albert
Die Große Französische Revolution. Ein Abriß ihrer Geschichte (1789–1799), a.d. Franz., 5. Aufl., Frankfurt/M. 1988

Thompson, Edward P.
Die Entstehung der englischen Arbeiterklasse, a.d. Engl., 2 Bde., Frankfurt/M. 1987

Wehler, Hans-Ulrich
Bismarck und der Imperialismus, Köln/Berlin 1969; Nachdruck: Frankfurt/M. 1984

*

Zur weiteren Orientierung: Wichtige Neuerscheinungen werden angezeigt in: Neue Politische Literatur. Berichte über das internationale Schrifttum, Hrsg. Karl Otmar von Aretin u.a., Frankfurt/M. u.a. 1956 ff.

Ergänzungen

7. Aufsatzsammlungen, Sammelwerke

Berding, Helmut u. a. (Hrsg.)　　　　　　　　　　Signatur
Vom Staat des Ancien Régime zum modernen Parteienstaat. Festschrift für Theodor Schieder zu seinem 70. Geburtstag, München 1978

Braun, Rudolf u. a. (Hrsg.)
Industrielle Revolution. Wirtschaftliche Aspekte (NWB, Bd. 50), Köln 1972; ders.: Industrielle Revolution. Gesellschaftliche Aspekte (NWB, Bd. 56), Köln 1973

Fischer, Fritz
Der Erste Weltkrieg und das deutsche Geschichtsbild. Beiträge zur Bewältigung eines historischen Tabus. Aufsätze und Vorträge aus drei Jahrzehnten, Düsseldorf 1977

Fischer, Wolfram
Wirtschaft und Gesellschaft im Zeitalter der Industrialisierung. Aufsätze-Studien-Vorträge (Kritische Studien zur Geschichtswissenschaft, Bd. 1), Göttingen 1972

Kocka, Jürgen (Hrsg.)
Arbeiter und Bürger im 19. Jahrhundert. Varianten eines Verhältnisses im europäischen Vergleich (Schriften des Historischen Kollegs, Bd. 7), München 1986

Mommsen, Hans/Petzina, Dietmar/Weisbrod, Bernd (Hrsg.)
Industrielles System und politische Entwicklung in der Weimarer Republik (Verhandlungen des Internationalen Symposiums in Bochum vom 12.–17. Juni 1973), Düsseldorf 1974

Stegmann, Dirk/Wendt, Bernd-Jürgen/Witt, Peter-Christian (Hrsg.)
Industrielle Gesellschaft und politisches System. Beiträge zur politischen Sozialgeschichte. Festschrift für Fritz Fischer zum 70. Geburtstag (Schriftenreihe des Forschungsinstituts der Friedrich-Ebert-Stiftung, Bd. 137), Bonn 1978

Wehler, Hans-Ulrich (Hrsg.)
Moderne deutsche Sozialgeschichte (NWB, Bd. 10), 3. Aufl., Köln 1970

Wehler, Hans-Ulrich (Hrsg.)
Sozialgeschichte Heute. Festschrift für Hans Rosenberg zum 70. Geburtstag (Kritische Studien zur Geschichtswissenschaft, Bd. 11), Göttingen 1974

Winkler, Heinrich August (Hrsg.)
Organisierter Kapitalismus. Voraussetzungen und Anfänge (Kritische Studien zur Geschichtswissenschaft, Bd. 9), Göttingen 1974

*

Zur weiteren Orientierung: Grundlegende Aufsätze und Studien sind versammelt in: Neue Wissenschaftliche Bibliothek [NWB], Abt. Geschichte, Hrsg. Hans-Ulrich Wehler, div. Bde., Köln [ca. 1965 ff.]

Ergänzungen

8. Wissenschaftliche Reihen

Aretin, Karl Otmar von (Hrsg.)
Veröffentlichungen des Instituts für Europäische Geschichte Mainz, Signatur
Abt. Universalgeschichte, bisher erschienen: ca. 60 Bde. (und div.
Beihefte), Wiesbaden 1954 ff.

Berding, Helmut/Kocka, Jürgen/Wehler, Hans-Ulrich (Hrsg.)
Kritische Studien zur Geschichtswissenschaft, bisher erschienen: ca.
90 Bde., Göttingen 1972 ff.

Best, Heinrich u. a. (Hrsg.)
Historisch-Sozialwissenschaftliche Forschungen, bisher erschienen:
ca. 25 Bde., Stuttgart 1977 ff.

Büsch, Otto/Heinrich, Gerd (Hrsg.)
Historische und Pädagogische Studien, bisher erschienen: ca.
15 Bde., Berlin 1971 ff.

Conze, Werner (Hrsg.)
Industrielle Welt. Schriftenreihe des Arbeitskreises für moderne Sozialgeschichte, bisher erschienen: ca. 50 Bde., Stuttgart 1962 ff.

Forschungsinstitut der Friedrich-Ebert-Stiftung (Hrsg.)
Schriftenreihe des Forschungsinstituts der Friedrich-Ebert-Stiftung,
bisher erschienen: ca. 150 Bde., Bonn 1960 ff.

Franz, Günther/Blickle, Peter (Hrsg.)
Quellen und Forschungen zur Agrargeschichte, bisher erschienen: ca.
35 Bde., Stuttgart 1955 ff.

Historische Kommission zu Berlin (Hrsg.)
Veröffentlichungen der Historischen Kommission zu Berlin, bisher
erschienen: ca. 80 Bde., Berlin 1960 ff.

Institut für Zeitgeschichte (Hrsg.)
Quellen und Darstellungen zur Zeitgeschichte, bisher erschienen: ca.
35 Bde., Stuttgart 1957 ff.

Kommission für Geschichte des Parlamentarismus und der politischen
Parteien (Hrsg.), Beiträge zur Geschichte des Parlamentarismus und
der politischen Parteien, bisher erschienen: ca. 85 Bde., Düsseldorf
1952 ff.

Max-Planck-Institut für Geschichte (Hrsg.)
Veröffentlichungen des Max-Planck-Instituts für Geschichte, bisher
erschienen: ca. 100 Bde., Göttingen 1958 ff.

Treue, Wilhelm (Hrsg.)
Studien zur Naturwissenschaft, Technik und Wirtschaft im 19. Jahrhundert, bisher erschienen: ca. 10 Bde., Göttingen 1975 ff.

*

Zur weiteren Orientierung: Vgl. Neue Historische Bibliothek [NHB],
Hrsg. Hans-Ulrich Wehler, bisher erschienen: ca. 50 Bde., Frankfurt/M.
1983 ff.

9. Selbstzeugnisse, Biographien

Bebel, August
Aus meinem Leben, 3 Bde., Stuttgart 1910/14; Nachdruck: Berlin 1964

Bismarck, Otto von
Erinnerung und Gedanke, in: Die gesammelten Werke, Bd. 15 [Friedrichsruher Ausgabe], Hrsg. Gerhard Ritter/Rudolf Stadelmann, Berlin 1932; Nachdruck: Nendeln/Lie. 1972

Born, Stephan
Erinnerungen eines Achtundvierzigers, Leipzig 1898; Nachdruck: Bonn 1978

Emmerich, Wolfgang (Hrsg.)
Proletarische Lebensläufe. Autobiographische Dokumente zur Entstehung der zweiten Kultur in Deutschland, 2 Bde., Reinbek 1974/75

[Frank, Anne]
Die Tagebücher der Anne Frank. Einführung von Harry Paape/Gerrold van der Stroom/David Barnouw, Hrsg. Rijksinstituut voor Oorlogsdocumentatie 'Niederländisches Staatliches Institut für Kriegsdokumentation', a. d. Niederl., Frankfurt/M. 1988

Gall, Lothar
Bismarck. Der weiße Revolutionär, Frankfurt/Berlin/Wien 1980

Grebing, Helga (Hrsg.)
Lehrstücke in Solidarität. Briefe und Biographien deutscher Sozialisten, 1945–1949 (Quellen und Darstellungen zur Zeitgeschichte, Bd. 23), Stuttgart 1983

Kogon, Eugen
Der SS-Staat. Das System der deutschen Konzentrationslager, Frankfurt/M. 1946; Nachdruck: München 1974 (seltenes Beispiel für autobiographisch/monographische Literatur)

Marx, Karl/Engels, Friedrich
Der Briefwechsel [MEGA-Nachdruck], 4 Bde., München 1983

Mayer, Gustav
Friedrich Engels. Eine Biographie, 2 Bde., Berlin 1920; Nachdruck: Köln 1971

Wittram, Reinhard
Peter I., Czar und Kaiser. Zur Geschichte Peters des Großen in seiner Zeit, 2 Bde., Göttingen 1964

*

Zur weiteren Orientierung: Von den zahllosen Selbstzeugnissen und Biographien sind nur herausragende Werke deutscher Autoren aufgeführt; weitere Selbstzeugnisse in: "Deutsche Geschichtsquellen des 19. und 20. Jahrhunderts" sowie "Quellen und Darstellungen zur Zeitgeschichte".

Ergänzungen

10. Allgemeine Quellensammlungen

Buchner, Rudolf/Baumgart, Winfried (Hrsg.) Signatur
Ausgewählte Quellen zur deutschen Geschichte der Neuzeit. Freiherr vom Stein-Gedächtnisausgabe, bisher erschienen: ca. 40 Bde., Darmstadt 1960 ff.

Deutsche Geschichtsquellen des 19. und 20. Jahrhunderts
Hrsg. Historische Kommission bei der Bayerischen Akademie der Wissenschaften, bisher erschienen: ca. 55 Bde., Stuttgart/Berlin 1922 ff., Göttingen 1957 ff., Boppard/Rh. 1973 ff.

Hohlfeld, Johannes (Hrsg.)
Dokumente der deutschen Politik und Geschichte von 1848 bis zur Gegenwart. Ein Quellenwerk für die politische Bildung und staatsbürgerliche Erziehung, 8 Bde. und 1 Erg.-Bd., Berlin/München 1951/56

Huber, Ernst Rudolf (Hrsg.)
Dokumente zur deutschen Verfassungsgeschichte, 3 Bde., 3. Aufl., Stuttgart 1978/86 (Neubearbeitung von Bd. 3 in Vorb.)

Lautemann, Wolfgang/Schlenke, Manfred (Hrsg.)
Geschichte in Quellen, 7 Bde., München 1970/80 (zeitlich übergreifendes Quellenwerk)

Michaelis, Herbert/Schraepler, Ernst (Hrsg.)
Ursachen und Folgen. Vom deutschen Zusammenbruch 1918 und 1945 bis zur staatlichen Neuordnung Deutschlands in der Gegenwart. Eine Urkunden- und Dokumentensammlung zur Zeitgeschichte, 26 Bde. und 1 Reg.-Bd., Berlin 1958/80

Pollard, S[idney]/Holmes, C[olin] (Hrsg.)
Documents of European Economic History, 3 Bde., London 1968/73

Quellen zur Geschichte des Parlamentarismus und der politischen Parteien, Hrsg. Kommission für Geschichte des Parlamentarismus und der politischen Parteien, Reihe 1−4, bisher erschienen: ca. 30 Bde., Düsseldorf 1959 ff.

Schmitt, Eberhard (Hrsg.)
Dokumente zur Geschichte der europäischen Expansion, 7 Bde., München 1984 ff. (z. T. in Vorb.)

Treue, Wilhelm (Hrsg.)
Quellensammlung zur Kulturgeschichte, bisher erschienen: 20 Bde., Göttingen/Frankfurt/Zürich 1954 ff.

*

Zur weiteren Orientierung: Vgl. Winfried Baumgart (Hrsg.): Quellenkunde zur deutschen Geschichte der Neuzeit von 1500 bis zur Gegenwart, 6 Bde., Darmstadt 1977 ff. (z. T. in Vorb.)

11. Aktenpublikationen

Acta Borussica
Denkmäler der Preußischen Staatsverwaltung im 18. Jahrhundert, 2 Abt., Hrsg. Preußische Akademie der Wissenschaften, 38 Bde., Berlin 1892/1936; Nachdruck: Frankfurt/M. 1986/87

Akten der Reichskanzlei. Weimarer Republik
Hrsg. für die Historische Kommission bei der Bayerischen Akademie der Wissenschaften von Karl Dietrich Erdmann und für das Bundesarchiv von Hans Booms, bisher erschienen: ca. 15 Bde., Boppard/Rh. 1968 ff.

Akten der Reichskanzlei. Regierung Hitler [sic!]
Hrsg. für die Historische Kommission bei der Bayerischen Akademie der Wissenschaften von Konrad Repgen und für das Bundesarchiv von Hans Booms, bisher erschienen: 2 Bde., Boppard/Rh. 1983 ff.

Documents Diplomatiques Français, 1871–1914
Hrsg. Ministère des Affaires Étrangères. Commission de publication des documents relatifs aux origines de la guerre de 1914, Serie 1–3, Paris 1929/59

Documents on British Foreign Policy, 1919–1939
Hrsg. E. L. Woodward/R. Butler, Serie 1–3, London 1947 ff. (dazu: British Documents on the Origins of the War, 1898–1914, Hrsg. G. P. Gooch/H. Temperley, London 1929/36)

Foreign Relations of the United States
Diplomatic Papers [1861–1950], früher u. d. T.: Papers Relating to Foreign Affairs Accompanying the Annual Message of the President [1861–1870], danach: Papers Relating to the Foreign Relations of the United States. Diplomatic Papers [1871–1931], Washington 1861 ff.

Die Große Politik der Europäischen Kabinette, 1871–1914
Sammlung der Diplomatischen Akten des Auswärtigen Amtes, Reihe 1–5, Hrsg. Johannes Lepsius/Albrecht Mendelsohn-Bartholdy/ Friedrich Thimme, 40 Bde., 2. Aufl., Berlin 1924/27

[Nürnberger Prozeßakten]
["Blaue Reihe"]: Der Prozeß gegen die Hauptkriegsverbrecher vor dem Internationalen Militärgerichtshof Nürnberg, 42 Bde., Nürnberg 1947/49; ["Rote Reihe"]: Nazi Conspiracy and Aggression ..., 11 Bde., Washington 1946/48; ["Grüne Reihe"]: Trials of War Criminals before the Nuernberg Military Tribunals ..., 15 Bde., Washington 1950/53

*

Zur weiteren Orientierung: Wichtige Verträge und Abkommen dokumentiert der "Vertrags-Ploetz". Ein Handbuch geschichtlich bedeutsamer Zusammenkünfte und Vereinbarungen, Tl. II, Bde. 3–5, Bearb. Helmuth Rönnefarth/Heinrich Euler, Würzburg 1958/75

Ergänzungen

12. Publizistische Quellen/-kunden

Eberlein, Alfred (Bearb.)
Die Presse der Arbeiterklasse und der sozialen Bewegungen von den dreißiger Jahren des 19. Jahrhunderts bis zum Jahre 1967. Bibliographie und Standortverzeichnis..., 5 Bde., Berlin 1968/70

Hagelweide, Gert (Bearb.)
Deutsche Zeitungsbestände in Bibliotheken und Archiven, Hrsg. Verein Deutscher Bibliothekare und Kommission für Geschichte des Parlamentarismus und der politischen Parteien, Düsseldorf 1974

Harms, Wolfgang (Hrsg.)
Deutsche illustrierte Flugblätter des 16. und 17. Jahrhunderts, 5 Bde., München 1980 ff. (z. T. in Vorb.)

Haunfelder, Horst C. und Bernd/Pollmann, Erich (Bearb.)
Photodokumente zur Geschichte des Parlamentarismus und der politischen Parteien, 2 Bde., Düsseldorf 1986/89

Hoerder, Dirk (Hrsg.) u. M. v. Christiane Harzig
The Immigrant Labor Press in North America 1845–1976. An Annotated Bibliography, 4 Bde., Westport/Ct. 1986

Jaubert, Alain
Le commissariat aux archives, Paris 1986; deutsche Ausgabe u. d. T.: Fotos, die lügen. Politik mit gefälschten Bildern, Frankfurt/M. 1989

Moltmann, Günter/Reimers, Karl F. (Hrsg.)
Zeitgeschichte im Film- und Tondokument, Göttingen/Frankfurt/ Zürich 1970

Obermann, Karl
Flugblätter der Revolution. Eine Flugblattsammlung zur Geschichte der Revolution von 1848/49 in Deutschland, Berlin 1970

Schöne, Walter (Hrsg.)
Die deutsche Zeitung im ersten Jahrhundert ihres Bestehens (1609– 1700), 3 Bde., Leipzig 1939/40 (Faksimiledrucke)

Der Sozialdemokrat [Zürich, London 1879–1890]
Originalgetreue Reproduktion mit einer Nachbemerkung von Horst Bartel u. a., Berlin 1969/70

Weller, Emil
Die ersten deutschen Zeitungen. Hrsg. mit einer Bibliographie (1505– 1599), Stuttgart/Tübingen 1872; Nachdruck: Hildesheim 1971

*

Zur weiteren Orientierung: Vgl. Emil Dovifat (Hrsg.): Handbuch der Publizistik, 3 Bde., Berlin 1968/69; sowie Kurt Koszyk/Karl Hugo Pruys (Hrsg.): Handbuch der Massenkommunikation, München 1981

Ergänzungen

13. Statistische Quellenwerke

Dieterici, Carl F. W.
Statistische Übersicht der wichtigsten Gegenstände des Verkehrs und Verbrauchs im Preußischen Staate und im Deutschen Zollverbande in dem Zeitraume von 1831 bis [1853], 6 Bde., Berlin u. a. 1838/57

Fischer, Wolfram u. a. (Hrsg.)
Quellen und Forschungen zur Historischen Statistik von Deutschland, bisher erschienen: ca. 10 Bde., St. Katharinen 1986 ff.

Hoffmann, Walther G. u. a.
Das Wachstum der deutschen Wirtschaft seit der Mitte des 19. Jahrhunderts, Berlin/Heidelberg/New York 1965

Jersch-Wenzel, Stefi/Krengel, Jochen u. M. v. Bernd Martin
Die Produktion der deutschen Hüttenindustrie 1850−1914. Ein historisch-statistisches Quellenwerk, Berlin 1984

Köllmann, Wolfgang (Hrsg.)
Quellen zur Bevölkerungs-, Sozial- und Wirtschaftsstatistik Deutschlands 1815−1875, Bearb. Antje Kraus, 3 Bde., Boppard/Rh. 1980 ff. (z. T. in Vorb.)

Mitchell, B[rian] R.
European Historical Statistics 1750−1970, London 1975

Mitchell, B[rian] R.
International Historical Statistics: Africa and Asia, London 1982; ders.: International Historical Statistics: The Americas and Australasia, London 1983

Statistical Yearbook/Annuaire statistique
Hrsg. United Nations, Department of Economic and Social Affairs, Statistical Office, New York 1948 ff.

Statistisches Jahrbuch für das Deutsche Reich
Hrsg. Statistisches Reichsamt [früher Kaiserliches Statistisches Amt], Berlin 1880/1942; Nachdruck: Hildesheim 1974

Statistisches Jahrbuch für die Bundesrepublik Deutschland
Hrsg. Statistisches Bundesamt, Stuttgart/Mainz 1952 ff.

Statistisches Jahrbuch der Deutschen Demokratischen Republik
Hrsg. Staatliche Zentralverwaltung für Statistik, Berlin 1955/89

Viebahn, Georg von (Hrsg.)
Statistik des zollvereinten und nördlichen Deutschlands, 3 Bde., Berlin 1858/68; Nachdruck: Frankfurt/M. 1987

*

Zur weiteren Orientierung: Vgl. Peter Flora: State, Economy, and Society in Western Europe 1815−1975. A Data Handbook, 2 Bde., Frankfurt/New York 1982/87

Ergänzungen

14. Historische Atlanten

Barraclough, Geoffrey (Hrsg.) Signatur
The Times Atlas of World History, London 1978; deutsche Ausgabe
u. d. T.: Knaurs Großer Historischer Weltatlas, 3. Aufl., München
1990

Darby, H. C./Fullard, H. (Hrsg.)
The New Cambridge Modern History, Bd. 14 [Atlasband], Cambridge 1970

Großer Historischer Weltatlas
Hrsg. Bayerischer Schulbuch-Verlag, 3 Bde., München 1962/70 u. ö.

Herrnkind, Jürgen u. a.
Atlas zur Universalgeschichte, München 1980

Hilgemann, Werner/Kettermann, Günter/Hergt, Manfred
Dtv-Perthes-Weltatlas. Großräume in Vergangenheit und Gegenwart,
14 Bde., München 1973/77

Kinder, Hermann/Hilgemann, Werner
Atlas zur Weltgeschichte. Von den Anfängen bis zur Gegenwart,
2. Aufl., München/Zürich 1982; zuerst als Tb.-Ausgabe u. d. T.: Dtv-
Atlas zur Weltgeschichte. Karten und chronologischer Abriß, 2 Bde.,
23. Aufl., München 1989

Kirsten, Ernst/Buchholz, Wolfgang/Köllmann, Wolfgang (Bearb.)
Raum und Bevölkerung in der Weltgeschichte ["Bevölkerungs-
Ploetz"], 4 Bde., 3. Aufl., Würzburg 1965/68 (darin Bd. 1: Kartenteil)

Lüdtke, Gerhard/Mackensen, Lutz
Deutscher Kulturatlas, 6 Bde., Berlin/Leipzig 1928/39

Putzger, Friedrich-Wilhelm [Begr.]
Historischer Weltatlas, Hrsg. Walter Leisering i. V. m. CVK-Redak-
tion Geschichte und Historische Kartographie, 100. Aufl., Berlin/
Bielefeld 1979

Spruner, Karl von
Historisch-geographischer Hand-Atlas zur Geschichte der Staaten
Europas bis auf die neueste Zeit, Gotha 1846

Stier, Hans-Erich u. a. (Hrsg.)
Völker, Staaten und Kulturen. Ein Kartenwerk zur Geschichte,
Braunschweig 1980

Stier, Hans-Erich u. a. (Hrsg.)
Westermanns Großer Atlas zur Weltgeschichte, 10. Aufl., Braunschweig 1978

*

Zur weiteren Orientierung: Landesgeschichtliche Atlanten verzeichnet
Günther Franz: Historische Karthographie. Forschung und Bibliographie, 3. Aufl., Hannover 1980

15. Handbücher

Aubin, Hermann/Zorn, Wolfgang (Hrsg.) Signatur
Handbuch der deutschen Wirtschafts- und Sozialgeschichte, 2 Bde.,
Stuttgart 1971/76

Cipolla, Carlo M. (Hrsg.)
The Fontana Economic History of Europe, 6 Bde., London 1972/77;
deutsche Ausgabe u. d. T.: Europäische Wirtschaftsgeschichte, 5 Bde.,
Hrsg. Knut Borchardt, Stuttgart/New York 1976/80

Clapham, J. H./Power, E. [Begr.]
The Cambridge Economic History of Europe, Hrsg. M. M. Postan/
H. J. Habakkuk u. a., 7 Bde., Cambridge 1941/78

Clark, G. N./Butler, J. R. M./Bury, J. P. T. [Advisory Committee]
The New Cambridge Modern History, 14 Bde., Cambridge 1957/70
(dazu: John Roach (Hrsg.): A Bibliography of Modern History,
Cambridge 1968)

Fischer, Wolfram u. a. (Hrsg.)
Handbuch der europäischen Wirtschafts- und Sozialgeschichte,
6 Bde., Stuttgart 1980 ff. (z. T. in Vorb.)

Gebhardt, Bruno [Begr.]
Handbuch der deutschen Geschichte, 4 Bde., Hrsg. Herbert Grund-
mann, 9. Aufl., Stuttgart 1970/76 (Neubearbeitung in Vorb.)

Groh, Dieter (Hrsg.)
Propyläen Geschichte Deutschlands, 9 Bde., Berlin 1983 ff. (z. T. in
Vorb.)

Kern, Fritz [Begr.]
Historia Mundi. Ein Handbuch der Weltgeschichte, 10 Bde., Hrsg.
Fritz Valjavec, Mainz/Bern/München 1952/61

König, Wolfgang (Hrsg.)
Propyläen Technikgeschichte, 5 Bde., Berlin 1990 ff. (z. T. in Vorb.)

Mann, Golo/Heuss, Alfred/Nitschke, August (Hrsg.)
Propyläen Weltgeschichte. Eine Universalgeschichte, 10 Bde. und
2 Erg.-Bde., Berlin/Frankfurt/Wien 1960/65; Nachdruck: Gütersloh
1979/80

Schieder, Theodor (Hrsg.)
Handbuch der europäischen Geschichte, 7 Bde., Stuttgart 1968/87

Žukov, Eugenii M. (Hrsg.)
Weltgeschichte, a. d. Russ., 10 Bde., Berlin 1961/69

*

Zur weiteren Orientierung: Vgl. Reinhard Feldmann: Wie finde ich Literatur zur Geschichte (Orientierungshilfen, Bd. 8), Berlin 1987 (Neubearbeitung i. E.)

Ergänzungen

16. Nachschlagewerke

Allgemeine Deutsche Biographie
  Hrsg. Historische Commission bei der Königlichen Akademie der Wissenschaften, 56 Bde., Leipzig 1875/1912; Nachdruck: Berlin 1981

Bayer, Erich (Hrsg.)
  Wörterbuch zur Geschichte. Begriffe und Fachausdrücke, 4. Aufl., Stuttgart 1980

Bernsdorf, Wilhelm (Hrsg.)
  Wörterbuch der Soziologie, 2. Aufl., Stuttgart 1969; neu bearb. als Tb.-Ausgabe: Frankfurt/M. 1979

Brunner, Otto/Conze, Werner/Koselleck, Reinhart (Hrsg.)
  Geschichtliche Grundbegriffe. Historisches Lexikon zur politisch-sozialen Sprache in Deutschland, 7 Bde. und 1 Reg.-Bd., Stuttgart 1972/92

Elster, Ludwig u. a. (Hrsg.)
  Handwörterbuch der Staatswissenschaften, 8 Bde. und 1 Erg.-Bd., 4. Aufl., Jena 1923/29

Erler, Adalbert/Kaufmann, Ekkehard (Hrsg.)
  Handwörterbuch zur deutschen Rechtsgeschichte, 5 Bde., Berlin 1971 ff. (z. T. in Vorb.)

Grotefend, Hermann
  Taschenbuch der Zeitrechnung des deutschen Mittelalters und der Neuzeit, 11. Aufl., Hannover 1971

Haberkern, Eugen/Wallach, Joseph Friedrich
  Hilfswörterbuch für Historiker. Mittelalter und Neuzeit, 2 Tle., 7. Aufl., München 1987

Kernig, Claus D. (Hrsg.)
  Sowjetsystem und Demokratische Gesellschaft. Eine vergleichende Enzyklopädie, 6 Bde. und 1 Sd.-Bd., Freiburg i. Br. 1966/72

Neue Deutsche Biographie
  Hrsg. Historische Kommission bei der Bayerischen Akademie der Wissenschaften, bisher erschienen: 15 Bde. [A−M], Berlin 1953 ff.

Ploetz, Karl J. [Begr.]
  Der große Ploetz. Auszug aus der Geschichte, Hrsg. Ploetz-Verlag, 30. Aufl., Würzburg 1986 (vgl. dort auch Vertrags-, Bevölkerungs-, Territorien-, Wirtschafts-, Weltkriegs-, Nachkriegs-Ploetz)

Taddey, Gerhard (Hrsg.)
  Lexikon der deutschen Geschichte. Personen, Ereignisse, Institutionen, 2. Aufl., Stuttgart 1983

*

Zur weiteren Orientierung: Vgl. Gert A. Zischka: Index Lexicorum. Bibliographie der lexikalischen Nachschlagewerke, Wien 1980

Ergänzungen

17. Bibliographien

Bestermann, Theodore (Hrsg.) Signatur
A World Bibliography of Bibliographies and Bibliographical Catalogues, Calendars, Abstracts, Digests, Indexes and the Like, 5 Bde., 4. Aufl., Lausanne 1965/66; Nachdruck: München 1971

Dahlmann, Friedrich Christoph/Waitz, Georg [Begr.]
Quellenkunde der deutschen Geschichte. Bibliographie der Quellen und der Literatur zur deutschen Geschichte, Hrsg. Hermann Heimpel/Herbert Geuss, 10. Aufl., Stuttgart 1969 ff.

Deutsche Bibliographie
Fünfjahresverzeichnis, Bearb. Deutsche Bibliothek, Frankfurt/M. 1953 ff. (Zusammenfassung der Halbjahresverzeichnisse: 1951 ff.)

Deutsche Bibliographie
Hochschulschriften-Verzeichnis, Bearb. Deutsche Bibliothek, Frankfurt/M. 1972 ff.

Historische Bibliographie
Hrsg. Horst Möller u.a. im Auftrag der Arbeitsgemeinschaft außeruniversitärer historischer Forschungseinrichtungen in der Bundesrepublik Deutschland, München 1987 ff.

International Bibliography of Historical Sciences
Hrsg. International Committee of Historical Sciences, Washington [später Zürich, zuletzt München u.a.] 1930 ff.

Internationale Bibliographie der Zeitschriftenliteratur
aus allen Gebieten des Wissens [IBZ], Begr. Felix Dietrich, fortgef. von Reinhard Dietrich, Hrsg. Otto und Wolfram Zeller, Leipzig 1897 ff., Osnabrück 1948 ff. (vollständige Titelaufnahmen von IBZ/IBR vgl. S. 64)

Internationale Bibliographie der Rezensionen
wissenschaftlicher Literatur [IBR], Hrsg. Otto und Wolfram Zeller, Osnabrück 1971 ff.

Jahresberichte für deutsche Geschichte
Hrsg. Albert Brackmann/Fritz Hartung, Leipzig 1927/42; N.F.: Hrsg. Institut für Geschichte an der Akademie der Wissenschaften zu Berlin, Berlin 1952 ff.

Jahresverzeichnis der deutschen Hochschulschriften
Hrsg. Deutsche Bücherei, Berlin 1887 ff., Leipzig 1937 ff.

Totok, Wilhelm/Weitzel, Rolf [Begr.]
Handbuch der bibliographischen Nachschlagewerke, 2 Bde., Hrsg. Hans-Jürgen und Dagmar Kernchen, 6. Aufl., Frankfurt/M. 1984/85

*

Zur weiteren Orientierung: Vgl. Winfried Baumgart: Bücherverzeichnis zur deutschen Geschichte. Hilfsmittel, Handbücher, Quellen, 8. Aufl., München 1990

18. Referate- und Rezensionsorgane

Blätter für deutsche Landesgeschichte
Neue Folge des Korrespondenzblattes, Hrsg. Wilhelm Janssen im Auftrag des Gesamtvereins der deutschen Geschichts- und Altertumsvereine, Wiesbaden 1853 ff.

Dissertation Abstracts International
Reihe A: Dissertation Abstracts. The Humanities and Social Sciences, Ann Arbor 1938 ff.

Geschichte, Politik und ihre Didaktik
Zeitschrift für historisch-politische Bildung. Beiträge und Nachrichten für die Unterrichtspraxis, Begr. Paul Leidinger, Hrsg. Geschichtslehrerverband NRW, Paderborn u. a. 1973 ff.

Historical Abstracts
Bibliography of the World's Periodical Literature, Part A: Modern History Abstracts 1450–1914, Part B: Twentieth Century Abstracts 1914 – present day, Hrsg. Eric H. Boehm, Santa Barbara u. a. 1955 ff. (dazu: Five Year Indexes, Santa Barbara 1963 ff.)

Das Historisch-Politische Buch
Ein Wegweiser durch das Schrifttum, Hrsg. Günther Franz im Auftrag der Ranke-Gesellschaft, Göttingen 1953 ff.

International Political Science Abstracts
Hrsg. International Political Science Association, London 1951 ff.

Internationale wissenschaftliche Korrespondenz
zur Geschichte der deutschen Arbeiterbewegung, Hrsg. Henryk Skrzypczak im Auftrag der Historischen Kommission zu Berlin, Berlin 1965 ff.

Neue Politische Literatur
Berichte über das internationale Schrifttum, Hrsg. Karl Otmar von Aretin u. a., Frankfurt/M. u. a. 1956 ff.

Politische Dokumentation
Referatedienst – Deutschsprachige Zeitschriften, Hrsg. Leitstelle Politische Dokumentation an der FU Berlin, München u. a. 1965 ff.

Sociological Abstracts
Hrsg. American Sociological Association, New York 1953 ff.

Sozialwissenschaftliche Informationen für Unterricht und Studium
Hrsg. Gerhard Hufnagel u. a., Stuttgart 1972 ff.

Soziologische Revue
Besprechungen neuer Literatur, Hrsg. Joachim Matthes u. a., München 1978 ff.
*

Zur weiteren Orientierung: Vgl. Verzeichnis deutscher wissenschaftlicher Zeitschriften, Hrsg. Deutsche Bibliothek, 8. Aufl., Boppard/Rh. 1976

Ergänzungen

19. Quellenkunden, Bestandsübersichten

Baumgart, Winfried (Hrsg.)
  Quellenkunde zur deutschen Geschichte der Neuzeit von 1500 bis zur
  Gegenwart, 6. Bde., Darmstadt 1977 ff. (z. T. in Vorb.)

Benz, Wolfgang
  Quellen zur Zeitgeschichte (Deutsche Geschichte seit dem Ersten
  Weltkrieg, Bd. 3, Hrsg. Institut für Zeitgeschichte), Stuttgart 1973

Branig, Hans u. a. (Bearb.)
  Übersicht über die Bestände des Geheimen Staatsarchivs in Berlin-
  Dahlem, 2 Tle., Köln/Berlin 1966/67

Denecke, Ludwig
  Die schriftlichen Nachlässe in den Bibliotheken der Bundesrepublik
  Deutschland (1969); neu bearb. von Tilo Brandis, 2. Aufl., Boppard/
  Rh. 1981

Eyll, Klara van u. a. (Hrsg.)
  Deutsche Wirtschaftsarchive. Nachweis historischer Quellen in Un-
  ternehmen, Kammern und Verbänden der Bundesrepublik Deutschland, Wiesbaden 1978 ff. (Loseblattsammlung)

Fischer, Wolfram/Kunz, Andreas (Hrsg.)
  Grundlagen der Historischen Statistik von Deutschland. Quellen,
  Methoden, Forschungsziele (Schriften des Zentralinstituts für sozial-
  wissenschaftliche Forschung der FU Berlin, Bd. 65), Opladen 1991

Granier, Gerhard/Henke, Josef/Oldenhage, Klaus (Bearb.)
  Das Bundesarchiv und seine Bestände (Schriften des Bundesarchivs,
  Bd. 10), 3. Aufl., Boppard/Rh. 1977

Hagelweide, Gert (Bearb.)
  Deutsche Zeitungsbestände in Bibliotheken und Archiven, Hrsg. Ver-
  ein Deutscher Bibliothekare und Kommission für Geschichte des
  Parlamentarismus und der politischen Parteien, Düsseldorf 1974

Mommsen, Wolfgang A. (Bearb.)
  Die Nachlässe in den deutschen Archiven (mit Ergänzungen aus anderen Beständen), 2 Tle., Boppard/Rh. 1971/83

Schnabel, Franz
  Deutschlands geschichtliche Quellen und Darstellungen in der Neu-
  zeit, Erster [einziger] Teil: Das Zeitalter der Reformation 1500−1550,
  Leipzig/Berlin 1931; Nachdruck: Darmstadt 1972

Wolf, Gustav
  Quellenkunde der deutschen Reformationsgeschichte, 3 Bde., Gotha
  1915/23; Nachdruck: Nieuwkoop/Hildesheim 1965

*

Zur weiteren Orientierung: Vgl. Minerva-Handbücher: Archive. Archive im deutschsprachigen Raum, 2 Bde., 2. Aufl., Berlin/New York 1974

Ergänzungen

20. Zeitschriften, Jahrbücher

The American Historical Review
Hrsg. American Historical Association, New York 1896 ff.

Annales
Économies, Sociétés, Civilisations, Begr. Lucien Febvre/Marc Bloch, Paris 1929 ff.; N. F.: Hrsg. Charles Morazé u. a., Paris 1946 ff.

Archiv für Sozialgeschichte
Hrsg. Friedrich-Ebert-Stiftung i. V. m. Institut für Sozialgeschichte, Bonn-Bad Godesberg 1961 ff.

The English Historical Review
Hrsg. P. H. Williams/R. J. W. Evans, London 1886 ff.

Geschichte in Wissenschaft und Unterricht
Zeitschrift des Verbandes der Geschichtslehrer Deutschlands, Hrsg. Hartmut Boockmann/Joachim Rohlfes/Winfried Schulze, Stuttgart 1950 ff.

Geschichte und Gesellschaft
Zeitschrift für Historische Sozialwissenschaft, Hrsg. Helmut Berding u. a., Göttingen 1975 ff.

Historisches Jahrbuch
Hrsg. Laetitia Boehm u. a. im Auftrag der Görres-Gesellschaft, Freiburg/München 1880 ff.

Historische Zeitschrift
Begr. Heinrich von Sybel, fortgef. von Friedrich Meinecke, Hrsg. Lothar Gall u. a., München 1859 ff.

Revue Historique
Begr. Gabriel Monod, Hrsg. Jean Favier/René Rémond, Paris 1876 ff.

Saeculum
Jahrbuch für Universalgeschichte, Begr. Georg Stadtmüller, Hrsg. Herbert Franke u. a., Freiburg/München 1950 ff.

Technikgeschichte
Hrsg. Verein Deutscher Ingenieure, Düsseldorf 1965 ff.

Vierteljahrschrift für Sozial- und Wirtschaftsgeschichte
Begr. Georg von Below, Hrsg. Hermann Kellenbenz u. a., Wiesbaden 1903 ff.

Vierteljahrshefte für Zeitgeschichte
Begr. Hans Rothfels/Theodor Eschenburg, Hrsg. Karl Dietrich Bracher/Hans-Peter Schwarz im Auftrag des Instituts für Zeitgeschichte, Stuttgart 1953 ff.

*

Zur weiteren Orientierung: Vgl. Eric H. Boehm u. a. (Hrsg.): Historical Periodicals Directory, 5 Bde., Santa Barbara/Oxford 1981/86

Ergänzungen

21. Studien- und Arbeitsbücher

Borries, Bodo von
Kolonialgeschichte und Weltwirtschaftssystem. Europa und Übersee zwischen Entdeckungs- und Industriezeitalter 1492−1830, Düsseldorf 1986

Büssem, Eberhard/Neher, Michael (Hrsg.)
Arbeitsbuch Geschichte. Neuzeit [früher u. d. T.: Repetitorium der deutschen Geschichte], bisher erschienen: 4 Bde., München u. a. 1977 ff.

Elze, Reinhard/Repgen, Konrad (Hrsg.)
Studienbuch Geschichte. Europäische Weltgeschichte in einem Band, 2. Aufl., Stuttgart 1983

Granados, Gilberto/Gurgsdies, Erik
Lern- und Arbeitsbuch Ökonomie. Eine Einführung in die Probleme der westdeutschen Wirtschaftsentwicklung, 4. Aufl., Bonn 1990

Henning, Friedrich-Wilhelm
Wirtschafts- und Sozialgeschichte, 3 Bde. [Bd. 1: Das vorindustrielle Deutschland 800 bis 1800, Bd. 2: Die Industrialisierung in Deutschland 1800 bis 1914, Bd. 3: Das industrialisierte Deutschland 1914 bis 1972], 4./7. Aufl., Paderborn u. a. 1985/89

Kocka, Jürgen/Ritter, Gerhard A. (Hrsg.)
Statistische Arbeitsbücher zur neueren deutschen Geschichte, bisher erschienen: 5 Bde., München 1975 ff.

Kuhn, Annette/Rothe, Valentine
Geschichtsdidaktisches Grundwissen. Ein Arbeits- und Studienbuch, München 1980

Lern- und Arbeitsbuch deutsche Arbeiterbewegung
Darstellung, Chroniken, Dokumente, 4 Bde., hrsg. u. L. v. Thomas Meyer/Susanne Miller/Joachim Rohlfes, 2. Aufl., Bonn 1988

Mitteis, Heinrich/Lieberich, Heinz
Deutsche Rechtsgeschichte. Ein Studienbuch, 18. Aufl., München 1988

Mommsen, Wolfgang J.
Imperialismus. Seine geistigen, politischen und wirtschaftlichen Grundlagen. Ein Quellen- und Arbeitsbuch, Hamburg 1977

Schäfers, Bernhard
Gesellschaftlicher Wandel in Deutschland. Ein Studienbuch zur Sozialstruktur und Sozialgeschichte der Bundesrepublik, 5. Aufl., Stuttgart 1990

*

Zur weiteren Orientierung: Vgl. Studienbuch-Reihen: "Studienbücher Moderne Geschichte", "Uni-Taschenbücher" sowie "Wissenschaftliche Paperbacks. Sozial- und Wirtschaftsgeschichte" (Hrsg. Hans Pohl)

22. Zweig- bzw. Teildisziplinen

Barraclough, Geoffrey
An Introduction to Contemporary History, London 1964; deutsche
Ausgabe u. d. T.: Tendenzen der Geschichte im 20. Jahrhundert,
2. Aufl., München 1970

Bengtson, Herrmann
Einführung in die Alte Geschichte, 8. Aufl., München 1979

Boockmann, Hartmut
Einführung in die Geschichte des Mittelalters, 4. Aufl., München 1988

Halphen, Louis
Initation aux études d'histoire du Moyen Âge, 3. Aufl., Paris 1952

Hinrichs, Ernst
Einführung in die Geschichte der Frühen Neuzeit, München 1980

Imhof, Arthur E.
Einführung in die Historische Demographie, München 1977

Menger, Christian-Friedrich
Deutsche Verfassungsgeschichte der Neuzeit. Eine Einführung in die
Grundlagen, 7. Aufl., Heidelberg 1990

Mieck, Ilja
Europäische Geschichte der Frühen Neuzeit. Eine Einführung,
3. Aufl., Stuttgart u. a. 1982

Müller-Karpe, Hermann
Einführung in die Vorgeschichte, München 1975

Quirin, Heinz
Einführung in das Studium der mittelalterlichen Geschichte, 5. Aufl.,
Stuttgart 1991

Renouvin, Pierre/Duroselle, Jean-Baptiste
Introduction à l'histoire des relations internationales, 3. Aufl., Paris
1970

Rürup, Reinhard (Hrsg.)
Historische Sozialwissenschaft. Beiträge zur Einführung in die Forschungspraxis, Göttingen 1977

Troitzsch, Ulrich/Wohlauf, Gabriele (Hrsg.)
Technikgeschichte. Historische Beiträge und neuere Ansätze, Frank-
furt/M. 1980

Zernack, Klaus
Osteuropa. Eine Einführung in seine Geschichte, München 1977

*

Zur weiteren Orientierung: Vgl. noch Christian Engeli/Horst Matzerath
(Hrsg.): Moderne Stadtgeschichtsforschung in Europa, USA und Japan. Ein Handbuch, Stuttgart u. a. 1989

Ergänzungen

23. Hilfswissenschaften, Nachbardisziplinen

Abendroth, Wolfgang/Lenk, Kurt (Hrsg.)
Einführung in die politische Wissenschaft, 6. Aufl., München 1982

Brandt, Ahasver von
Werkzeug des Historikers. Eine Einführung in die Historischen Hilfswissenschaften, 12. Aufl., Stuttgart/Berlin/Köln 1989

Enders, Gerhart
Archivverwaltungslehre, 3. Aufl., Berlin 1968

Fetscher, Iring/Münkler, Herfried (Hrsg.)
Politikwissenschaft. Begriffe-Analysen-Theorien. Ein Grundkurs, Reinbek 1985

Franz, Eckhart G.
Einführung in die Archivkunde, 3. Aufl., Darmstadt 1990

Friedrichs, Jürgen
Methoden empirischer Sozialforschung, 14. Aufl., Opladen 1990

Hardes, Heinz-Dieter/Rahmeyer, Fritz/Schmid, Alfons
Volkswirtschaftslehre. Eine problemorientierte Einführung, 17. Aufl., Tübingen 1990

Henecka, Hans Peter
Grundkurs Soziologie, 3. Aufl., Opladen 1990

Jäger, Helmut
Historische Geographie, 2. Aufl., Braunschweig 1973

Jarausch, Konrad H./Arminger, Gerhard/Thaller, Manfred
Quantitative Methoden in der Geschichtswissenschaft. Eine Einführung in die Forschung, Datenverarbeitung und Statistik, Darmstadt 1985

Meisner, Heinrich Otto
Urkunden- und Aktenlehre der Neuzeit, 2. Aufl., Leipzig 1952; neu bearb. als: Archivalienkunde vom 16. Jahrhundert bis 1918, Göttingen 1969

Ohler, Norbert
Quantitative Methoden für Historiker. Eine Einführung. Mit einer Einführung in die EDV für Historiker von Hermann Schäfer, München 1980

Wössner, Jakobus
Soziologie. Einführung und Grundlegung, 9. Aufl., Köln/Wien 1986

*

Zur weiteren Orientierung: Literatur zu weiteren Nachbardisziplinen verzeichnen Erich Lamp u. a.: Informationen suchen und finden. Leitfaden zum Studium der Publizistik und der angrenzenden Fachgebiete, 2. Aufl., Freiburg/München 1990

24. Allgemeine Lektüreempfehlungen

Bloch, Marc
La société féodale, 2 Bde., Paris 1939/40; deutsche Ausgabe u. d.T.:
Die Feudalgesellschaft, Frankfurt/Berlin/Wien 1982

Dobb, Maurice
Studies in the Development of Capitalism, New York 1947; deutsche
Ausgabe u. d.T.: Entwicklung des Kapitalismus. Vom Spätfeudalis-
mus bis zur Gegenwart, 2. Aufl., Köln/Berlin 1972

Hintze, Otto
Gesammelte Abhandlungen, 3 Bde., Hrsg. Gerhard Oestreich, Göt-
tingen 1967/82; Teilabdruck als Tb.-Ausgabe u. d.T.: Feudalismus –
Kapitalismus, Hrsg. Gerhard Oestreich, Göttingen 1970

Lamprecht, Karl
Ausgewählte Schriften zur Wirtschafts- und Kulturgeschichte und
zur Theorie der Geschichtswissenschaft. Mit Vorwort und literari-
schen Bemerkungen von Herbert Schönebaum, Aalen 1974

Marx, Karl
Werke. Studienausgabe, 6 Bde. und 1 Lex.-Bd., Hrsg. Hans-Joachim
Lieber u. a., Darmstadt 1975/88

Mommsen, Theodor
Römische Geschichte, 4 Bde., Leipzig 1854/85; als Tb.-Ausgabe in
8 Bdn., mit einem Vorwort von Karl Christ, 3. Aufl., München 1984

Pirenne, Henri
La civilisation occidentale au Moyen Âge du milieu du XVᵉ siècle. Le
mouvement économique et sociale, Paris 1933; deutsche Tb.-Ausgabe
u. d.T.: Sozial- und Wirtschaftsgeschichte Europas im Mittelalter,
6. Aufl., München 1986

Schmoller, Gustav
Umrisse und Untersuchungen zur Verfassungs-, Verwaltungs- und
Wirtschaftsgeschichte – besonders des Preußischen Staates im 17.
und 18. Jahrhundert, Leipzig 1898; Nachdruck: Hildesheim 1974

Tocqueville, Alexis de
L'Ancien Régime et la Revolution, Paris 1856; deutsche Tb.-Ausgabe
u. d. T.: Der alte Staat und die Revolution, Hrsg. Jacob P. Mayer,
München 1978 u. ö.

Weber, Max
Wirtschaft und Gesellschaft. Grundriß der verstehenden Soziologie.
Studienausgabe, Hrsg. Johannes Winckelmann, 5. Aufl., Tübingen
1976

*

Zur weiteren Orientierung: Vgl. die Studienausgaben: "Klassiker philosophischen, politischen, soziologischen Denkens" (jew. Beck Verlag)

25. Aktuelle Studienmaterialien

Brüggemeier, Franz-Josef/Rommelspacher, Thomas (Hrsg.)
Besiegte Natur. Geschichte der Umwelt im 19. und 20. Jahrhundert, München 1987

Hausen, Karin (Hrsg.)
Frauen suchen ihre Geschichte. Historische Studien zum 19. und 20. Jahrhundert, 2. Aufl., München 1987

Kocka, Jürgen (Hrsg.)
Sozialgeschichte im internationalen Überblick: Ergebnisse und Tendenzen der Forschung, Darmstadt 1989

Krippendorff, Ekkehart
Staat und Krieg. Die historische Logik politischer Unvernunft, Frankfurt/M. 1985

Leidinger, Paul (Hrsg.)
Historische Ökologie und ökologisches Lernen im historisch-politischen Unterricht, Paderborn 1986

Lüdtke, Alf (Hrsg.)
Alltagsgeschichte. Zur Rekonstruktion historischer Erfahrungen und Lebensweisen, Frankfurt/New York 1989

Meier, Christian
Vierzig Jahre nach Auschwitz. Deutsche Geschichtserinnerung heute, 2. Aufl., München 1990

Reich, Brigitte
Erziehung zur Völkerverständigung und zum Frieden. Ein internationaler Vergleich zur Umsetzung der UNESCO-Empfehlung in Geschichts- und Sozialkundebüchern der Sekundarstufe II, Frankfurt/Bern/New York 1989

Rothe, Klaus (Hrsg.)
Unterricht und Didaktik der politischen Bildung in der Bundesrepublik. Aktueller Stand und Perspektiven, Opladen 1989

Steinweg, Reiner (Red.)
Lehren aus der Geschichte? Historische Friedensforschung (Friedensanalysen, Bd. 23), Frankfurt/M. 1990

Süssmuth, Hans (Hrsg.)
Geschichtsunterricht im vereinten Deutschland. Auf der Suche nach Neuorientierung (Erweiterte Dokumentation der Tagung Geschichtsunterricht in Deutschland vom 22.–25. Okt. 1990 in Bonn und Düsseldorf), 2 Tle., Baden-Baden 1991

*

Zur weiteren Orientierung: Vgl. Jörg Calließ/Reinhold Lob (Hrsg.): Handbuch Praxis der Umwelt- und Friedenserziehung, 3 Bde., Düsseldorf 1987/88

Anlage I: Muster einer Manuskriptseite mit Randaufteilung

1 1. Die wirtschaftliche Rivalität der Mächte auf dem Balkan

2 Besonders auf dem Balkan traten die wirtschaftlichen Rivali-

3 täten der Großmächte deutlich hervor: So hatte Deutschland

4 den österreichisch-serbischen Zollkrieg von 1905 sowie die

5 Annexionskrise von 1908/09 für seine wirtschaftlichen Inter-

6 essen ausgenutzt und die dominierende Position seines Bünd-

7 nispartners in Serbien zurückgedrängt. Das führte in Öster-

8 reich zur Verbitterung und veranlaßte später den ehemaligen

9 Handelsminister Baernreither zu der Feststellung:

10 "Ich glaube, daß es unter den Regierungsmännern in Ber-

11 lin manche gibt, die eine enge Beziehung zwischen der
Monarchie und Serbien gar nicht wünschen; denn sie

12 müßte vor allem auch eine handelspolitische, auf gegen-

13 seitig bevorzugtem Verkehr ... beruhende sein. Das paßt
aber den Deutschen nicht, die die Zeit unseres törich-

14 ten handelspolitischen Konfliktes mit Serbien rück-

15 sichtslos benützt haben, um uns den dortigen Markt zu
einem großen Teil wegzunehmen."1)

16

17 Damit umriß Baernreither die handelspolitische Situation von

18 1914 durchaus realistisch, wie ein Blick in die Außenhan-

19 delsstatistiken bestätigt: Österreich-Ungarns Anteil am ser-

20 bischen Außenhandel nahm bis 1905 ständig zu; danach ver-

21 änderte sich die Situation grundlegend: Während der deutsche

22 Anteil am serbischen Importhandel von rd. 13% (1901/05) auf

23 rd. 33% (1906/10) anstieg, fiel der österreichische Anteil

24 in dieser Periode von rd. 58% auf rd. 33% zurück. Noch

25 gravierender war die Entwicklung des Ausfuhrhandels: Öster-

26 reich-Ungarns Anteil am serbischen Exporthandel betrug vor

27 dem Zoll- und Wirtschaftskrieg rd. 86% (1901/05), danach rd.

28 26% (1906/10). Der deutsche Anteil stieg dagegen während

29 dieser Zeit von rd. 5% auf rd. 25%.2) Danach geriet die

30 deutsche Handelsexpansion allerdings ins Stocken, denn nach

31 Beendigung des Zollkriegs im Jahre 1911 konnte Österreich-

32 Ungarn seinen traditionellen Absatzmarkt in Serbien zumin-

33 dest teilweise zurückgewinnen. Immerhin zeigt dieses Bei-

34 1) Joseph M. Baernreither: Dem Weltbrand entgegen, Hrsg.

35 Joseph Redlich, Berlin o.J. [1928], S. 218 (Tagebuch-

36 eintrag vom 14.3.1913), zitiert nach: Fritz Fischer:
Krieg der Illusionen. Die deutsche Politik von 1911

37 bis 1914, 2. Aufl., Düsseldorf 1970, S. 421

38 2) Vgl. Zahlenangaben bei Paul Hermberg (Bearb.): Der Kampf

39 um den Weltmarkt. Handelsstatistisches Material, Hrsg.
Institut für Weltwirtschaft und Seeverkehr an der Univer-

40 sität Kiel, Jena 1920, Tab. VII, S. 51

Anlage II: Muster einer Quellenabschrift mit Kopfregest

Gr. Hauptquartier, 9. Sept. 1914 – Reichskanzler Bethmann Hollwegs "Vorläufige Aufzeichnung über die Richtlinien unserer Politik beim Friedensschluß" ["Septemberprogramm"]

Das allgemeine Ziel des Krieges:
Sicherung des Deutschen Reiches nach West und Ost auf erdenkliche Zeit. Zu diesem Zweck muß Frankreich so geschwächt werden, daß es als Großmacht nicht neu erstehen kann, Rußland von der deutschen Grenze nach Möglichkeit abgedrängt und seine Herrschaft über die nichtrussischen Vasallenvölker gebrochen werden.

Die Ziele des Krieges im einzelnen:
1. Frankreich. Von den militärischen Stellen zu beurteilen, ob die Abtretung von Belfort, des Westabhangs der Vogesen, die Schleifung der Festungen und die Abtretung des Küstenstrichs von Dünkirchen bis Boulogne zu fordern ist.
In jedem Falle abzutreten, weil für die Erzgewinnung unserer Industrie nötig, das Erzbecken von Briey.
Ferner eine in Raten zahlbare Kriegsentschädigung; sie muß so hoch sein, daß Frankreich nicht imstande ist, in den nächsten fünfzehn bis zwanzig Jahren erhebliche Mittel für Rüstungen aufzuwenden.
Des weiteren: ein Handelsvertrag, der Frankreich in wirtschaftliche Abhängigkeit von Deutschland bringt, es zu unserem Exportland macht und uns ermöglicht, den englischen Handel in Frankreich auszuschalten. Dieser Handelsvertrag muß uns finanzielle und industrielle Bewegungsfreiheit in Frankreich schaffen, so daß deutsche Unternehmungen nicht mehr anders als französische behandelt werden können.

2. Belgien. Angliederung von Lüttich und Verviers an Preußen, eines Grenzstrichs der Provinz Luxemburg an Luxemburg.
Zweifelhaft bleibt, ob Antwerpen mit einer Verbindung nach Lüttich gleichfalls zu annektieren ist.
Gleichviel, jedenfalls muß ganz Belgien, wenn es auch als Staat äußerlich bestehen bleibt, zu einem Vasallenstaat herabsinken, in etwa militärisch wichtigen Hafenplätzen ein Besatzungsrecht zugestehen, seine Küste militärisch zur Verfügung stellen, wirtschaftlich zu einer deutschen Provinz werden. Bei einer solchen Lösung, die die Vorteile der Annexion, nicht aber ihre innerpolitisch nicht zu beseitigenden Nachteile hat, kann franz. Flandern mit Dünkirchen, Calais und Boulogne mit großenteils flämischer Bevölkerung diesem veränderten Belgien ohne Gefahr angegliedert werden. Den militärischen Wert dieser Position England gegenüber werden die zuständigen Stellen zu beurteilen haben.

3. Luxemburg wird deutscher Bundesstaat und erhält einen Streifen aus der jetzt belgischen Provinz Luxemburg und eventuell die Ecke von Longwy.

4. Es ist zu erreichen die Gründung eines mitteleuropäischen Wirtschaftsverbandes durch gemeinsame Zollabmachungen, unter Einschluß von Frankreich, Belgien, Holland, Dänemark, Österreich-Ungarn, Polen und eventl. Italien, Schweden und Norwegen. Dieser Verband, wohl ohne gemeinsame konstitutionelle Spitze, unter äußerlicher Gleichberechtigung seiner Mitglieder, aber tatsächlich unter deutscher Führung, muß die wirtschaftliche Vorherrschaft Deutschlands über Mitteleuropa stabilisieren.

5. Die Frage der kolonialen Erwerbungen, unter denen in erster Linie die Schaffung eines zusammenhängenden mittelafrikanischen Kolonialreichs anzustreben ist, desgleichen die Rußland gegenüber zu erreichenden Ziele werden später geprüft.

Als Grundlage der mit Frankreich und Belgien zu treffenden wirtschaftlichen Abmachungen ist eine kurze provisorische, für einen eventuellen Präliminarfrieden geeignete Formel zu finden.

6. Holland. Es wird zu erwägen sein, durch welche Mittel und Maßnahmen Holland in ein engeres Verhältnis zu dem Deutschen Reiche gebracht werden kann.

Dies engere Verhältnis müßte bei der Eigenart der Holländer von jedem Gefühl des Zwanges für sie frei sein, an dem Gang des holländischen Lebens nichts ändern, ihnen auch keine veränderten militärischen Pflichten bringen, Holland also äußerlich unabhängig belassen, innerlich aber in Abhängigkeit von uns bringen. Vielleicht ein die Kolonien einschließendes Schutz- und Trutzbündnis, jedenfalls enger Zollanschluß, eventuell die Abtretung von Antwerpen an Holland gegen das Zugeständnis eines deutschen Besatzungsrechtes für das befestigte Antwerpen wie für die Scheldemündung wäre zu erwägen.

Quelle: Kriegszieldenkschrift des Reichskanzlers Theobald von Bethmann Hollweg aus dem Großen Hauptquartier an Staatssekretär Clemens von Delbrück, 9. 9. 1914, Deutsches Zentralarchiv I Potsdam, Reichskanzlei, Gr. Hq. 21, Vorbereitung des Friedensschlusses, Nr. 2476, Bd. 1, Bl. 54 ff.; zuerst auszugsweise abgedruckt in: Fritz Fischer: Deutsche Kriegsziele. Revolutionierung und Separatfrieden im Osten 1914–1918, in: HZ, Bd. 188 (1959), S. 249 ff.; vollständig abgedruckt in: Werner Basler: Deutschlands Annexionspolitik in Polen und im Baltikum, 1914–1918, Berlin 1962, S. 382 f.; sowie in: Fritz Fischer: Griff nach der Weltmacht. Die Kriegszielpolitik des kaiserlichen Deutschland 1914/18, 4. Aufl., Düsseldorf 1971, S. 116 ff.

Anlage III: Muster einer Datentabelle (Zeittafel)

Datentabelle zur Geschichte des Ersten Weltkriegs

Vorbemerkung: Allgemeine Handbücher, Chronologien und andere Hilfsmittel weisen in der genauen Datierung von historischen Ereignissen oft überraschende Abweichungen auf, so daß die folgende Datentabelle nicht einfach einer einzigen Vorlage folgen konnte. Bei allen Abweichungen wurden Datierungen aus der Spezialliteratur bevorzugt.[1]

1914

4.8.	– Deutscher Einmarsch in das neutrale Belgien zur raschen Eroberung Lüttichs. Deutscher Reichstag bewilligt mit Stimmen der SPD Kriegskredite. II. Sozialistische Internationale zerbrochen. England erklärt Deutschland den Krieg, verhängt Fernblockade (Schottland-Norwegen) gegen Deutschland.
6.8.	– Deutsche Truppen besetzen und zerstören Kalisch.
7.8.	– Deutsche Truppen unter Ludendorff besetzen geräumte Stadt Lüttich; Lütticher Außenforts halten sich noch.
12.8.	– 1. österreichische Offensive gegen Serbien.
17.8.	– Letzte Forts von Lüttich nach Einsatz schwerer Artillerie gefallen: danach deutsche Offensive, gemäß Schlieffenplan, vor allem durch Belgien und Nordostfrankreich. Beginn der russischen Offensive gegen Ostpreußen mit zwei Armeen von Osten (Njemen) und Süden (Narew): Gefecht bei Stallupönen.
19.8.	– Erste überlieferte Diskussion im deutschen Hauptquartier über Kriegsziele: Annexionen, Vasallenstaaten, "Mitteleuropa".
20.8.	– Schlacht bei Gumbinnen: 8. deutsche Armee gegen russische Njemen-Armee (unter General Rennenkampf); Deutsche brechen Schlacht ab.
21.8.	– 1. österreichische Offensive in Serbien gescheitert.
22.8.	– Hindenburg und Ludendorff als Nachfolger von Prittwitz und Waldersee an die Spitze der 8. Armee berufen: Aufmarsch zur Schlacht von Tannenberg gegen Narew-Armee (unter Samsonow).
23.8.	– Grenzschlachten im Westen und in Galizien zwischen russischen und österreich-ungarischen Armeen.
26.8.	– Beginn der Schlacht bei Tannenberg gegen russische Narew-Armee.
28.8.	– Erstes überliefertes Kriegszielprogramm der Alldeutschen.

[...]

---

[1] In modifizierter Form entnommen aus: Imanuel Geiss: Das Deutsche Reich und der Erste Weltkrieg, 3. Aufl., München 1981, S. 231 f.

Anlage IV: Muster einer Strukturübersicht

Politische Grundstrukturen des deutschen Imperialismus[1]

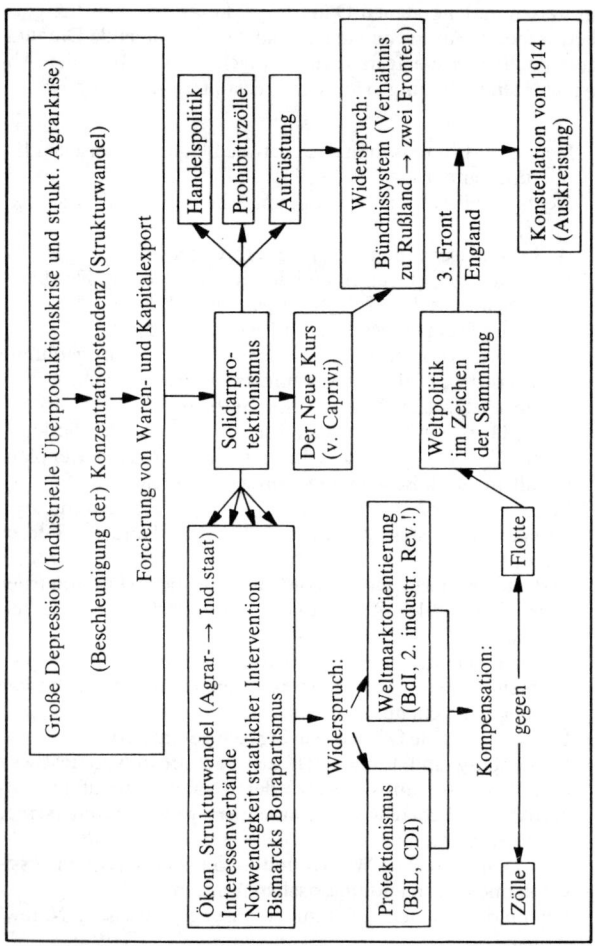

---

[1] In modifizierter Form entnommen aus: Eberhard Büssem/Michael Neher (Hrsg.): Arbeitsbuch Geschichte. Neuzeit 3 (Repetitorium), Tl. 2, Bearb. Gerd Höhler u. a., 2. Aufl., München u. a. 1982, S. 497

Anlage V: Muster eines Kriterienkatalogs

Kriterien zur Bewertung von Forschungsarbeiten

Vorbemerkung: Der Kriterienkatalog wurde ursprünglich von der *American Sociological Association* zur Beurteilung von soziologischen Forschungsberichten entwickelt; er läßt sich jedoch – mutatis mutandis – auch für historisch-empirische Studien heranziehen.[1]

	Standard	Hervorragend
Formulierung des Problems:		
1. Klarheit der Formulierung	Formulierung ist eindeutig und schließt präzise Beschreibung der Forschungsziele ein.	Formulierung ist eindeutig und enthält formulierte Hypothesen wie Bedingungen für ihre Prüfung.
2. Bedeutsamkeit des Problems	Lösung des Problems dürfte für viele Soziologen wichtig sein.	Lösung des Problems dürfte für die meisten Soziologen wichtig sein.
3. Literaturbezug	Literaturbezug ist einigermaßen vollständig.	Literaturbezug zeigt eingehend die Entwicklung des Forschungsproblems aus früheren Forschungsergebnissen.
Beschreibung der Methode:		
4. Angemessenheit der Methode	Lösung des Problems mit dieser Methode möglich, aber ungewiß.	Problem ist definitiv mit dieser Methode zu lösen.
5. Angemessenheit der Stichprobe oder des Feldes	Ergebnisse sind übertragbar mit Irrtümern beträchtlicher oder unbekannter Stärke.	Ergebnisse sind übertragbar mit bekannt kleinen Irrtümern, oder der gesamte Objektbereich wurde erfaßt.
6. Replizierbarkeit	Replizierbar auch in Einzelheiten mit Hilfe zusätzlicher Informationen durch den/die Verfasser.	Auch in Einzelheiten replizierbar aufgrund der vorliegenden Information.

---

[1] In modifizierter Form entnommen aus: Jürgen Friedrichs: Methoden empirischer Sozialforschung, 14. Aufl., Opladen 1990, S. 396 f.

Darstellung der Ergebnisse:

7. Vollständigkeit	Relevante Ergebnisse werden dargestellt, teils in Einzelheiten, teils summarisch.	Relevante Ergebnisse werden in allen Einzelheiten gegeben.
8. Verständlichkeit	Eingehende Lektüre ist für das Verständnis notwendig.	Ergebnisse sind beim ersten sorgfältigen Lesen voll verständlich für ein durchschnittliches Mitglied der Profession.
9. Ertrag	Vermutliche Lösung des Problems.	Definitive Lösung des Problems.

Interpretation:

10. Exaktheit	Fehler aufgrund der verwendeten Verfahren unwahrscheinlich. Keine Fehler erkennbar.	In das Verfahren wurden Exaktheitsprüfungen mit positivem Ergebnis einbezogen.
11. Verzerrung	Keine Verzerrungen erkennbar.	Verfahren enthielten erfolgreiche Vorsichtsmaßnahmen gegenüber Verzerrungen.
12. Nützlichkeit	Einfluß auf einige künftige Arbeiten in diesem Gebiet wahrscheinlich.	Einfluß auf alle künftigen Arbeiten in diesem Gebiet wahrscheinlich.

	Substandard	Mangelhaft

Formulierung des Problems:

1. Klarheit der Formulierung	Problem muß aus unvollständiger oder unklarer Formulierung erschlossen werden.	Formulierung ist mehrdeutig, unklar, verzerrt, inkonsistent oder irrelevant für die Studie.
2. Bedeutsamkeit des Problems	Lösung des Problems würde für wenige Spezialisten wichtig sein.	Kein Problem genannt, Problem ist bedeutungslos, unlösbar oder trivial.
3. Literaturbezug	Literaturbezug unvollständig oder mit Irrtümern in Zitierung oder Interpretation behaftet.	Kein Literaturbezug auf frühere Arbeiten oder nicht korrekter Literaturbezug.

Beschreibung der Methode:

4. Angemessenheit der Methode	Nur eine versuchsweise oder Teillösung kann mit dieser Methode gewonnen werden.	Problem kann mit dieser Methode nicht gelöst werden.
5. Angemessenheit der Stichprobe oder des Feldes	Die einbezogenen Fälle sind sinnvoll, Ergebnisse können jedoch nicht übertragen werden.	Stichprobe ist zu klein, nicht passend, verzerrt oder hat unbekannte Verfahrensmerkmale.
6. Replizierbarkeit	Grundsätzlich replizierbar, aber nicht im Detail.	Nicht replizierbar.

Darstellung der Ergebnisse:

7. Vollständigkeit	Relevante Resultate werden zusammengefaßt gegeben.	Relevante Resultate wurden vorenthalten oder ausgelassen.
8. Verständlichkeit	Verständnis der Resultate erfordert spezielles Wissen oder spezielle Fähigkeiten.	Resultate sind unvollständig oder rätselhaft.
9. Ertrag	Brauchbare Hinweise oder Vorschläge zur Lösung des Problems.	Kein Beitrag zur Lösung des Problems.

Interpretation:

10. Exaktheit	Dem Verfahren ohnehin anhaftende, aber keine größeren Fehler nachweisbar.	Fehler in der Berechnung, Übertragung, Formulierung, Logik oder den Fakten nachweisbar.
11. Verzerrung	Einige Verzerrungen in der Interpretation, nicht aber in der Darstellung der Ergebnisse.	Deutliche Verzerrungen in der Darstellung der Ergebnisse und der Interpretation.
12. Nützlichkeit	Einfluß auf künftige Arbeiten in diesem Gebiet möglich.	Nicht nützlich.

Register

Das Register beschränkt sich bei *Personen* auf die im Text- und Anmerkungsteil vorkommenden Namen; bei den ausgewählten *Sachbegriffen* – die einen raschen Zugriff auf das Arbeitsbuch ermöglichen sollen – nimmt es dafür einige Überschneidungen mit dem Inhaltsverzeichnis in Kauf.

Personenregister

247

Sachregister

255

UTB
FÜR WISSEN
SCHAFT

Auswahl Fachbreich
Geschichte

1330 Bleicken:
Die athenische Demokratie
(Schöningh). 3. Aufl. 1991.
DM 29,80

1332 Gründer: Geschichte der
deutschen Kolonien
(Schöningh). 2. Aufl. 1991.
DM 32,80

1398 Müller (Hrsg.):
Der deutsche Widerstand
(Schöningh). 2. Aufl. 1990.
DM 25,80

1422 Schulze: Einführung in die
Neuere Geschichte
(Ulmer). 2. Aufl. 1991. DM 29,80

1426 Kunisch: Absolutismus
(Vandenhoeck). 1986. DM 26,80

1551 Habel/Gröbel:
Mittellateinisches Glossar
(Schöningh). 1989. DM 25,80

1552 Niedhart: Internationale
Beziehungen 1917–1947
(Schöningh). 1989. DM 26,80

1553 Opgenoorth: Einführung in das
Studium der neueren Geschichte
(Schöningh). 3. Aufl. 1989.
DM 27,80

1554 Theuerkauf: -
Einführung in die Interpretation
historischer Quellen.
Schwerpunkt: Mittelalter
(Schöningh). 1991. DM 29,80

1556 Klueting: Das
Konfessionelle Zeitalter 1525–1648
(Ulmer). 1989. DM 36,80

1646 Dahlheim:
Die griechisch-römische Antike 1.
(Schöningh). 1992. Ca. DM 22,80

1647 Dahlheim:
Die griechisch-römische Antike 2.
(Schöningh). 1992. Ca. DM 22,80

1674 Rusinek/Ackermann/
Engelbrecht (Hrsg.):
Einführung in die
Interpretation historischer Quellen
Schwerpunkt: Neuzeit
(Schöningh). 1992. Ca. 29,80

Preisänderungen vorbehalten.

Das UTB-Gesamtverzeichnis erhalten Sie bei Ihrem Buchhändler oder
direkt von UTB, Postfach 80 11 24,
7000 Stuttgart 80.